目　次

はじめに ……………………………………………………………………… 12
　『沙門果経』は出世間の智慧を語る　12
　『沙門果経』の背景　13
　　　◇名医になった捨て子　13
　　　◇父王を殺した王様　14
　　　◇ビンビサーラ王とお釈迦様　16
　　　◇アジャータサットゥ王の苦しみ　17

第一部　王様の質問 …………………………………………………… 19

　満月の日には「心」を磨く　20
　「六師外道」は宗教界の革命家たち　22
　ジーヴァカ医師の推薦　23
　　　◇お釈迦様を推薦する言葉　25
　　　◇ブッダの九徳　26
　　　◇「智慧」による世界への勝利宣言　31
　王様の選択　32
　智慧に満ちた僧団に王様の心が一変する　34
　王様の問い──その真意　35
　お釈迦様の王様への依頼　37

第二部　六師外道 ……………………………………………………… 39

1 「非業論」を説く哲学者
　プーラナ・カッサパ ……………………………………………… 40

　道徳的束縛からの解放　40
　非道徳的な言動で自由を説く　42
　永遠不滅の魂は道徳を捨てる　43
　非業論は行為の影響力を否定する　45

沙門果経
仏道を歩む人は瞬時に幸福になる

アルボムッレ・スマナサーラ

2 完全な「定め論」を説く
マッカリ・ゴーサーラ ……… 47

- マッカリ・ゴーサーラ師は因果関係を否定する　47
- 自分の力も他人の力も認めない　48
- ものが本来持つ力も認めない　49
- 三種類の精進も否定する　50
- 完全な他力本願　51
- すべては「定め」と「組み合わせ」で成り立つ　52
- 変化のパターンは変えられない　52
- 「アージーワカ」は宗教グループ　53
- 現代にも根を張る運命論　54
- 大慈悲の絶対神はなぜ残酷か　55
- 人が自分の責任を放棄する哲学　56
- 仏教は他力に反対する　56
- 神仏は人の苦しみを和らげる　57
- 殺戮の戦国時代　58
- バラモン教の締めつけ　59
- 仏教から見た「定め」論　60
- 絶対唯一神信仰は道徳を否定する　61
- 「輪廻には回数券がある」という思考　61
- 定め論で苦しみは解決できない　64

3 厳密な「唯物論」の哲学者
アジタ・ケーサカンバラ ……… 66

- 生命は四つの要素と感覚器官で成り立つという唯物論　66
- 魂はあるが不滅ではない　66
- 唯物論は宗教も文化も否定する　67
- 呪術宗教は怖れで人を縛る　69
- スリランカの除霊儀式　71
- 土着宗教の功罪　72

4 絶対的な「七つの元素論」を説くを唯物論者
パグダ・カッチャーヤナ ………………………… 74
- 生命は絶対的な七つの元素で構成されている　74
- 絶対的だから元素同士は影響しあわない　75
- 絶対的実体論で人は楽になる　77

5 唯一の「道徳肯定論」と「苦行」を認める
ニガンタ・ナータプッタ ………………………… 78
- 徹底した道徳肯定論　78
- 出家者と在家の役割　79
- 魂の汚れは苦行で落とす　79
- 人の身体はカルマがついてできあがる　82
- 仏教のカルマは物質ではなく「意志」です　84
- 自由にならない自分の意志　85
- 正しい意志は正しい判断から　86
- 大きすぎる夢は意志を抑える　87
- ジャイナ教祖は解脱を求めて苦行を推薦する　88
- 苦行のキーワードvāriの意味　90
- 四種類の苦行　94

6 認識の問題を追求する不可知論者
サンジャヤ・ベーラッティプッタ ………………………… 97
- サンジャヤ師は詭弁哲学者　97
- ものを知ることは人間に可能ですか　98
- サンジャヤ師の認識論　100
- 仏教の認識論　102
- 厳密な認識論は詭弁に至る　103
- 詭弁は役に立たない　107
- 一切の苦しみはすべて知識から生じる　108

第三部　ブッダの話 …… 111

❖ 第一の沙門の果報 …… 112
　　六人の哲学者とお釈迦様の話の違い　*112*
　　宗教の御利益は「心の安らぎ」　*112*
　　ブッダの説法は質問から始まる　*114*
　　「奴隷のたとえ」に隠された仏教の真意　*115*
　　王様を選ぶのは誰ですか　*117*
　　サンガは民主主義　*118*
　　奴隷だった出家者に王様が礼をする　*121*

❖ 第二の沙門の果報 …… 125
　　俗世間から出家した者が尊敬を受ける　*125*

❖ さらに優れた沙門の果報 …… 129
　　「智慧の世界」は曖昧ではありません　*129*
　　人生の目的は人格完成で終了する　*130*
　　本業は自分の心を見て磨くこと　*131*
　　ブッダはなぜ神々の先生ですか　*132*
　　全知宣言はブッダの誇大宣伝ではありません　*133*
　　「人格完成」は仏教哲学の基本です　*134*
　　理解によって確立した信仰に疑いはない　*135*
　　仏教の出家は「逃げ」ではなく人生の追求です　*136*
　　出家は本業完成の第一歩　*137*
　　戒律は出家者を守る　*138*

❖ 出家の倫理的な生き方①──小戒 …… 141
　　命をかけても他の生命を慈しむ　*141*
　　与えられたもの以外は取らない生き方　*144*
　　俗世間では行い難い清らかで優れた生き方　*146*
　　人格を高め人の役に立つ言葉を語る　*147*

植物の命まで守る生き方　*150*
　　食事も修行　*151*
　　人格完成を邪魔するものから離れる　*152*
　　苦しみを生む経済活動から離れる　*154*
　　命を守り、調理の煩いから離れる　*155*
　　土地はサンガの共同財産　*157*
　　在家を心配しても使用人にはならない　*158*
　　俗世の不正行為から離れる　*159*

❖ 出家の倫理的な生き方②——中戒 …………… *160*

　　自然破壊から離れる　*160*
　　植物と森の行者　*161*
　　仏教の出家者は貯えから離れている　*163*
　　仏教の出家者は娯楽から離れている　*164*
　　ゲームは時間の無駄遣い　*166*
　　布施されても贅沢品は使用禁止　*168*
　　不浄な肉体を飾り立てても無意味です　*169*
　　心を汚す無駄話を慎む　*171*
　　仏教の修行に争論はありません　*172*
　　たとえ王様の代理でも在家の仕事は請けない　*174*

❖ 出家の倫理的な生き方③——大戒 …………… *177*

　　犬畜生にも劣る卑しい下品な仕事　*177*
　　占い　*179*
　　呪術の効き目　*180*
　　祝福文句を口癖にする　*181*
　　仏教の祝福　*182*
　　相占い　*182*
　　戦争占い——政治・軍事評論　*184*
　　天体占い——天文学　*186*
　　気象占い——天気予報　*187*

計算術　*188*
　　　詭弁術　*189*
　　　詩作　*190*
　　　庶民の生活は占いに依存する　*190*
　　　民間療法には迷信が混じる　*194*
　　　仏教の治療法　*196*
　　　出家の戒律には有り余る御利益がある　*197*
　　　貪瞋痴があるところに矛盾がある　*199*
　　　道徳は真理の世界への入り口　*200*

❖ 心の戒律──感官の防護 …………………………… *201*
　　　煩悩を減らすための戒律　*202*
　　　眼から入る情報を制御する　*203*
　　　世直しではなく自分をコントロールする　*204*
　　　耳・鼻・舌・身の感官を防護する　*206*
　　　意根を守る　*207*
　　　世間の楽は、苦しみのカラクリで成り立つ　*209*
　　　ブッダは依存しない楽を推薦する　*211*

❖ ヴィパッサナー瞑想──念と正知 …………………… *212*
　　　超越した沙門果へのアクセスポイント　*213*
　　　念と正知で「生きること」を発見する　*214*
　　　概念による真理への到達は不可能です　*215*
　　　ブッダの最終結論は、今ここにある　*216*
　　　「ありのままに知る」ための工夫　*217*
　　　satiの実践は正知をもって　*219*

❖ 満足──満足の実践 …………………………………… *220*
　　　人々が求めるのは物質的な満足です　*221*
　　　人々はものを得ることで限りなく苦しむ　*222*
　　　満足は得られないという真理　*222*

比丘は最低限の生活を覚悟する　223
　　満足の実践は戒律です　224
　　托鉢のしきたり　226
　　出家と乞食の違い　227
　　在家の満足の実践　228
　　限度知らずの現代人は自己破壊を招く　229
　　精神的な満足追求は解脱するまで続ける　230
　　戒律は必修の瞑想実践　231
　　世俗とのかかわりから離れる　231

❖ 五つの障害──障害の除去　234

　　五蓋(ごがい)の意味　234
　　五蓋①──異常な欲　235
　　　　◇「常識的な欲」と「異常な欲」　236
　　　　◇出家は軽々と余計な欲を抑えている　237
　　　　◇「欲」の定義を知らずに「欲」はなくせない　238
　　　　◇「金が欲しい」のひとことに潜む本当の姿　239
　　五蓋②──瞋恚(しんい)　239
　　　　◇怒りにはランクがある　240
　　　　◇「異常な怒り」と「常識的な怒り」　240
　　　　◇「異常な怒り」を絶つ方法　241
　　　　◇vyāpāda を管理するアドバイス　242
　　　　◇慈悲の念で怒りを睡眠状態にする　243
　　五蓋③──沈鬱・眠気　243
　　五蓋④──浮つき・後悔　245
　　五蓋⑤──疑　245
　　五蓋のたとえ　247
　　　　◇負債者のたとえ　247
　　　　◇病気のたとえ　248
　　　　◇牢獄のたとえ　249
　　　　◇奴隷のたとえ　250
　　　　◇荒野の道のたとえ　251

✣ 第一禅定 ……………………………………………………… 254
第一禅定は強烈な喜悦感　254
遠離の楽　256
悪いことをしないことから無制限の楽しみを得る　257
喜悦感の落とし穴　258
サマーディ瞑想とヴィパッサナー瞑想の違い　259
禅定は徹底的な脳のリラックス状態　261

✣ 第二禅定 ……………………………………………………… 263
第二禅定は安定した喜び　263

✣ 第三禅定 ……………………………………………………… 267
禅定は因縁によって現れる無常なるもの　269

✣ 第四禅定 ……………………………………………………… 271
ニュートラル状態を感じる第四禅定　271
禅定を重ねて神秘体験への執着を手放す　273
統一状態と禅定の違い　274
五欲の誘惑を捨てる　275
心のエネルギーを強くする　277
仏教が勧めるサマーディ瞑想法　278

✣ 禅定から智慧の瞑想へ──真理を発見する智 ……………… 280
名色分離智　281
宝石のたとえ　283

✣ 心は身体を創造する　意からなる智 ………………………… 285
創造身は完璧な身体を持つ　286

✣ さまざまな神通の智 ………………………………………… 289
心のサビを落として常識の次元を破る　290
「確固不動」とは心の自立　293

それぞれの神通にそれぞれの瞑想法　*295*
　　　地・水・火・風の四つのエレメントを操る　*296*
　　　身体の比重を自在にコントロールする　*298*
　　　ウルヴェーラの神変の真相　*299*
　　　神通力のようなブッダの言葉の威力　*302*
　　　ブッダにしかできない神通力　*306*

❖ 天耳の智 ……………………………………………… 308
　　　空間を超えた声を聴く　*308*

❖ 他心を知る智 ………………………………………… 311
　　　人の心の波動と強弱を知る智慧　*311*
　　　心のラベリングと感情のラベリング　*314*
　　　他心智は心の深層を読む　*315*
　　　十六種類の心の随観　*317*

❖ 過去の生存を想起する智慧 ………………………… 319
　　　現代のヴィパッサナー瞑想　*319*
　　　四つのエネルギーへの気づき　*321*
　　　過去世を見る能力は心の自由から　*323*
　　　劫という時間の長さ　*327*
　　　心の常識を破る　*330*
　　　物事の因果関係を見る　*331*
　　　因果関係を見る訓練法　*333*
　　　偉大な能力があっても間違う？　*335*

❖ 天眼の智 ……………………………………………… 337
　　　天眼の智を得て、カルマ（業）の働きが見えてくる　*338*
　　　仏教の業論がウパニシャッドに影響を与える　*340*
　　　心は心所と一緒に生まれる　*342*

- ❖ **煩悩滅の智** ……………………………………………… *344*
  - 苦しみの生起の原因は「渇愛」 *346*
  - 煩悩の観察と発見へ *347*
  - 欲・生存・無知という煩悩の消滅 *349*
- ❖ **アジャータサットゥ王の帰依** ……………………………… *353*

編集協力　杜多千秋
　　　　　髙柳涼子
　　　　　佐藤哲朗
装　　丁　鰹谷英利

引用文献　『パーリ仏典　第二期1　長部（ディーガニカーヤ）　戒蘊篇Ⅰ』
　　　　（片山一良訳／2003年　大蔵出版刊）

はじめに

『沙門果経』は出世間の智慧を語る

　これから、一つの経典を読みながらお釈迦様の基本的な教えを紹介していきます。
　ブッダの教えとして、よく知られているのは「悟りの世界」です。これは我々の日常生活とはかけ離れた、世間の知識では計りきれない教えとして、「出世間の智慧」といわれています。しかし、それに限らず、お釈迦様は我々の日常生活に大変役に立つ智慧もたくさん教えているのです。子育ての方法や、じょうずな人づき合いの仕方、平和な世界の築き方など、世の中で正しく生きていく方法をさまざまな側面から教えています。そして、それらすべてが完成された教えなのです。
　とはいえ、日常生活の指針となることは仏教以外でも語られていますから、それだけ見ると「仏教も他の宗教と似たようなものではないか」と思うかもしれません。
　仏教の特色とは一体何なのかと突き詰めると、結局のところ「出世間の智慧」の世界だと言わざるを得ないのです。それは、他の哲学や宗教の世界では見つからないものです。
　これから皆さんと読む『沙門果経（Sāmaññaphalasutta）』という経典には、仏教だけに特別にある出世間的な世界のことが説かれています。ですから最初は分かりやすくても、どんどん難しくなってしまうかもしれません。でもこの経典は、お釈迦様とマガダ国のアジャータサットゥ王との間で交わされた実際の対話を記録したものです。王様とは政治家ですから、宗教や哲学などを深いところまで学ぶ暇がありません。そういう人にも納得いくようにお話しした内容なので、我々にも理解しやすいと思います。
　『沙門果経』は、お釈迦様が活躍された当時の教えを伝える経典として、

学問的にも重要視されています。現在世間にある、一括りに仏教といわれる教えを見ても、お釈迦様が説かれたものか、あるいは後代につくられたものかということは容易に判別がつかないのですが、この『沙門果経』は最古層に属する教えとして昔から定評があるのです。アジャータサットゥ王を始め、この経典に登場するのは全部実在の人物です。仏教学者もブッダの直々の言葉を示したいときには、この経典から引用するくらいなのです。

　解説は原本のパーリ経典を基にしています。仏教の経典とは、ブッダの教えの要点だけを絞って凝縮したテキストです。ですから、ときには深い背景が隠れていて、長い説明が必要な箇所があるのです。特に内容の詰まった『沙門果経』を単行本一冊に収めたので、解説がいくらか大まかになる可能性はあります。

　参照する日本語訳は、駒澤大学名誉教授の片山一良先生によるものです。片山一良先生は大変なパーリ語の専門家であり、学問的にもとても厳密な姿勢を貫かれて、パーリ原文に近くなるように非常に気をつけて訳しておられるので、信頼できるテキストとしてお借りしました。

『沙門果経』の背景

◇名医になった捨て子

『沙門果経』は、マガダ（Magadha）国の首都ラージャガハ（Rājagaha）に近いジーヴァカ・コーマーラバッチャ（Jīvaka-komārabhacca）のマンゴーの林が舞台となっています。マガダ国とは、今から二千五百年ほど前のインドに興った十六大国の一つで大変勢力があった国でした。

　経典の舞台となるマンゴー林は、ジーヴァカ・コーマーラバッチャというお医者さんが、お釈迦様とお坊さんたちに寄付したものです。この人は王様のいわゆるホームドクターで、外科も内科も扱う名医として大変評判の高い人でした。お釈迦様や修行中のお坊さんたちが病気になる

と治療を施したので、仏教の世界でこのお医者さんを知らない人はいませんでした。

　注釈書によると、ジーヴァカ医師は捨て子で、アジャータサットゥ王の父親であるビンビサーラ王の養子として育てられたそうです。
　姓の komārabhacca の komāra はパーリ語で「王の息子たち（プリンス）」、bhacca は「育てた」という意味です。komāra には少年という意味もありますが、この場合は、「王子として育てられた」と注釈されています。

　俗世間でもよくある話ですが、自分を育てた人々が本当の親でないと分かると、ひどく頼りなく不安な気持ちになってしまうのです。でも、コーマーラバッチャはそういう精神的な打撃を受けながらも、ちゃんと勉強して一人前になり、王様の侍医となりました。幼い頃にアジャータサットゥ王と一緒に育った彼は、いくら侍医として臣下になっても、顧問のように王様に親しくアドバイスして仲よくしていたのです。

　彼は自分の生い立ちの影響もあって精神的なことに興味を持ち、お釈迦様に会って話を聞きました。そして、仏教をよく理解して、お釈迦様に帰依しました。そのことを喜んだ彼は、王様から下賜された大きなマンゴー林の公園を、お坊さんたちに寄付したのです。

　アジャータサットゥ王がお釈迦様の話を聞くことになったのも、ジーヴァカ医師の手引きでした。

◇**父王を殺した王様**

　この経典に登場するマガダ国の王様は、フルネームをアジャータサットゥ・ヴィデーヒー・プッタ（Ajātāsattu Vedehi-putta）といいます。母親はヴィデーヒー皇后、父親はビンビサーラ王です。

　パーリ語で ajāta というのは「生まれた（jāta）」の過去分詞で、父親のことです。sattu の意味は「逆らうこと、反対すること」で、「敵」ということになります。「Ajātāsattu」は、親に反対して立ち上がると

いう意味の名前になります。

　インドの慣習では、生まれてすぐ占星術で占って名前をつけ、勝手に後で変えることはしません。名前の通りかどうか分かりませんが、アジャータサットゥ王が父親を殺したことは歴史的な事実です。

　注釈書には、このように載っています。お釈迦様に敵対していたデーヴァダッタという比丘（お釈迦様が出家する前は義理の兄弟だった人）が、若きアジャータサットゥに近づき、神通力の威力を見せて信用させてこんなことを言ったのです。

「あなたの父親はまだまだ若い。あなたは王になるのをただ待っていたら、ボロボロの老人になっているでしょう。それでは何も楽しめませんから、早く王になったほうがよいのではありませんか」

　それで彼は父王の暗殺を企むのですが、すぐにばれてしまいます。ところが父親のビンビサーラ王はものすごい親馬鹿でした。王位に執着もなかったので、引退して息子に正式に王位を譲ったのです。

　しかし、そんな若者にインド一の大国の政治がすぐにできるわけはありません。だから大臣たちが、コソコソと裏で前の王様にいろいろ相談しました。父親も引退生活をしながらアドバイスしたりもする。正式に王になっても、結局は人気も実権も前の王が握っているので、アジャータサットゥ王とデーヴァダッタにとって、すごく嫌な状況でした。

　そこで新王は、誰にも会わせないように父親を牢獄に入れてしまいました。ところが、父親は瞑想の達人で、預流果という悟りの一番目の段階に入っていました。ですから、幽閉されて不便な生活をしていても、ぜんぜん気にならず、むしろ世俗的な束縛を離れたことで、大変穏やかに平安な気持ちで楽しくいました。牢獄の中でもずっと瞑想したり、仏教の真理を観察したりして、結構元気に過ごしていました。

　すると息子は、今度は父親に食事を与えるのをやめてしまいました。自分が直接殺すことはできなかったので、その代わりに毎日ご飯を運んであげていた王妃がビンビサーラ王に会うことも禁止して、何も食べら

れないようにしてしまうのです。

　それでも父親は、深い瞑想をして元気で頑張っていました。すると、追い討ちをかけるように父の足の裏を切り、炭を擦り込んで苦しめたのです。歩けなくなった父王はとうとう亡くなってしまいます。

◇ビンビサーラ王とお釈迦様

　ビンビサーラ王が亡くなったことはお釈迦様にとっても、かなり大きな出来事でした。お釈迦様とビンビサーラ王はほとんど年が同じで、なんでも分かり合い、助け合う仲だったのです。

　こんなエピソードがあります。

　お釈迦様は、王子という立場を捨てて出家しました。出家して間もない若い頃、お釈迦様は托鉢して廻りながらマガダ国に入りました。

　それはマガダ国の人々の話題になりました。

「大変容姿の優れた若者が出家している。普通若者は、仕事をして家族を養っているから、出家しないものだ、怪しい。これはおそらくスパイではないか」

　このように、みんな不審に思っていたのです。

　そこで調べたところ、その若者は、スパイでも怪しい者でもなく本物の出家者でした。

　ビンサーラ王がお釈迦様と初めて対面したときのことです。ビンサーラ王はその若者に尋ねました。

「あなたは誰ですか」

　その若者は答えました。

「私はヒマラヤの方から来た者です」

　その頃には、一国の王子が出家したというニュースが広まっていましたから、王様は「この若者が釈迦族の王子だ」とピンときたのです。

　ビンビサーラ王は、お釈迦様がどういう人か、ひと目ですぐに分かりました。

そしてお釈迦様とビンビサーラ王の関係は始まりました。二人の信頼はお互いに深まり、なんでも通じ合える仲になっていったのです。
　あるときは、ビンビサーラ王はお釈迦様にこう言いました。
「王子をやめて出家するなんて、ずいぶん思い切ったことをやりましたね。自分の国が嫌だったら私の国を任せてあげますよ」
　しかし、お釈迦様は、ビンビサーラ王の申し出を断りました。
「私は自分の国が嫌で出家したのではありません。真理を知るために出家したのです」
　するとビンビサーラ王は、「そうですか。ではあなたが真理を発見したら、すぐに私に教えてください」と言い、二人は約束を交わしました。
　この約束通り、お釈迦様は悟りをひらくとこの国に来てビンビサーラ王に説法し、ビンビサーラ王は悟りました。
　ですからこの王様は、信者でもあり、友達でもあったわけです。お釈迦様ももとは王子ですから、同じランクの人同士、本当に仲のよい友達でした。同じように、隣国のコーサラ国の王様とも友達のようにいろいろ話し合ったり、心配ごとを相談したり、ずいぶん仲よくしていたのです。その友人の一人が息子に殺されたのだから、やはりお釈迦様も大変ショックだったろうと思います。

◇アジャータサットゥ王の苦しみ
　若い王は欲に溺れて父親を殺しましたが、死んでしまった瞬間、自分も大変なショックを受けました。
「父は自分に対して何も悪いことをしていなかったのではないか、なぜ殺してしまったのか」
　それが分かったのは自分に子供が生まれたときでした。生まれたばかりの赤ん坊を見て強い愛情が湧くと同時に、父親の自分への愛情の深さも分かって、「父王をすぐ解放して宮殿に戻すように」と命令を出したのです。

でも王様はすでに亡くなっていました。直接手を下してはいませんが、彼のせいで死んでしまったのです。
　父親を殺したことから、彼は大変悩み、ずっと苦しんで生活することになりました。もともとは遊び人の乱暴者だったのが、精神的な苦しみからの救済を求めて、宗教的な世界にも興味を持つはめになってしまったのです。
　経典ができあがったのには、このような背景があります。

第一部

王様の質問

満月の日には「心」を磨く

『沙門果経』の内容を説明していきましょう。

　雨季の四カ月が満ちた十一月十五日の満月の夜の出来事です。この夜、澄み渡った空にはこうこうと満月が輝き、その光は蓮の花々を美しく照らし出していました。
　マガダ国王アジャータサットゥは、大臣たちに取り囲まれて、壮麗な宮殿の高楼に座っていました。満月の夜のあまりの素晴らしさに、アジャータサットゥ王は感嘆の声をあげます。

「ああ、友よ、なんと楽しいことであろう、月の明るい夜は。ああ、友よ、なんと麗しいことであろう、月の明るい夜は。ああ、友よ、なんと美しいことであろう、月の明るい夜は。…（中略）…なんと清々しいことであろう…（中略）…なんとめでたいことであろう、月の明るい夜は。さて、今日はどのような沙門、あるいはバラモンに親しく近づけばよいであろうか。誰が、親しく近づくわれらの心を浄めてくれるであろうか」

　インドや南方の仏教国では満月・新月の日は、「布薩（ウポーサタ）」と呼ばれて宗教的な日とされ、在家も精神的な修行に励む習慣があります。アジャータサットゥ王も、ウポーサタには宗教家の話を聴くことにしていたのです。
　王様は、心を清めてくれる適当な宗教家はいないだろうかと、大臣たちに尋ねます。
　それにある大臣が答えました。

> 「陛下、それならば、プーラナ・カッサパという者がおります。かれこそ教団を統率し、集団を統率し、集団の師としてよく知られ、誉れが高く、創唱者であり、多くの人々に善人として尊敬され、経験が豊かで、出家して久しく、長い人生の旅人であり、高齢に達したお方です。陛下は、そのプーラナ・カッサパに親しくお近づきになるとよろしゅうございます。…（後略）…」

プーラナ・カッサパ（Pūraṇa-Kassapa）は当時、とても有名だった宗教の創始者で、非常に尊敬されていたのです。大きな教団をつくり、統率者として力がありました。大勢の信者が集まる教祖として誉れ高い人だったのです。でも、王様は黙っていました。

そこで、今度は他の大臣が言いました。

「では、マッカリ・ゴーサーラ（Makkhali-Gosāla）という仙人に会ったらいかがでしょうか。その人も大変有名な宗教家です」

でも王様は気に入りません。もう一人の大臣が言いました。

「アジタ・ケーサカンバラ（Ajita Kesa-kambala）という人に会ったらいかがでしょうか」

それでも納得しない王様に対して、さらにパクダ・カッチャーヤナ（Pakudha-Kaccāyana）、ニガンタ・ナータプッタ（Nigaṇṭha Nāta-putta）、サンジャヤ・ベーラッティプッタ（Sañjaya Belaṭṭhi-putta）という高名な宗教家の名前が次から次に挙げられます。

これらの宗教家たちは当時、宗教界で大変力があったのです。大勢の人々から尊敬を受けていました。日本訳ではそれほど感じられませんが、パーリ原文の言葉はものすごい褒め言葉です。Sādhu-sammat（仙人）として崇められていた人たちという意味で、六番目の先生まで、ずっと同じ言葉でたたえられています。

ここは「なぜこの経典ができたか」といういわれを語ったところです。

王様は最初からお釈迦様にだけ会ったわけではなく、その前にもいろいろな宗教家の話を聴き、自分なりの探索をしていました。その経歴をまとめてストーリーにしているのです。

「六師外道」は宗教界の革命家たち

　これらの先生方は「六師外道」といわれる人たちです。仏教では、六師外道を「仏教以外の教えを説いている六人の先生」という程度の意味で使っています。でもここに登場する人々は、外道という蔑称で簡単に切り捨てられるものではありません。本当は、インドの当時の宗教世界の革命家として、厳密に考えなくてはいけない人々だったのです。

　その先生方の教えは、我々がインドの宗教として知っているヒンドゥー教のような生ぬるい教えではありませんでした。ヒンドゥー教のもとであるバラモン教は、当時の人々の生活に深く浸透していました。土台であって、かなり大きく根深いものだったのです。そんな中で大胆な教えを説いて宗教革命を起こしたのが、これらの人々です。バラモン教の悪弊に縛られて苦しんでいた社会に天才たちが現れ、とてつもないことを言って人々の目を覚ましてしまったのです。

　分かりやすい例で言えば、「ユダヤ教に革命を起こしたのはイエス様」というのと同じ話です。イエス様はユダヤ人でしたが、旧約聖書に新しい約束事を入れて全部ひっくり返したのです。「怒ったら怒り返せ」という一対一の教えに「右の頬を叩かれたら左の頬も出しなさい」と説いた。それはかなりの革命でした。それを後の人々が「新約聖書」ということにして、「旧約聖書」につなげてしまっただけなのです。歴史的な流れは同じかもしれませんが、キリスト教とユダヤ教は別の宗教です。

　科学の世界ならアインシュタインも同じですし、カール・マルクスも社会に大変な革命を起こしました。マルクス主義が消えたからといって、

彼が貢献したものは消えていません。「苦しんでいる人々の気持ちも考えなさい」という意識は、今の資本主義の世界でもなんとか生き永らえているのです。

そうやって革命を起こす人々というのは、百年ごとに何人かは必要です。そうでないと人間というのはだらしなく、同じことばかりを繰り返すのです。

お釈迦様はこの人たちよりもさらにすごい革命家でしたが、だからといって、「六師外道の人たちの宗教は軽々しい教えだ」というわけではありません。五番目のニガンタ・ナータプッタがつくったジャイナ教は、今でもインドでヒンドゥー教と一緒に人々に影響を与えているすごい教えです。

これから読む『沙門果経』の目的は、仏教の出世間の世界を説明することです。でもその前に、精神革命を起こそうとした六人の偉い先生の教えも紹介しています。それを壊すことも認めることもなく措いておいて、次に仏教の世界を紹介する。ですから、「聞く人々、読む人々は自分で判断してください、比較してください」ということなのです。「仏教の中身を話す経典に、なぜこの六人が入り込むのか」と疑問に思うかもしれませんが、教えを比較して、仏教の特色を理解しやすくするために紹介しているのです。

今のインドでは、ジャイナ教以外の五人の教えは残っていません。経典もありませんから、学者はこれをどうやって理解すればいいか、比較する資料がなくて結構悩んだりしました。研究の結果はありますが、いまだにはっきりと解決せず、論文も英語のものしかないかもしれません。

ジーヴァカ医師の推薦

大臣たちが次から次へと六人の宗教家の名前を挙げるのですが、アジャータサットゥ王は気に入らず、ずっと黙っていました。その間ジーヴ

ァカ医師は、傍でずっと黙って座っていました。
　ジーヴァカ医師はすでに悟りをひらいていましたから、いろいろな人を勧められても王様が気に入らないのは分かっていました。でも自分からはしゃべらないのです。そしてアジャータサットゥ王は、ジーヴァカ医師に聞きました。

「ところで、友ジーヴァカよ、そなたはなぜ黙っているのか」

　こう促されて、ジーヴァカ医師はやっと口を開いたのです。
　この態度は、ジーヴァカ医師がお釈迦様から受け継いだものです。お釈迦様は、興味のない人をつかまえてまで説法はしません。普段は一人静かにいて、訪ねてきて質問する人々がいれば、抜群の言葉で答える。論争で負かそうと思って来た人には、冷や汗が出て身体がガタガタ震えるくらいまで言葉を返します。お釈迦様は悟りをひらいたといっても、借りてきた猫みたいに聖者ぶっていたわけではありませんでした。その場その場で親切なこともおっしゃれば、きついこともおっしゃったのです。
　特にお坊さんたちを叱るときは、ものすごくきついのです。弟子たちがちょっとでも怠けたりすると、「出家の身でなぜそういうことをするのですか。頑張りなさい。怠けるな」と、今でも経典を読む私たちが怖くてたまらなくなるくらい、厳しい言葉で叱責したのです。
　お釈迦様は、何一つも煩悩はなく、完璧に悟っていた智慧の完成者でした。ですから性格の中でこれという短所は一つもありませんでした。だからといって、宗教の世界でよくあるように、善人ぶったり、罵られてもニコニコと黙って聞いたりするわけではなかったのです。相手次第で変わる不思議な性格でした。
　お釈迦様の性格を表す一つのエピソードがあります。

あるバラモン人がお釈迦様に散々罵詈雑言を浴びせたのです。お釈迦様は最後まで黙って聞いていましたが、しゃべり終わったその人に、静かにこう言うのです。
「あなたの家で大きなパーティーを開くとします。でも誰一人来なかったら、用意したたくさんの料理をどうしますか」
「私と家内と子供たちで食べます」
「そうですか。では、今あなたが私にご馳走しようとした罵詈雑言を、あなたと奥さんと子供たちにあげてください。私は受け取りませんから」
こうして、浴びせられた罵詈雑言を全部、なんのことなく本人とその家族に返してしまいました。それはその人が怒ったことよりきつい叱り方になるのです。

◇お釈迦様を推薦する言葉
話を経典に戻しましょう。王様に尋ねられたジーヴァカは、お釈迦様を推薦します。

「陛下、実を申しますと、阿羅漢であり正自覚者である世尊がおられ、私どものマンゴー林に、千二百五十人の比丘からなる大比丘僧団とともに住んでおられます。その世尊には、つぎのようなすばらしい名声が挙がっております。
『このことによっても、かの世尊は、阿羅漢であり、正自覚者であり、明行足であり、善逝であり、世間解であり、無上士であり、調御丈夫であり、天人師であり、仏であり、世尊である』と。
陛下は、その世尊に親しくお近づきになるとよろしゅうございます。世尊に親しくお近づきになれば*、きっと陛下の御心は浄められることでありましょう」

* ［ば］引用文献の原文は「は」。

お釈迦様のために使っている褒め言葉は、今までの宗教家に使ったものとは異なりました。これまでの宗教家の場合は「たくさんの弟子たちに取り巻かれ、大勢の信者さんがいる偉い人だ」と、教団の人数を言うのです。これは世間によくある考え方ですね。世の中の人々は、大勢の人々に支持されて人気があると聞くとみんなそれになびいてしまう。しかし、教団が大きいからといってその宗教が正しいとは限らないのです。
　だいたい人間というのは単純なものに引かれるでしょう。ですから仏教では、知識人が褒めていれば「何かあるに違いない」と調べますが、大勢の人が信じているというと「待った」をかけるのです。
　ジーヴァカも、お釈迦様に関して、大変な人気者だということは言わずに、その性格のことを説明するのです。

◇ブッダの九徳
　経典にはブッダの徳を表す言葉があります。パーリ語の原文と対応させて見ていきます。

　　かの世尊は、阿羅漢であり、正自覚者であり、
　　明行足であり、善逝であり、世間解であり、
　　無上士であり、調御丈夫であり、天人師であり、
　　仏であり、世尊である
　　Iti pi so bhagavā arahaṃ sammā-sambuddho
　　vijjā-caraṇa-sampanno sugato loka-vidū
　　anuttaro purisa-damma-sārathī, satthā deva-manussānaṃ
　　buddho bhagavā ti.

　これはパーリ語で、「ブッダの九徳」として知られているものです。片山先生の訳のようにミャンマーでは「仏の十徳」とする解釈もあるのですが、十徳ではなく九徳と読んだ方が妥当だと思います。

一つずつ説明していきましょう。

① Iti pi so bhagavā arahaṃ
（イティ ピ ソー バガワー アラハン）

「かの世尊は、阿羅漢である」という意味です。

日本語訳で「阿羅漢」となる arahaṃ（アラハン）という言葉は、仏教だけの言葉ではありません。当時の精神的な世界を探検した宗教家たちが理想的な境地を表すために使っていた言葉です。瞑想修行して完全な境地に至った人は皆 arahaṃ というのです。それを仏教でも使って仏教的な定義をしているのです。

宗教家、特に当時のインドの修行者たちはみんな正直者でした。金のためや有名になるため、あるいは食べるために宗教家を目指すような偽者はいなかったのです。ほとんどの人々は財産を捨てて、身体一つで修行に出た人々です。ですから、誰も軽々しく「自分が arahaṃ になった」などと言いません。修行する、でも納得いかないからまた修行をする。そうやってずっと arahaṃ を目指して頑張っている。つまり普通は、「私は arahaṃ である」とは修行者は公言しないものなのです。

お釈迦様は真理を悟ったので正々堂々と公言したのですが、疑った人々もいました。

「ものすごく長い間修行してきた大変な年寄りの仙人たちですら、自分が arahaṃ だと名乗っていないのだ。果たして本物だろうか」

と、お釈迦様を調べた人もあります。いかにこの言葉が大変な意味を持つかということです。それをここでは堂々と使っています。つまり、完全に悟っているという意味なのです。

② sammā sambuddho
（サンマー サンブッドー）

「人類の中で、自分の力で完全に悟った初めての正覚者」という意味です。悟りをひらけば誰でも「ブッダ」「覚者」と呼ばれますが、自力で悟った初めての独覚者という意味で「正自覚者」というのです。

③ vijjā-caraṇa-sampanno
<small>ヴィッジャー チャラナ サンパンノー</small>

　日本語では「明行足、明行具足」といいます。一般的な意味は、「明」が「智慧」、「行」が「性格」ですので、「智慧も性格も完成している（満ち足りている）」ということになります。これも完璧な人間には必要なポイントなのです。

　世間には、頭はよくても性格が悪い人、性格はよくても頭は駄目という人もいて、なかなか両方そろいませんね。それは世の中で普通にあることです。

　たとえば、頭が悪くて判断能力は鈍く、何かやれば失敗する人は、性格でそれを補います。あまり激しいことは言わないし、みんなに親切にふるまったりして、「立派な性格だ、正直者だ」と褒めそやされます。でも何かあったときに相談相手として頼りになるかというと無理です。逆に頭のいい人々が乱暴でわがままでいい加減で、性格は悪い。そうすると人々は「あの人は頭はいいが性格はいま一つだ」などと言いますね。

　完全な人というのは智慧も抜群に完成して、その上性格も完成しているという意味なのですが、本当の注釈はそれだけでは終わりません。明行具足というのは二、三時間かけても説明できないほど大変難しい仏教の専門用語なのです。注釈書ではお釈迦様の「明」とは何か、「行」とは何かをはっきりと定義しています。お釈迦様が身につけていた「行」というのは、性格というよりは瞑想の力なのです。大変な瞑想の達人で、ありとあらゆる精神的能力を持っていたのです。それと共に、智慧も完成していました。

④ sugato
<small>スガトー</small>

　Sugato は、「善逝」と訳しています。sugato は、注釈には「正しく行ったこと」とあります。gato というのは「行」のことです。出家者ですから修行はもう完全に卒業しましたという意味ですね。お坊さんが経典を勉強する場合は、厳密で専門的な注釈が別にありますが、一般的

な理解としては、「自分の仕事は完成しました」というぐらいの意味で結構です。

⑤ loka-vidū（ローカ ヴィドゥー）

この言葉の伝統的な訳は「世間解（せけんげ）」です。「解」というのは、「解している」という意味で、「世間」というのは「生命」のことです。お釈迦様は、生命の問題はもう解いてしまっているのです。現代風にいえば「命」です。「私は何者なのか」、「命とはなんなのか」、「死んだらどうなるのか」、「なぜ生まれてきたのか」というふうに、どんな宗教の世界でも、答えを探している大きなテーマです。一切は神に創造されたという宗教でも、「死んだら地獄か天国に行く」とか、人間の問題を語るのです。

ですからこの「世間解」というのは、「もう生命という問題を解決した、人間の問題を解いてしまった」という意味になります。パーリ語ではもう一つ、「すべては知っている」という意味もあります。

⑥ anuttaro purisa-damma-sārathī（アヌッタロー プリサ ダンマ サーラティー）

片山先生の訳では「無上士であり、調御丈夫であり」となっていますが、一般的には「無上調御丈夫（むじょうちょうごじょうぶ）」と一緒に読みます。Anuttara の意味は「偉大なる」です。この語の伝統的な日本語訳の「無上」は「この上ない」ということですね。Purisa は「人々」、damma は「調教」、sārathī というのは「リーダー」という意味です。

ブッダは単に知らないことを教えてくれるだけでなく、我々の弱みやゆがみだらけの情けない性格をたたき直して立派な人間にする調教師なのです。ですから「お釈迦様に勝る先生はいない」という意味です。

表面的にみんなに優しいだけでは、人々の性格をたたき直せません。たとえばイエス様は、ものすごく親切で優しい"受難の方"として描かれていますが、お釈迦様はおとなしく自分一人でみんなの苦しみを黙っ

て受け入れることはしません。人に対して失礼で乱暴だという意味ではありません。お釈迦様ほど我々のことを心配された方はいませんが、だからこそ怠けは認めない、この上なく厳しい調教師でした。

⑦ satthā deva-manussānaṃ
（サッター デーワ マヌッサーナン）

伝統的な訳は「天人師」となっています。これは「人間の先生というだけでなく、天や神の先生である」という意味です。それくらいとてつもなく偉いことを示しています。

なぜそんなことを言うかというと、他の宗教と区別するためです。「人間がすごくレベルを落として尊い神に祈る」というのが一般的な宗教の形でしょう。祈りというものは宗教には欠かせないものです。

でも仏教には、神への祈りはありません。反対に「祈って願いごとがかなうなら、みんな祈ればいい。金持ちになりたい、きれいになりたい、年をとりたくない、病気になりたくない、死にたくないなど、祈ってなれるのだったらみんなやるのだ」と言っています。そんなこと、かなうはずはありませんね。仏教は祈りの宗教ではないのです。

そのお釈迦様の特色、仏教の特色を言うためには、神も入れなければいけないのです。

「人間の師は、神に対して何者か。下僕か、あるいは使者か」

という問題が出てきます。仏教はそれに明解に答えます。

「神々の先生です」

ここで他の宗教と、お釈迦様がこれから教えようとしている仏教の違いを明確にしているのです。

⑧ buddho
（ブッドー）

Boddho は「悟りに達した人」という意味です。言い換えれば、智慧の完成者です。

⑨ bhagavā（バガワー）

Bhagavā というのは「徳が高い人」「尊敬に値する人」という意味です。伝統的な日本語訳では「世尊」と訳しています。この bhagavā もインドの一般的な言葉で、宗教家を敬う場合はいまだに、これを使います。ただし、並の宗教家には使いません。皆さんも知っているサイババさんのように、かなり人気のある大物にだけ使います。

◇「智慧」による世界への勝利宣言

このように誰にも使えない言葉を全部使って、お釈迦様は智慧を完成したことで世界に名乗りをあげます。これは信じる信じないという次元のことではないのです。かなり大胆で革命的なお釈迦様の特色を言って、世界に「智慧の勝利宣言」をするのです。これはお釈迦様の偉大で挑戦的な言葉です。
「お釈迦様は智慧を完成していない」というしっかりした証拠さえあれば、世界の誰もが、証拠に基づいてそう訴えることができるはずです。しかし、お釈迦様は、「たとえ神々でさえも、『お釈迦様は智慧を完成していない』という訴えをすることはできない」と説かれているのです。そのような証拠が見つかることはありえないからです。お釈迦様の言葉は、将来にわたり、誰にでも調べて確かめてみることをオープンにした勝利宣言です。決して高慢な言葉ではありません。

たとえばスポーツの世界では、世界選手権で優勝すると世界一ですね。日本のサッカーチームがワールドカップで世界制覇すれば、その瞬間「我々は世界一だ」と言っても誰も文句を言わないでしょう？　そのように、「私は世界一だ」ということは偉大なる勝利宣言なのです。それを、お釈迦様は「智慧」で世界に宣言する。本当に名乗りをあげられる状態にあるからこそ、普段は使わないような、あまりにも大げさで誰にも使えない言葉を全部使って宣言しているのです。

でもそれは、「私を信じなさい」ということではありません。お釈迦

様はみんなに「それを受けて立ってほしい」と言っているのです。それだけではなく、「できない人々はちゃんと直してみせます」とまで言うのです。

ジーヴァカは、「王様はそのブッダとお話してみたらいかがでしょうか」と王様に勧めます。王様にとっても、これはすごい挑戦です。

王様の選択

王様は、他の大臣たちよりこのジーヴァカを信頼していました。一緒に宮殿で育ちましたから、誰よりも信用できるし、いろいろわけがあって王様はすごい臆病者なのです。そこで言いました。

>「それでは、友ジーヴァカよ、象の乗り物を用意させるがよい」

こうして満月の夜に五百頭の牝象隊に守られて、お釈迦様に会いに出かけます。

ここでなぜ牝象かというと、雄象は繁殖時期になると、かなり凶暴になります。象は殺す気はないのですが、身体をちょっと振っただけで周りの人々が死んでしまったりします。牝象の場合はそういう心配はないので、雄象より信頼できるのですね。護衛の軍隊も五百人の女性兵士でした。暗殺されたりクーデターが起きたりしないように、王様は徹底的に用心していたのです。

しかし、マンゴー林に入っても人の声一つ聞こえず、静まり返っているのです。王様はジーヴァカに闇討ちでもされるのではないかとおびえました。

> 「友ジーヴァカよ、そなたは私を騙しているのではあるまいな。友ジーヴァカよ、そなたは私を欺いているのではあるまいな。友ジーヴァカよ、そなたは私を敵どもに売り渡すのではあるまいな。千二百五十人もの比丘からなる大比丘僧団に、くしゃみの音もなければ、咳声も話し声もないとは、いったいどうしたことか」

ジーヴァカは先に立って案内します。
「あなたを裏切ることはありません。お進みください。円形坐堂にはいくつも燈火がともされています」
　王様は堂の近くまで来ると、象から降りて徒歩で進み、「世尊はどこにおられるのか」と聞きました。
　ジーヴァカは答えます。
「中央の柱にもたれ、比丘僧団の前に東面して座っておられる方が世尊です」
　そこには見渡す限りお坊さんがいるのに、澄み切った湖のようになんの音もなく静まり返っていたのです。
　これもまた、仏教の世界の特色を表しています。「からの器は音がする。満杯ならば音は無し」ということわざがあるように、ものを知らない愚か者ほどよくしゃべる。物事を知っている人ほど寡黙になるのです。
　比丘僧団は智慧が発達している世界ですから、みんな黙っているのです。「人に聞いてほしい」という苛立ちがないのです。たとえ問題が起きても、本人が智慧を持っているから、瞬時にそれを解決して終わってしまう。普通の社会でも、ちゃんと仕事をする人はあまりしゃべりませんし、自慢しませんね。智慧の発達した世界の特色は静かだということです。

智慧に満ちた僧団に王様の心が一変する

　王様は、まったく感情の荒波がない比丘僧団を見ただけで、心の悩みが全部サーッと消えて落ち着いてしまいました。そして、感嘆の声をもらしました。

「今、比丘僧団がそなえている、この寂静(じゃくじょう)を、わが太子ウダヤバッダもそなえてほしい」

　親にとっては自分の子供は可愛くてたまらないものだから、この環境を見て真っ先に頭に浮かんだのは、自分の息子のことでした。同時に王様の心はサッと明るくなったのです。
　お釈迦様はそれを聞いて、王様に声をかけます。

「大王よ、あなたは愛する方に思いを寄せられましたね」

　日本で言えば「あなたも親馬鹿ですね」という意味の言葉です。
　そういう反応で、すぐに人はお釈迦様に親しみを感じるのです。ブッダは偉大なる仙人として一般の人に会うのではなくて、友人として会う。初期仏教の世界はみんな互いに助け合っている横の関係なのです。普通の宗教でよく見られるような「とてつもなく偉大なる尊敬すべき対象の開祖様で、絶対服従しなくてはならない」という縦の関係ではないのです。
　お釈迦様の言葉に王様も、「ええ、やっぱり息子のことは可愛いんですよ」と素直に応じました。そうすると、なんのことなく同じレベルの人間関係、友人関係が成り立っているのです。お釈迦様に礼をしても気

持ちがいいのですね。

王様の問い――その真意

ジーヴァカ医師に大きな挑戦をさせられて王様はビクビクしていましたが、お釈迦様に会ってみたら気さくな友達のようにしゃべってくれる。そこで王様は一気にリラックスして王らしい質問をします。

> 「尊師よ、もし世尊が、私のために、質問に対する解答の機会をお作りくださるならば、ある点について世尊におたずねしたいと思います」
> 「大王よ、お望みのとおり、おたずねください」

お釈迦様は質問されなければ話さないのです。この質問自体は皆さんもよく考えたほうがいいと思える内容です。

> 「では、尊師よ、たとえば、象に乗る者、馬に乗る者、車に乗る者、弓術者、旗手、司令官、戦士、王族出身の高級武官、突撃兵、大象のような猛者、勇者、皮の鎧をつけた兵士、生まれながらの奴隷兵士、料理人、理髪師、沐浴下僕、菓子作り、華鬘作り、洗濯人、織物師、葦細工人、陶工、計算人、指算人といった、これらのさまざまな技能の者があり、また他にもこれに類するさまざまな技能の者があります。かれらは、現世において、目に見える技術の報酬によって生活しています。かれらは、それによって、自分自身を安楽にし幸福にし、母と父を安楽にし幸福にし、子と妻を安楽にし幸福にし、友人・知己を安楽にし幸福にし、また沙門やバラモンに対しては、天界にふさわしい、

> 安楽の果報のある、天界をもたらす、すぐれた布施を確立させております。
> 　尊師よ、ちょうどそのように、現世において、目に見える沙門の果報というものを示すことができましょうか」

　これは当時インドで、人々が就いていた仕事を書いています。「象に乗る者、馬に乗る者」というのは、「象あるいは馬に関する仕事をしている人々」という意味です。「料理人」「理髪師」「菓子作り」「洗濯人」「織物師」「陶工」「計算人」「指算人」などは今もないわけではありません。

　たとえば料理人が、なぜ料理を習得したかというと、それで給料をもらって生計を立てたいからでしょう。会計士も同じです。そういう人々は現世において、技術を身につけて仕事に就き、結果を得ています。楽に一日の糧を得て、家族も養って生活している。友達や親戚の面倒も見ている。それだけでなく宗教家にもお布施をして、より頑張っているのです。

　ここで王様は、「あなたがた宗教家にもそういう修行によって何か果報（利益）がありますか」と尋ねたのです。これはずいぶんと失礼な質問でありながら、すごく賢い質問でもあります。

　王様は政治家であり経済家です。政府というのは、経済システムも政治システムも両方守らなくてはいけないから、王様から見れば、出家する人々がたくさんいて、この人々も我々に何か役に立つのか、という率直な疑問なのです。

　たとえば、来世を信じて徳を積もうと思っても、それをやるのは在家の人々です。人々は仕事をして報酬をもらって、その一部を宗教の人々にお布施をする。では、「その布施で生活を立てている出家の人々はこんな修行をしてなんの意味がありますか？　経済的にはなんの意味もな

いのではないか」というふうな質問なのです。

　昔は全部肉体労働だから、仮に千人の出家者に畑でも田んぼでも耕してもらえば、かなりの経済効果があるでしょう。ドラマティックに言うならば、王様がお釈迦様に礼をしながらも、「あなたがたはこんな大勢の人々を集めて、本当によく無駄なことをやっているものですねえ」と失礼な質問をしている場面になります。

　アジャータサットゥ王の質問は、宗教家に対する大胆なチャレンジだったのです。普通だったら「年上の偉い宗教家に向かって失礼ではないか」と返されてしまいそうですが、お釈迦様はそんなリアクションをしません。質問されたら答えるのです。

お釈迦様の王様への依頼

　お釈迦様はこの王様の心を読み取るのです。
「この人は単なる意地悪でこの質問をしているわけではない。それなりにこの問題について真面目に考えている。おそらくこの人はいろんな宗教家にこの質問をしただろう。だから私にも出しているのだ」
　それを理解して王に言います。

> 「大王よ、あなたは、この質問を他の沙門・バラモンになされたかどうか、おぼえておられますか」
> 「おぼえております、尊師よ。私は、この質問を他の沙門・バラモンにしたことがあります」
> 「それでは大王よ、もしあなたに差支えがなければ、かれらがどのように答えたかを、ありのままに、お話しくださいませんか」
> 「尊師よ、世尊や世尊のようなお方が坐っておられるところでは、私にはいっこう差し支えがありません」

お釈迦様から見れば、この王様は息子ぐらいの若者でしょう。そんな人から「失礼でなければ教えてくれませんか」と丁寧な言葉で尋ねられたのだから、王様も素直に答えるのです。
　この経典は、王様が他の宗教家に出した質問と、出てきた答えを紹介するところから始まるのです。これからが経典の内容で、先述した六人の哲学を説明することになります。

第二部

六師外道

1 「非業論」を説く哲学者 プーラナ・カッサパ

道徳的束縛からの解放

　王様はあるとき、プーラナ・カッサパ（Pūraṇa Kassapa）師を訪ねて、質問しました。
「現世において、目に見える沙門の果報というものを示すことができましょうか」
　経典というのは普通、唱えあげるものです。そして暗記するものだから、同じ言葉の繰り返しが出てきます。この経典でも、王様が六人の宗教家に会うたびに同じ質問を繰り返しますが、説明するときに同じ言葉を繰り返す必要はありません。カッサパ師が王様の問いに答えるところから見ていきましょう。
　カッサパ師はこう答えるのです。

　大王よ、行為しても、行為させても、切断しても、切断させても、苦しめても、苦しめさせても、悲しみを与えても、悲しみを与えさせても、疲れても、疲れさせても、震えても、震えさせても、生き物を殺しても、与えられないものを取っても、つぎ目を破っても、掠奪しても、一軒のみをねらっても、大道に立っても、他人の妻と通じても、嘘をついても──行為する者に罪悪が作られることはない。たとえ、周りが剃刀のような輪でもって、この地上の生き物を一つの肉山、一つの肉積みにしても、それによって罪悪はなく、罪悪が現われることもない。たとえ、ガンジス川の南岸に行って、殺害しても、殺害させても、切断しても、切断させても、苦しめても、苦しめさせても、

それによって罪悪はなく、罪悪が現われることもない。たとえ、ガンジス川の北岸に行って、布施をしても、布施をさせても、供犠を行なっても、供犠を行なわせても、それによって功徳はなく、功徳が現われることもない。布施によっても、制御によっても、自制によっても、真実語によっても、功徳はなく、功徳が現われることもない。

　ここまでがその人の教えです。
　これは分かりやすく言えば、道徳的なおびえを捨て去ることを人々に教えているのです。だからわざと大胆に言葉を選んでいます。「切断しても」というのは「人の手足を切断しても」ということ。人を悩ませても、人を脅しても、殺生しても、泥棒しても、待ち伏せをして商人のお金を全部掠奪したりしても、「何をしようとその行為に罪はないし、罪が現れることもない」とカッサパ師は言い切ります。
　なぜそこまで反道徳的なことを言うのかというと、当時の人々は道徳的罪悪感にかなり束縛されて悩まされていたからです。それともう一つ、バラモンたちが「徳の教え」を押しつけて人々から搾取していたのです。
　人は人知の及ばない畏れや祟りに弱いものです。日本でも「しないと祟りがある」などの脅し言葉でお布施を促して、事実上はお金を奪ったりすることがあるでしょう。バラモンたちはそれをやっていたのです。
　たとえば、人が病気になって薬も効かないと、バラモンに頼る。「これは怨念だから除霊しないと救われない」と祈祷師のバラモンに脅されて大金を払って除霊してもらう。でも状況は変わらなかった。そうすると、「特別な祈祷をやらなくては悪霊が払えない」ともっと搾取されるのです。
　これは人間の弱み、罪悪感の問題と徳の問題ですから、「そんな精神的束縛は捨ててしまいましょう」とカッサパ師は説くのです。当時のインドの社会で、人々は今では考えられないほどバラモン階級にいじめら

れ束縛されていました。

　いまだにインドでは、バラモン人たちがつくり出したカースト制度は揺らぎもしません。現代になっても人を差別することだけは絶対やめません。なぜならばカーストに宗教的な解釈があるからです。自由でもないし平等でもなく、民主主義でもないのです。

　そこでカッサパ師は、いったんその概念さえ捨ててしまえば、みんなそれぞれ楽に生きていられるのではないかと言うのです。

非道徳的な言動で自由を説く

　誤解してほしくないのは、この人は強盗や殺人を認めているわけではないということです。罪がないから好き放題やってもいいとか、やりなさいという意味ではないのです。

　この人も真面目に修行している宗教家ですから、精神的な束縛を破って社会に自由を与えようとして、わざと大胆なことを言うのであって、非道徳なことを勧めるわけではないのです。

　当時の人々は些細なことでバラモン人に「永遠に苦しむ呪いをかけてやるぞ」と脅されたりすると、ずっとおびえて悩むのです。その問題をなんとかしたかったのです。

　そこで、有名な仙人カッサパ師が出てきて、人から搾取しているバラモン制度に対して、「たとえバラモン人であろうが、性格が悪いなら自由に批判しなさい。それで罰が当たるわけではない」と教えてくれる。それで人はかなり自由を感じたでしょう。

　ですから、この人は本当に恐ろしい革命家です。恐ろしさというのは「罪悪はない、功徳もない」と断言するところで、そこはとても危険です。でも、「常識的な道徳を守って、互いに仲よくしていましょう。人を不幸に陥れるような罪を犯しては幸せになれません」というような、一般的な社会道徳は認めていたかもしれません。

また人々に「あなたは布施をした、徳を積んだからといって、特別に何か得をしたと思わないほうがよい。また間違って悪いことをしたとしても『永遠の地獄行きだ』などと、自分を捨てないほうがよいのです」ということを言っていると思います。

　この経典でカッサパ師は、社会一般の道徳を守ったほうが、現世において幸福だとはひと言も言っていません。でも、社会道徳まで否定すると宗教家にならないのです。

　今まで私は、プーラナ・カッサパ師の教えを弁解しようと試みてきました。従来の仏教研究書では、このような試みはあまり見たことがありません。ただ、この六人が社会的に認められていたことだけは事実です。インドでは哲学がたいへん発展していましたから、いい加減な気持ちで無責任なことや無知なことを言っただけで、有名になるわけではないことは推測できます。

永遠不滅の魂は道徳を捨てる

　カッサパ師もその他の宗教家たちも、それぞれの哲学を持っていました。カッサパ師の哲学は、「自分が何かをやる、また人にやらせる。そのような行為は自分の魂になんの影響も及ぼさない」というものです。それはこういう理由だと思います。

　人間に永遠なる魂がある。人が死んでも魂自体は死ぬことはない、永久に存在し続けると言い、「絶対的な魂」を信じているのです。それが本当ならば、魂というのはものすごく偉大なる存在なのです。永遠ということは、変化しない、汚れないということです。外からなんの影響も受けません。ちょっと人を殺しただけで汚れる魂だったら、「永遠だ。不滅だ」とは言えませんね。だから魂論を語ると、道徳論を捨てなくてはならないのです。

　プーラナ・カッサパ師には「個人個人に永遠不滅の魂がある」という

前提があって、それを本気で信じているのです。魂が偉大で何からも影響も受けないものであるならば、人を殺したから魂も汚れてしまうというのは理屈が合いません。嘘をついただけで汚れる魂だったら、我々の着ている服と同じでしょう。だから理屈に合うように、厳密に論理的にしゃべっているのです。

　これでプーラナ・カッサパ師の教えが分かると思います。絶対的な魂を信じて、「魂は行為によって変化はしません。変化することは不可能です」ということです。

　しかし、このカッサパ師の理屈では、王様は納得がいかないのです。王様が、「在家の我々の仕事には御利益はありますが、あなたがたの修行に何か御利益はありますか」と聞いているのに、師は自分の修行の結果さえも否定しているのです。王様が言外に尋ねたのは、「あなたの生き方には意味がありますか」ということでしょう。

　師は、自分の修行はなんの意味も持たない、なんの御利益もないものだと言っているようですが、王様や我々読者には、問いを無視して持論をだらだらしゃべっている感じが否めないのです。

　このカッサパ先生は、あまりにも自分の思想哲学だけにしがみついて、実際の世界は見ようとしていないのです。物事をすべて自分の宗教の尺度で判断しています。これでは世間に迷惑をかけたハルマゲドン論と同じです。ハルマゲドンが来ると信じた人たちが、自分たちだけどこかに隠れて身を守ればいいのに、その前に他の人々を殺さなくてはいけないと思って、とんでもないことをしたでしょう。

　だから、哲学そのものは悪いとは言えませんが、一つの考え方に入り込んでしまうと論理性もなくなるし、精神的に病気にもなるのです。「科学万能主義だ」「平和主義だ」などのように「主義」を決めたら危ないのです。知識人ではなくなってしまいます。この問題はこの先生方にもあったのです。王様は具体的な世の中のことを聞いているのに、それには答えない。

経典には、こう記されています。

> それはちょうど、マンゴーについて問われながら、ラブジャ*のことを説明したり、ラブジャについて問われながら、マンゴーのことを説明するようなものです。…（中略）…
>
> そこで私は、こう思いました。『どうして私ごとき者が、領内に住んでいる沙門やバラモンを非難しようなどと考えてよいものか』と。…（中略）…
>
> そのため私は、プーラナ・カッサパが述べたことを、決して喜びもせず、けなしもしませんでした。…（中略）…内心不満ながら、不満の言葉を出さず、ただかれの言葉を聞くだけで、耳を傾けることがないまま、座を立って、退出したのです。

これを現代風に言い換えてみると、「一番おいしいリンゴはどういうリンゴでしょうか」と聞いたのに、「キャベツは春が旬ですよ。あれは柔らかくておいしい」と答えられたようなものです。相手がおかしいのではないかと思ってしまいますね。そこで王様は、その人を否定することもせず、かといって認めることもしないで帰ってしまったのです。

仏教の立場でいうと、人の話は否定か肯定かと先を急ぐよりは、まずそのまま理解しておいたほうがよいのです。理解というのは「認めた」という意味ではありません。

非業論は行為の影響力を否定する

この人の哲学は、akiriyavāda といいます。vāda は「論」という意味で、kiriya というのは「行為」です。否定形を示す「a」が入ると非行為になるのです。ですから、この非行為論の主旨は「行為自体は魂に影

＊［ラブジャ］瓜。

響を与えない」ということです。行為は精神に影響を与えるという考えを否定する。日本訳では非業論といいます。

　でも彼も、社会に大変貢献はしたのです。当時の人々はいろんなことで宗教に束縛されていました。間違って人を殺しても永久に地獄に堕ちるという教えは、恐ろし過ぎなのですね。現代でも、「人は生まれつき罪人で、神に懺悔しなかったら地獄に堕ちるのだ。神様を信仰しなかったら、あなたは動物と同然だ」というたぐいの教えがあったら、真面目な人は悩むことになるでしょう。そこから解放して自由にしてくれたのだから、かなりの貢献だと思います。

　しかし、仏教の立場から見ると、彼は、なんの躊躇もなく人間の道徳を全体的に否定するだけの人なのです。

2 完全な「定め論」を説く マッカリ・ゴーサーラ

マッカリ・ゴーサーラ師は因果関係を否定する

　プーラナ・カッサパ（Pūraṇa-Kassapa）師の「非業論」を一方的に拝聴して引き上げた王様は、次にマッカリ・ゴーサーラ（Makkhali-Gosāla）師を訪ねて同じ質問を出すのです。
　王様がマッカリ・ゴーサーラ師に質問しました。

> 　現世において、目に見える沙門の果報というものを示すことができるであろうか。

　すると、マッカリ・ゴーサーラ師はいきなり話し始めました。

> 　大王よ、生けるものたちには、汚れの因はなく縁はない。生けるものたちは、因がなく縁がなく汚れる。生けるものたちには、清浄の因はなく縁はない。生けるものたちは、因がなく縁がなく清まる。

　これではなんのことかお分かりにならないと思います。
「汚れの因もなければ縁もない」という一節で、パーリ語の原典で使っている言葉は、hetu（因）と paccaya（縁）です。今では概ね、hetu が「原因」、paccaya が「条件」という意味で使っています。結局は同義語なので「原因」だけで理解しても構わないのですが、区別したければ、hetu は「因・原因」、paccaya は「コンディション・条件」と考えてく

ださい。

　たとえば、ご飯の原因は米でも、米だけではご飯になりません。米に適量の水を入れて、決まった時間、熱を与えます。炊けたら混ぜて蒸らすとか、食べるまでいろいろな条件を加えますね。ところが、そうしていくらおいしいご飯を作っても、食べるときに自分の機嫌が悪い場合は、おいしく感じないのです。ですから「おいしいご飯」と言うためには原因だけではなくて、いろいろな条件もそろわなければいけません。機嫌とご飯の味にはぜんぜん因果関係はないのですが、まったく無関係とも言えないのです。それで、原因と条件という二つに分けて考えるようになっています。

　お釈迦様の経典ではそんなにうるさく区別しているわけではありませんから、簡単に「原因ですよ」という程度で理解しても構いません。ゴーサーラ師が「生命に対して原因・条件というのはない。何もないのだ」と否定するのです。つまり、生命の因果関係を認めない。これは、突然現れるという意味の「accident（偶然）」という言葉になります。

自分の力も他人の力も認めない

　マッカリ・ゴーサーラ師が否定するものは、まだいくつかあります。

> 自己による行為はない。他者による行為はない。人による行為はない。力はない。精進はない。人の精力はない。人の努力はない。

　これはまったく哲学らしく感じないのですが、本当は大変大事な思想のポイントなのです。パーリ語で書くと、atta-kāra（自己による行為）、para-kāra（他者による行為）、purisa-kāra（個による行為）、bala（力）、viriya（精進）、purisa-thāma（個の精力）、purisa-parakkama（個の努

力）で、これらはセットなのです。

　Atta-kāra というのは「自分で為すこと」、いわゆる「自作」です。ですから「自己の原因」「自分のせい」という意味になります。

　Para-kāra は、いわゆる「他作」です。Purisa は「個」として理解した方がよいのです。「自」と「他」という二つに分けないで語っているのです。「自」と「他」に分けて語るときは、だいたいは「自分」と「神」という意味になるでしょう。「個」という語を使うと、絶対的神の存在を気にしないでいるのです。理解しやすくするために短い文章に分けてみます。「①自分で努力しても自分に対してなんの変化もおきません」「②他（神）が努力しても、自分に何も影響はありません」「③自も他も両方努力してもなんの影響もありません」「④生命は個であって絶対的存在による管理はないと仮定すると、個が努力してもなんの影響もありません」ということになります。ゴーサーラ師は自作も他作も否定するのです。

　たとえば、「自分がよく頑張って勉強して偉くなりました」と言うと、それは「自作」すなわち「自分のせい」ですね。
「両親が厳しくてすごくうるさかったから、嫌々勉強して今は一応偉くなっています」と言えば、「他作」なのです。つまり自分の力で努力することは、atta-kāra、他人の力のおかげで物事が変化するのは para-kāra です。

ものが本来持つ力も認めない

　Bala というのは力ですが、特別な力を意味します。自分か他人かどちらとも言えない、ものが本来持っている力のことを言っています。

　今の例で考えると、自分で勉強して知識人になるにしても、親に言われて勉強して知識人になるにしても、本人に能力は必要です。本人に勉強する能力がまったくなければ、いくら頑張ってもいくらうるさい親に

育てられても、よい結果は出てきません。やっぱり自分の本来の力も必要なことはこの例でお分かりになると思います。

　もっと具体的な例を出します。包丁でニンジンを切るのは自分の手の力でしょう。でも包丁の刃が曲がっていたら、ニンジンに当たっても切れません。逆に、いくらカミソリのように切れる包丁であろうが、人が力を加えない限り何も切れませんね。このように「力」もいろいろあると理解してください。

　ですから包丁でキャベツを千切りにする場合は、atta-kāra と bala という二つの力が働いているのです。包丁の力と切る人の才能、能力。だから千切りにしても上手な人はきれいに切るし、下手な人はものすごく大きさがバラバラで、ときには指まで切ってしまう。皆さんにも常識で分かると思います。でも、マッカリ・ゴーサーラ師は、そんなものはないと否定するのです。

三種類の精進も否定する

　Viriya、thāma、parakkama というのはパーリ語やサンスクリット語ではニュアンスが違う三つの言葉なのですが、日本語になると「精進」「精力」「努力」というような意味になります。

　パーリ語のニュアンスを言っておきましょう。Viriya というのは、「精進すること」「頑張ること」です。

　Thāma というのは、「根気強く、諦めないでとことん粘り強くやり続けること」なのです。めったなことで諦めない。いったん始めたらとことんやり続ける根気を thāma と言うのです。

　Parakkama というのも精進ですが、「なかなかできるものではないが、それでもやってみる」という類の努力です。八十歳のおじいさんがエベレストに登るような、普段できないものにチャレンジする力が parakkama です。常識的に一般の人では無理なことでも、ある人々は

限界を乗り越えようとチャレンジしますね。精進、努力にもいろいろ種類はあるのです。

マッカリ・ゴーサーラ師は、そういうものによって物事は変化しない。そんなことは関係ないと否定するのです。

完全な他力本願

マッカリ・ゴーサーラ師は話を続けます。

> すべての生けるもの、すべての呼吸するもの、すべての生まれているもの、すべての生命あるものは、自在力がなく、力がなく、精進がなく、ただ運命により、結合により、性質により変化し、六の階級においてのみ、楽と苦を経験する。

「Sabbe sattā（すべての生けるもの）、sabbe pānā（すべての呼吸するもの）、sabbe bhūtā（すべての生まれているもの）、sabbe jīvā（すべての生命あるもの）」は、「avasā（自在ではない。自己コントロールできない）、abalā（力もない）、aviriyā（自分には努力はない）」

これは完全たる「他力本願」のことを言っているのです。この世は自分の力ではどうにもならないのだと諦めて、自らは何もしようとしない宗教もあるのです。私がここで使う「他力本願」という言葉は、ある特別な宗教を指すのでなく、一般的な意味です。他人任せでもなりゆき任せでも神任せでも、自分以外の他の力をあてにするとき、日常的に使う言葉です。

そこで彼が理由を言うのです。Niyati（運命）、saṅgati（結合）、bhāva-pariṇatā（性質）という言葉が理由として挙げられます。正直なところ、この言葉は三語か四語かも、はっきり分かりません。そしてイ

ンド哲学のどんなテキストを探しても、なかなか明解な解釈ができないのです。辞書をひけば簡単な言葉かもしれませんが、このような哲学思想は、いろいろ文献を調べないと明確に分かったとは言えません。明確に説明している文献はありませんが、ここでは簡単に触れておきます。

すべては「定め」と「組み合わせ」で成り立つ

　Niyati は「定め」という意味です。すべては定まり決まっていることを niyati と言うのです。
　Saṅgati は「組み合わせ」という意味。「合成している」「セットになってできあがっている」ということです。「物事は決まっていて、もうどうすることもできない」という意味での「運命」という言葉でもいいのです。だから「定め」とほとんど同じなのです。
　たとえば我々の地球は二十四時間で一回転するでしょう。それはもう決まっています。たとえばお正月でいっぱい遊びたいから一日を三十時間にしようと思っても、地球は遅く回ってくれません。それは無理ですから、地球が二十四時間後に一回転していることは決まっているのです。このように「太陽があって、ある位置に地球があって、地球の将来はどうなるか」ということまで分かる。それが saṅgati という意味なのです。
　子供が生まれると、遺伝的な組み合わせがあって、ある時期が来れば病気であろうがなんであろうが、それは必ず出てきてしまう。そのように全部はじめから組み合わせになっているというのが saṅgati です。

変化のパターンは変えられない

　次に bhāva-pariṇatā。Bhāva というのは「存在」のことで、pariṇatā というのは「展開すること」。物事は決まっている方向へ展開していく。存在するものは変化し続け、それに手を加えることはできないというこ

とです。

　分かりやすく言えば、人は赤ちゃんで生まれてきて、どんどん大きくなって、年をとって死んでいく。季節ごとに植物は変化していきます。春になると花が咲き、秋になると実をつける。そこに手を加えることはできず、すでに決まっているパターンで変化していきますね。

　だから彼が考えたのは、宇宙を見ても、生命を見ても、どう見ても決まっているパターンで動いているのではないか、そのパターンは変えられないのではないか、ということです。

　「そんなことはない、人間は自然の摂理まで変えるすごいことをやっている」と反論する人もいるかもしれませんが、それは、条件をちょっといじっているだけのことです。

　たとえば今、クローン技術があるでしょう。神の世界にも手を出して、クローン羊やクローン牛を作って食卓にものせていると威張ったりしますが、それは決まっている法則の中で操られているだけなのです。結局は包丁でキャベツを千切りにすることとまったく同じで、そんなに大変なことではありません。人間には知識という能力があるからそれを使っているだけで、法則を変えることは不可能です。できるかできないかということは最初から決まっているのです。

「アージーワカ」は宗教グループ

　このマッカリ・ゴーサーラ師は、他の経典でもう一つ、「issara-nimmāna-vāda」という別の哲学の言葉を入れています。Issara は「絶対的神」、nimmāna は「創造した」、vāda は「論」ですから、「すべては絶対的神に創造されている」という考え方です。絶対的な唯一の神を信じるという概念も彼の哲学に入っているのです。

　この宗教は、一人で一色の宗教をつくるというよりも、似たことを教えている人々でアージーワカという宗教グループをつくって活動してい

たのです。いろいろな哲学を語っている人々が一緒にいて、ある程度は似ている。でも言っていることはちょっとずつ違っている集団でした。その違いは言葉の中に見えるのです。

前に出てきた niyati、saṅgati、bhāva-pariṇatā というのはそれぞれの哲学者の考えであって、まったく同じではありません。絶対的な全知全能の存在があって、すべての物事をつくっているという哲学者の考えも入っています。だから似ているようで似ていないのですが、それをみんな一緒にまとめてアージーワカの教団にしていたのですね。

問題は、テキストを読んでもそれらの考えが渾然となって入っていて、学者にさえなかなか分からないことです。この文章の中にも、bhāva-pariṇatā を説いた人々の考え方も入っていれば、niyati 哲学者の考え方も入っている。あまりにごちゃ混ぜで、判別は容易ではありません。だから研究者もお手上げで、ほとんど研究されていないのです。

この経典では niyati 論者の言葉も、issara-nimmāna-vāda 論者の言葉も一緒にまとめていますから、言葉の流れはあまりよくないのです。

現代にも根を張る運命論

現代の私たちも運命論的な考え方は持っているのです。いろいろ頑張っても悪い結果になると、「運命だ」と言ったりします。また、「神のみぞ知る」などの言葉は、日常でも気軽に使いますね。その場合の神は、信仰している対象ではなくて、「私にはどうすることもできない」という意味なのです。科学者でも「神様がつくったとしか思えないほど、生命は不可思議だ」などと言いますが、この場合も「自分には分かりえない」「どうすることもできない」という意味が入ってきます。

日本の仏教的な文化背景がある人々は、「業」という言葉を使ったりします。ある女性の方が「自分はとても業が深いのですが、瞑想すれば業がなくなりますか？」と私に質問したことがあります。業が深いと思

ったとたん、自分にはどうすることもできないという考え方が入っているのです。そのように、意識せずに日常生活で使っている言葉の中にも、この問題は隠れているのです。

大慈悲の絶対神はなぜ残酷か

　お釈迦様は、厳密に論理だけを取って、この教え全部に反対するのです。特に他の経典で「issara-nimmāna-vāda」の宗教を、徹底的に否定します。これが、実はものすごく残酷な考え方だからです。

　人類・生命体が神に創造されたならば、我々は被創造物で、神はその偉い主人になりますね。その人の将来を知っているのも神です。ですから、その人がどうなっても神の責任であって、我々の責任ではありません。神は全知全能ですべての能力があり、何か創造するとき、自分がつくるものがこれからどうなるかということを、完全に知ったうえでつくるのです。全知とは過去・現在・未来のすべてを知っているということですから、予測以外のことが起きたならば、神に力がなかったことになります。つまり、全知全能ではありません。ゆえに神ではないことになります。

　神は全知全能であることは、一神教では定説です。全知全能でないと、人を創造することはできないという理屈です。被創造物の運命はすべて神が前もってしっかりと定めていることになりますが、それはつまり、人間はまったく無能で、単なる操り人形であるということになるのです。

　だからといって、全知全能の神を信仰しているキリスト教などでも、実践的にはそんな恐ろしいことは言わないかもしれません。でも論理的にその問題を見ると、神以外には何も存在しないはずなのです。

　たとえばキリスト教のある宗派が、「神は絶対的で大慈悲ですから、すべてそのまま受け入れればいい。逆らってはいけません」と言って、何人かの子供たちが治療も受けずに死んでしまった例があります。その

ような残酷な結果をつくり出す人々の考え方は、昔も今も当たり前のように世の中にあり続けているのです。

人が自分の責任を放棄する哲学

　絶対唯一の神を信仰するとしたら、一切すべては他作・他力なのです。伝染病で人が死にそうなのを苦労して助けても神の計らいだし、何もしないで皆死んでしまっても、神が決めていることだから仕方ない、ということになってしまいます。
　ですから、これは、人が自分の責任を捨てるという哲学なのです。殺人者になっても大泥棒になっても、「神の定めだから自分の責任ではない」ということになります。そういうわけで、マッカリ・ゴーサーラ師はこの atta-kāra（自作）を否定するのです。でも神を信仰したら、殺人を犯したのは他作＝神の力になりますね。ではなぜ他作も否定するかというと、niyati（定め）があるからです。そこで神（他）もいないのです。「他」を否定するのですが、ゴーサーラ師は面白いことに、創造論（＝神）を否定していないのです。似た教えを説く人々をまとめて集団行動していたので、この矛盾も気にしなかったのでしょう。

仏教は他力に反対する

　仏教は因果論を語る教えです。一切の物事は、因縁により生じて、因縁により変化して消えるのです。因縁論によって「定め論」も「一神論」も成り立たないので、ブッダの教えは、因縁論を否定するゴーサーラ師の教えと正反対なのです。
　仏教の因果論では、「全知全能の神」というものは単なる人間の妄想概念であって、まったく認めていません。それを完璧に理解するにはすごく深い智慧が必要ですから、誰にでもできるわけではありません。

でもお釈迦様は簡単に、「道が二つに分かれていたら、左に曲がるか右に曲がるか自分で決めるでしょう。なのに、なぜ自分には意志がないと言うのですか？」と、その考えの矛盾を指摘します。確かに、日常で我々はいつでも自分の意志を実際に使っています。だからそれを否定するなと言われるのです。

　貧しく生まれた人は、なんとかよい方向に行こうと努力するでしょうし、豊かに生まれた人でも、それに安住して怠けてしまえば人生は暗転して不幸になってしまうでしょう。「なんでも自分の意志が働いているのだから、いい加減なことを言うな」と、お釈迦様はこの教えを他のところできれいに否定してしまうのです。

神仏は人の苦しみを和らげる

　この宗教になぜ他力の話が出てくるかというと、ゴーサーラ師も他の宗教家と同じように、「人間の持つ苦しみを救えないだろうか」と考えたからです。

　阪神大震災が起きた後は、かなりの人々が阿弥陀様を信仰するようになったそうですね。この災害で子供が死んでしまったり、家族の行方が知れなくなってしまったりして、生き残った人々にとっては、自分ではどうすることもできない、認めたくない結果になったのです。あまりの悲しみに自分の精神状態をコントロールできなくなっていましたから、「阿弥陀様が迎えに来たのだから」というひと言を聞くと、なんとか諦めがついたのでしょう。「その信仰の世界では、死んだ家族は美しい金の蓮の花の上に生まれて、なんの苦しみもない」というようなことを言われれば、安心して気持ちが軽くなります。そういう話で人間の苦しみを瞬時に治してあげることはできます。

　これはヨーロッパの話ですが、苦労してやっとの思いで授かった子供が白血病で死んでしまった例があります。ひどい悲しみのあまり、そう

いう人々はやっぱり徹底的に神様を信じるようになるのです。
「私たちはこんなにも豊かで恵まれているのに、こんなにも子供のことを愛していて、幸福に育てられるのに、なぜ子供が死んでしまうのか」と悔やんでしまう。でも、神様を信仰すれば自分で悔やむ必要はありません。「子供が天国に早く行くか遅く行くかということは、神様がお決めになるものだ。私たちが何かできるわけもない」と言って、責任を放棄できれば楽になるのです。

　ですから、絶対的な神様を信仰するならば、一日にして自分の家族がみんな死んでしまっても、それは自分の責任ではないのだから、生き残った人は正々堂々と生きていられるのです。寂しさや悲しみは乗り越えなくてはいけませんが、「これも神様の試練だ」と思えば、物事は簡単に運びます。ゴーサーラ師が考えていたのは、そのような結果なのです。

殺戮の戦国時代

　当時のインドは、想像を絶するほどの政治的な戦乱の時期でした。歴史に残っているだけでも十六の大国が群雄割拠して、お互いを征服しようと狙っていたのです。

　ですから、殺戮は日常茶飯事でした。お釈迦様が活躍された頃には、ほとんどの国々が壊れてしまい、南の方の国は一つか二つ残りましたが、大きく残っていたのはマガダ国とコーサラ国だけなのです。経典の注釈書によれば、釈迦族の国はお釈迦様の目の前で壊されて、一族の人々は皆殺しにされたのです。

　隣の国が軍隊をもって、自分の国を制圧してつぶしてしまう。それはもう人間に想像できる苦しみではないのです。刃向かう人は皆残酷に殺されます。

　いったん征服されてしまうと、人々に独立、自立という考え方が生まれただけでも処刑される。だから、征圧されてからは完全な降伏状態で、

自分のプライドというものはまったくない状態で生きていくことになるのです。

　考えてみてください。戦争に負けるのは、戦いたくない平和な人々でしょう。軍隊を持たない平和な国だったら必ず豊かなのです。その豊かで平和な国が、強力な軍隊を持つ貧しい国につぶされる。強力な軍隊を持っている国は、人々が高い税金を払わなくてはいけませんから、全体的に貧しいのです。昔のことですから、軍隊を持つ国は当然のように、平和で豊かな国を侵略して人々から略奪します。

　宗教家や哲学者は、この状態を見ていられないのです。要するに、お釈迦様は美しい平和な世に生まれたわけではなくて、最低で残酷な時代に生まれたのです。

　このように当時は戦っても殺される、戦わずにいても殺される時代でした。ですから、「殺されるのは運命だ」と言ったほうが楽なのです。そんな時代に、マッカリ・ゴーサーラ師の話はぴったり合いました。人間の苦しみにこれしか答えがないと、「運命論」や「定め論」にたどりつくのです。

バラモン教の締めつけ

　人々の苦しみはそれだけではありませんでした。王様たちについていたバラモンの宗教は、徹底して差別的な教えでした。人は生まれると同時に両親の出身で、カーストも一生の仕事も決まってしまう。人々は人種差別、搾取で恐ろしく締めつけられていたのです。

　たとえば、バラモンカーストの聖職者たちをけなしても批判してもいけません。バラモン教のテキストにはこう書いてあるのです。
「他のカーストの人を殺したバラモン人に対して、殺されたカーストの者が怒るならば、その者は地獄に落ちる。人殺しであろうともバラモン人であるならば、何も仕返ししてはならない」

これくらい自分の立場を守ろうとしていたのです。

また、宗教的な儀式、儀礼はバラモン人にしかできません。聖典には次のような記述もあります。

「もしヴェーダ聖典を唱えているときに、シュードラカースト（奴隷階級）の人がそれを聞いたなら、その耳にロウを注いで聞こえないようにしなさい」

実際にやったかどうかは別の話ですが、それぐらい差別的な話が書いてあるのです。

世界的に素晴らしい作品だといわれている『バガヴァッド・ギーター』というヒンドゥー教の聖典も、実は全部「定め論」なのです。何一つ道徳はありません。「神に定められているのだから、神に言われた通りにやりなさい」と道徳を否定し、もしも自分が人を殺すような王家に生まれたとしても「それはあなたが人を殺すのではなくて、神様がつくった世界のあなたの役目です」と、殺人を肯定しています。人を殺すのも、自分を捨ててしまって神のためのカルマヨーガ（修行）をやればいいのだと言う。カルマというのは行為ですが、行為自体が修行である。自己という概念は何もないのだという気持ちでやれば正しいと言っています。日本でも『バガヴァッド・ギーター』を紹介したテキストがありますが、専門家でもこれが道徳を否定していることには気がついていないのです。

仏教から見た「定め」論

仏教は厳密にいろいろな面から物事を見ます。自我がないということは別に悪いことではないのです。でも、「私に自我がないから、あなたを殺してやるぞ」というのはどういうことでしょうか。仏教では「いかなる理由があっても他人を殺すな、バラモン人が怒ったから人を殺してもいいなど冗談ではない。あなたが王様だからといって何をしてもいい

わけではない」と言っています。

どんな理由があっても殺す権利はないという立場です。その立場をとったのは、仏教とジャイナ教だけです。

絶対唯一神信仰は道徳を否定する

世界では今でも、神の名のもとに人を殺したりするでしょう。でもその人たちが神を信仰しているから豊かで幸せかというと、結果は逆なのです。「偉大なる神様を信仰していれば必ず勝てる」という迷信だけはしっかりありますが、結局は戦争で両方ともやられることになるのです。

お釈迦様は「戦争をすれば、どちらも悲惨ですよ。ただそれだけですから、正義の味方などというくだらない概念で人を殺してはいけない」と言われています。

でも、いわゆる絶対神の宗教、哲学はいまだに人間の中にうろうろと生きているのです。これは、ものすごく危険なのです。もし人間が忠実に絶対的な神を信仰するとしたら、すべての道徳的生き方は否定されてしまいますから、これほど恐ろしく危険な考え方はないのです。我々がなんとか平和で生きていられるのは、誰も厳密には信仰していないからなのです。

「輪廻には回数券がある」という思考

お釈迦様の時代、バラモン教のおかげで、インドの社会では、かなりの人々が苦しんでいました。

たとえば、善い業を積みたければ、バラモン人に多額のお布施をしなくてはいけない。たとえば、貧しい人はバラモン人に葬式を頼まないと死んでも天国に行けないのです。そこでバラモン人の機嫌をとって、彼らが要求するものは全部あげなくてはいけない。人から搾取することは

ものすごく残酷なレベルで起きていたのです。だからこのゴーサーラ師は、革命的なことを言って苦しむ人々に精神的な安らぎをあげようとしたのです。

　後に挙げる経典の引用部分を読まれると分かると思いますが、「輪廻には回数がある」と言っています。「人はある回数は王様になり、ある回数はバラモン人になる。あるいは宗教家に、あるいは奴隷カーストに生まれる。その回数は決まっているから、今がどうあれ、苦しむことはないのだ」と人を安心させるのです。

　この宗教で輪廻は否定してないのです。たとえば今、いわゆる奴隷カーストで生まれていても「なんで私は奴隷で生まれたのか」と悔しがらなくてもいい。「王様でも自分の回数券が終わったら奴隷になるのだ」と一切の生命に平等に回数券を与えたのです。犬になる回数も猫になる回数もありますから、まあ楽にいればいいということですね。

　人間の苦しみや惨めな感じ、悔しい気持ちをなんとかしようと思って、こんなとんでもないことを言ってしまったのです。お釈迦様は「これで問題は解決するわけがない、間違っている」と言って、他の経典できれいに否定しています。

　では、沙門果経の該当箇所を引用します。少し読みにくい文章かもしれませんが、回数券のところは皆さんも分かると思います。

　五百の業(ごう)があり、…（中略）…。六十二の中間劫があり、六の階級があり、八の人地があり、四千九百の生活法[*1]、四千九百の遍歴行者、四千九百の龍[*2]の住処、二千の感官[*3]、三千の地獄、三十六の塵界がある。七の有想胎(うそうたい)[*4]、七の無想胎[*5]、七の節胎[*6]、七の神、七の人間、七の鬼があり、七の湖、七の突起[*7]…（中略）…そして八百四十万の大劫があり、そこで愚者も賢者も流転し、輪廻(りんね)し、苦の終りを作るであろう。そこ

*1 ［生活法］職業。
*2 ［龍］ナーガ、蛇。
*3 ［感官］感覚器官。
*4 ［有想胎］意識のある胎。
*5 ［無想胎］意識のない胎。
*6 ［節胎］節のある胎。
*7 ［突起］結び目。

には、〈私は、この戒によって、あるいは務めによって、あるいは苦行(くぎょう)によって、あるいは梵行によって、まだ熟していない業を熟させよう。あるいはすでに熟している業にくり返し触れ、滅ぼそう〉ということがない。まったくそのようなことはない。楽と苦は桝で量られたようなものであり、輪廻は限定されたものであって、増減もなく、盛衰もない。ちょうど糸玉が投げられるとほぐれてしまうように、愚者も賢者も、流転し、輪廻し、苦の終りを作るであろう。

　これらの数字は当時出会った、いろいろな信仰から取ったものでしょう。彼はとにかくありったけのものをまとめてしまうのです。ある宗教で、生命には階級が七つあると言ったら、これは認める。時間的に何千万劫あると言ったら、それも認める。だから全部に皆回数券があって、回数券が終わったらそこで終わるのだと言っています。
　不思議なことに、我々の細胞にも回数券があるのですね。細胞が何回分裂できるかということはDNAの中で決まっている。それが終わったら、人は死んでしまいます。
　現代では、移植という皮膚や血管などを培養して埋め込んだりする技術があるでしょう。特にヤケドなどをしたときは皮膚を移植しなくてはいけないのです。アメリカでは子供が生まれるとき、男性の場合は割礼で切った、増える回数券をいっぱい持っている皮膚を全部取って培養体で育てる。それを移植したら自分の皮膚になります。
　日本では本人の皮膚を取って増やすように、違う技術を使っています。今の医学はそれを利用して、皮膚も血管も神経もつなげたり、移植したりしますね。しかし、細胞分裂にも回数は決まっていますから、移植技術を駆使しても、人は永遠に生きることはできないのです。

定め論で苦しみは解決できない

　ゴーサーラ師は最後にこう言います。
「愚か者も賢者も、自分の業の回数券を使い切ったら、みんな輪廻を終わるのだ。誰も苦労するな。最終的には解脱が得られるのだから気にしなくてもいい」
　分かりやすく言い換えれば、「今は愚か者で、あるいはとんでもない殺人者でも、気にしなくてもいい。今、その回数券を使っているだけで、それが終わったらまた違う方に行って、最終的には解脱が得られるのだ」と安心させるのです。
　ゴーサーラ師のたとえは、凧を上げるとき使う糸巻なのです。糸巻を投げると転がっていって、糸が終わったところで止まる。それと同じようにみんなに回数券があるというのです。これでいくらか人間の苦しみを和らげられると思ったかもしれません。
　でも論理的に考えてしまうと、たとえば地震で孫と子を亡くしたおばあちゃんに、「阿弥陀様のお計らいだから、苦しまないで感謝しましょう。ありがたがりなさい」と言っても、こんな馬鹿馬鹿しいことはないのです。「なぜ私を先に連れていかないの」と、聞きたくもなるでしょう。このようにほんの少し論理的に、意地悪に考えると納得いかないことになります。でも、なんでも受け身で見ていれば、その分は楽なのです。
　つまり、受け身になるか、論理的に考える人間になるか、そのくらいのちょっとしたことで宗教は成立してしまうのです。言うことをなんでもそのまま鵜呑みにする間抜けな人間だったら、神様は成立します。言うことは聞かないし、わがままでいつも質問したり考えたりするなら、成立しなくなる。この宗教をまとめて言えば、あまり根拠が強い教えではないのです。ただ一つの意見に過ぎません。
　そこで王様が聞きました。

「この宗教には何か徳がありますか？」
　それに対してゴーサーラ師は答えます。
「宗教に徳があるどころか、農業をやっても徳がない」
　ゴーサラ師の立場から見れば、王様の質問には答えられないでしょう。「王様がいくら偉そうにしていても、回数券が終わったらおしまいだ」という立場ですからね。ゴーサーラ師が神秘的なレベルで考えた答えは、「徳があるかないかは別に関係ない。みんな回数券を持っているのだから、その分の仕事をしているだけ」と言うわけです。ゴーサーラ師としては答えたつもりなのでしょうが、王様はそれでは納得がいきませんでした。

3 厳密な「唯物論」の哲学者
アジタ・ケーサカンバラ

生命は四つの要素と感覚器官で成り立つという唯物論

　カッサパ師とゴーサーラ師の教えに満足がいかなかった王様は別の宗教家を訪ねます。今度の人はアジタ・ケーサカンバラ（Ajita Kesakambala）という名の厳密な唯物論者です。

　当時のインドには、唯物論は七種類ありました。この経典にはアジタ・ケーサカンバラ師とパクダ・カッチャーヤナ師の哲学が入っています。現代の我々が知っている唯物論はたった一つ、カール・マルクスが考えたものだけですが、この人はもう少しレベルの高い唯物論を唱えるのです。

　ケーサカンバラ師が説く唯物論を短く説明すると、こうです。
「生命は〈地〉〈水〉〈火〉〈風〉という四つの物質元素と、〈感覚器官〉でできている。感覚器官というのは、見る・聞く・嗅ぐなどの働きをする、いわゆる心です。この五つで身体ができている。人が死ねば、〈地〉は地の元素に戻り、〈水〉は水の元素に戻っていく。〈風〉は風の元素に還り、〈火〉は火の元素に戻る。死ねば、見る・聞く働きなど何もなくなるから、〈感覚器官〉も消えてしまう。それから遺体も火葬場に運ばれるまでは見えるが、火に焼かれると見えなくなり、灰色の骨だけが残る」

魂はあるが不滅ではない

　ここで彼は「絶対的な魂」を否定します。魂の存在は唯物論者も一応認めていたのですが、「魂は不滅である」、ということは否定するのです。

魂はあるが不滅ではない、死んでしまうと残らない。つまり、人がよい行為をしても悪い行為をしても、その結果を記録する永遠な魂がない。だから、「行為には意味がないのだ」と言うのです。彼の説は分かりやすいと思います。冒頭の部分を読んでみましょう。

『大王よ、布施されるものはない。献供されるものはない。供養されるものはない。善行・悪行の業の果異熟はない。この世はない。あの世はない。母はいない。父はいない。化生(けしょう)の生けるものたちはいない。この世とあの世を自らよく知り、目(ま)のあたり見て説く正しく進み、正しく実践している沙門・バラモンは世にいない。この人間は、四大要素からなり、死ねば、地は地界に入り行き、水は水界に入り行き、火は火界に入り行き、風は風界に入り行き、もろもろの感官は虚空に転移する。棺を第五とする人々は死者を火葬場まで運んで行く。諸句が知られる。もろもろの骨は鳩色になる。供物は灰に帰す。この布施なるものは愚者の定めたところである。誰であれ、有説(うせつ)を唱えれば、それはその者たちの空言であり、戯れ言である。愚者も賢者も、身体が滅ぶと、断滅し、滅亡し、死後には存在しない』

唯物論は宗教も文化も否定する

冒頭部分を少し説明します。

　　布施されるものはない。

この日本語の「布施」は、パーリ語で dinna といって、一般的な布施です。人は人に物を与える。インドで宗教的な供養儀式を司っていたのはバラモン階級でしたから、人々は皆バラモン人に布施をしたのです。

ケーサカンバラ師は「N'atthi dinna（お布施をしてもその結果はない）」と言うのです。

　　献供されるものはない。

　Huta は「献供」という意味です。もっと儀式的な決まりとしてやらなくてはいけないお布施です。インドでは、たとえば父親が亡くなったら、決まった日にちで儀式をやらなくてはいけません。日本の仏教なら、初七日や四十九日というのがそれにあたります。またお盆にはほとんどの家で先祖供養をしますね。そのように決まっている日で行う布施儀式を huta と言います。
　でも、身体が壊れたら魂もなくなりますから、結果を期待して布施をしても供養をしても意味がない。死んだら終わりです、という話なのです。

　　供養されるものはない。

　Yiṭṭha というのは「供養」という意味です。具体的には、お供えをする対象のところに供え物を持って行って、鈴や太鼓を鳴らして踊りを踊り、賛美歌を歌って供養する宗教的な行為です。それの結果も「ない」と言います。

　　この世はない。あの世はない。

「この世はない、あの世はない」ということも同じ意味です。「この世がある」ということは、生命の我々が生きているこの世を認めることです。彼は我々が生きているこの世も、死んでから行くあの世も認めないのです。

母はいない。父はいない。

　これはどういうことでしょうか。人間には母と父に対する特別の感情があって、これはどんな文化にもあります。
　たとえば中国には、道教や他のいろいろな宗教があります。そこでは親戚や両親を徹底的に大事にしなくてはいけないと教えています。インドも同じで「両親は自分の命を与えてくれた」とか適当なことを言って、すごく大事にします。
　しかし、唯物論的に見れば、親といえども格別の価値があるわけではないとケーサカンバラ師は言うのです。
　今現在、父親がいなくても子供はできるのです。たとえばアメリカだったら精子バンクがあって、子供を欲しい女性が自分の条件に適う精子を自分の身体に置いてもらえば、子供が生まれます。生まれた子は父親のことは何も知りません。実際のバイオファーザーも、精子を提供するだけで、誰がどのように使うかは一切知りません。まったく関係もなく、単なる物質的な働きがあるだけです。ケーサカンバラ師もそういう目で見ているのです。
　「人といってもただの物質ですよ。人の身体もお墓までで、燃やしてしまったら、灰と骨が残るだけです」と言うのです。このような唯物論を語ることで、彼はバラモン人の宗教から人間を解放してしまうのです。「苦しめられていたんだから、楽にしなさい」と伝えているのです。

呪術宗教は怖れで人を縛る

　彼は必ずバラモンの宗教家を否定しなくてはいけないのです。なぜなら、インドには、「私は超能力者で、人の過去はいくらでも見られる。天眼があるから、あなたの運命は全部見られるんだ」などと、人々を脅す呪術師がたくさんいました。そう言われると、みんな怖くなってしま

うのです。

　インドの物語には呪術師に脅された話が数多くあります。それらの話は必ずというほど、誰かがちょっとした間違いを犯したことに仙人が怒って呪いをかけ、その呪いでとても苦しむというストーリーなのです。

　いまだに、インド文化の人々は誰でも、呪術師には何か恐ろしい力があると思って信仰しています。呪術師がくだらないインチキで何かやっても、みんな怖がるのです。

　スリランカでもまじない師や祈祷師は、ものすごく繁盛しています。家を造るときは誰でもその人に祝福してもらいますし、いろいろな魔除けのお守りをつけてもらったりします。

　占いにもきちんと文化はありまして、本当はいろんなテキストを読んだり計算したりして占いますから、専門知識がいるのです。でも、私が知っているよく効くと評判の祈祷師はそんなに深い勉強をしないで平気で祈祷するのです。

　ブラックマジック（呪術）の場合は、火葬場の灰を持ってきて、相手の家の前に呪文を唱えて撒く。ほんの少しでも踏んだら、その人は必ず呪いをかけられます。もし灰が火葬場から取ってきたものではなく手近な台所の灰でも、その人はその日から急に不幸になってしまう。

　祈祷師は人の精神的な弱みを知っていて、それを利用するのです。人はいとも簡単におびえ、脅されてしまいます。たとえ偉い政治家であっても同じです。試しに玄関の前にほんのちょっと灰を置いてみるとします。二、三日たつとその人は病気になって倒れるか、ありったけの有名祈祷師を頼んで、除霊をしてもらうことになります。祈祷師本人に聞けば、部屋にあった糸を三メートルぐらい編んで、そこに少し灰をかけて帰るだけのことなのです。

　これも現代の仏教国の話です。仏教が脅しやまやかしなく、論理的に真理を説いていても、人の弱みを利用する呪術文化の影響は、恐ろしいほど根深いのです。また、それによる人間の苦しみは際限がないのです。

スリランカの除霊儀式

　私は子供の頃はとても研究熱心でしたから、除霊儀式の太鼓の音などが聞こえると、いてもたってもいられずに調べに行ったものです。親戚でも友達でもない他人の家に泊まりがけで行くものだから、母親に怒られました。それでも行って見ていると、除霊といってもなんのこともない。ただ暗示をかけるだけなのです。
　たとえば女性に幽霊が憑いたとします。太鼓をたたいて呪文を唱え始めると、幽霊が乗り移って女性が踊りだす。そうすると祈祷師が幽霊にいろいろ聞くのです。
「お前は誰だ。なんのためにこの人の身体に移っているのか」
「私はこの人の血を飲みたい。血を飲んだら出て行くぞ」
「お前なんぞに人の血をやるわけにはいかん」
　こんな会話があって、祈祷師に怒られた幽霊が一歩下がります。ここで祈祷師が「幽霊の言うことは聞かない」と言ってしまえばそれで終わるのですが、祈祷師はまた脅すのです。
「そんなことをしてみろ、お前を海の向こうに追っ払ってくれる」
　すると幽霊が、それだけは勘弁してくれという感じで怖がります。そして
「血の代わりに生贄が欲しい」
　と言うのです。生贄と言われて祈祷師が何を持ってくるかというと、かわいそうに、鶏です。それでも、祈祷師たちも仏教徒ですから、さすがに自分では鶏を殺さないのです。
　鶏を持って、いろんな踊りを踊って、幽霊のために作ったお堂にお供えをします。鶏のとさかに傷をつけて血を絞り、これを七杯飲みたがっている幽霊のためにと、七枚の葉っぱに血をチョンチョンと入れて、呪文を唱えて万事解決となるのです。それで幽霊は出ていき、本人は治るという筋書きでした。我々は翌朝、お菓子とか食べ物をもらって食べ

帰ったものです。

これは子供の頃見たもので、今ではほとんど消えてしまって、見ることは難しいのですが、結局生贄もあげないで、やりとりで幽霊をだますというインチキははっきり分かるでしょう。

土着宗教の功罪

これは宗教といえば宗教で、土着宗教です。ですから、人はそれにかなり束縛されますが、逆に、大変な病気になったら、そういう信仰でまた治してもらうのです。

このような信仰はどんな社会も文化として持っているものです。中国文化もそうでしょうし、タイ文化もそうでしょう。こちらならお札ですが、向こうはお札だけでは足りません。特別な葉っぱにいろいろ模様を描いて呪文を書いて、百八回、あるいは千回ぐらい呪文を唱えて唱えてお札をつくるから、かなりの仕事です。

でも、それをちゃんと身につけていないと、お化けか鬼が乗り移ってしまって危ないのです。ほんの少しでも魔除けに失敗してお化けに乗り移られると、同じ宗教が祈祷してその人を解放します。このような宗教の出所は結局すべてインド文化なのです。

ですからインド文化では、「こんな悪いことをしたら罰が当たる」、「宗教家に逆らったらとんでもない呪いがかかる」、「母に逆らったらとんでもない罰が当たる」といった呪術と祈祷のバラモン教のせいで、人はかなり束縛されています。

そこでこのケーサカンバラ師に、「地・水・火・風と感覚器官だけで何もないのだ」と、堂々と教えてもらえば楽になります。だから彼の教えの中では、最初にこの儀式を否定して、それからなぜお布施も供犠も供養も意味がないか、説明するのです。

人間は〈地〉〈水〉〈火〉〈風〉の四つの要素と〈感覚器官〉からでき

ており、死ねばすべて無になる。これは、アジタ・ケーサカンバラ師が、当時のインドにあった人間の並々ならぬ苦しみの問題に、何か解決方法がないかと思って考えた教えなのです。

しかし、この人も、自分の唯物論の立場を述べるだけで、出家の御利益はあるかという王様の質問には答えようとしません。王様はまたしても、黙って帰ることになってしまいました。

4 絶対的な「七つの元素論」を説く唯物論者
パクダ・カッチャーヤナ

生命は絶対的な七つの元素で構成されている

　王様が次に訪ねる人は、パクダ・カッチャーヤナ（Pakudha-Kaccāyana）という唯物論者です。

　パクダ・カッチャーヤナ師は唯物論を説くのですが、ケーサカンバラ師の唯物論とは、ほんの少し違います。彼は絶対的な七つの元素を認めるのです。七つの元素を、まずはパーリ語と日本語で書いてみましょう。

① Paṭhavī ＝ 地
② Āpo ＝ 水
③ Tejo ＝ 火
④ Vāyo ＝ 風
⑤ Sukha ＝ 楽・身体で感じる楽の感情
⑥ Dukkha ＝ 苦・苦しみ
⑦ Jīva ＝ 命・生命

〈地〉〈水〉〈火〉〈風〉〈楽〉〈苦〉〈命〉、この七つの元素です。

　近代の化学では元素はいくつかあって、それは絶対的存在だと言っていましたね。たとえば水素だったら、他の元素と組み合わせても水素の原子のままで何も変化できません。元素は英語で element と言うのですが、もうそれ以上は壊れない原子という意味で、atom という言葉を使っていました。時代が変わるとその考え方はまたどんどん崩れていってしまいましたが、パクダ・カッチャーヤナ師も当時、近代化学の原子論のような考えを持っていたのです。

絶対的だから元素同士は影響しあわない

　カッチャーヤナ師は「存在には絶対的な七つのものがある。その七つは一緒にはいるけれど、なんの変化も起こらない」と言っています。生命には、〈地〉〈水〉〈火〉〈風〉という四つの物質的元素と、〈楽〉〈苦〉という感覚が二つ、それから〈命〉、つまり生きているという働きがあります。その七つは別々で、ただ一緒にいるだけでどうすることもできず、絶対的だと言うのです。

　この「絶対的」という言葉を、彼は延々と言っているのです。七つの元素はそれぞれがお互いになんの影響も与えない。他の存在があることでなんの変化も起こりませんと。だから地の元素は地の元素で、風の元素とはなんの関係もない、他の元素ともまったく関わりがないと断言していたのです。

『大王よ、これら七の身は、作られたものではなく、作らせられたものではなく、創造されたものではなく、創造させられたものではなく、生み出すことはなく、山頂のように不動であり、石柱のように直立している。それらは、動揺することがなく、変化することがなく、互いに害しあうことがなく、互いに楽のためにも、苦のためにも、楽・苦のためにもなりえない。七とは何か。地の身、水の身、火の身、風の身、楽、苦、第七として霊魂である。これら七の身は、作られたものではなく、作らせられたものではなく、…（中略）…楽・苦のためにもなりえない。そこには、殺害する者も、殺害させる者も、聞く者も、聞かせる者も、知る者も、知らせる者もいない。たとえ鋭い剣で頭を断ち切っても、誰も誰の生命を奪うことにならない。ただ七の身の間にある裂け目に、剣が落ちるに過ぎない』

この教えに従って考えてみましょう。たとえば刀を持って人を殺すとします。
　刀というのは〈地〉〈水〉〈火〉〈風〉の物質的元素だけでできています。殺される人も〈地〉〈水〉〈火〉〈風〉と、〈楽〉〈苦〉〈魂〉、この七つの元素でできていますから、何も殺せず、ただそこに穴を開けるだけです。穴を開けるということは、〈地〉〈水〉〈火〉〈風〉の間に刀が入るだけですね。魂はなんの影響も受けませんし、〈地〉〈水〉〈火〉〈風〉もなんの影響も受けません。パクダ・カッチャーヤナ師が言ったのは絶対的な実体論です。
　たとえば科学的な視点から考えて、地球のゴミを減らせるでしょうか？
　実はまったくどうすることもできないのです。我々には一グラムも減らせません。今は宇宙船に乗せて宇宙に捨てることはできるかもしれませんが、それでも減らしたことにはなりません。
　よく考えると、我々は地球上で新しいものをつくることは何一つもできませんし、存在するものを一つでも消すことはできません。いろいろなカラクリで姿を変えているだけなのです。
　それでも、ずっと太陽の光が当たっていると、地球の質量が増えるのではないかと思えますね。太陽の光はかなり重いし、太陽が当たるといっぱい植物が出てきます。でも、土が減るわけではありません。木が大きくなったということは、当然、水やらミネラルやらも吸い取りましたが、いっぱい太陽エネルギーを吸収しているのです。ですから太陽から降ってくる大量の光の質量は、地球上に増えているのではないかと思えます。でもその分、太陽のエネルギーは減っているのです。宇宙的規模で見ると、何一つも増えることもないし、減ることもない。お互いになんの影響も与えないという考え方なのです。
　だからこの〈地〉〈水〉〈火〉〈風〉の論はインドではかなり考えられていたのです。ヨーロッパで元素の概念が発達する以前に、すでにイン

ドでは物質元素は四つしかないと言っていたのですから。

　仏教もその考えを受けているのです。〈地〉というのは質量をつくるエネルギー、〈水〉というのはお互いに引き合うエネルギー、〈火〉というのは回転させる、変化させる熱エネルギー。〈風〉というのは引き離すエネルギー。これは、物質は四つしかないというふうな、いわゆる素粒子論なのです。人の身体が腐ったりするかもしれませんが、素粒子だからそれ自体は変化しないという考え方です。

絶対的実体論で人は楽になる

　存在を〈地〉〈水〉〈火〉〈風〉で考えるインドの唯物論は結構進んでいたのです。生命の場合は、それにパクダ・カッチャーヤナ師が〈苦〉と〈楽〉と〈魂〉を入れたのです。
「魂は永遠だから誰の影響も受けません。人を殺したからといってあなたには何もできません」と絶対的実体論を語られると、人は楽な気分になるのです。

　殺されても、相手には自分に何をすることもできない。また自分が殺しても後悔したり悔しがったり悩んだりする必要もない。道徳的な宗教に束縛されて、大変苦しい思いで生きていた人々にとっては、そういう教えはすごく気持ちがいいのです。

　ですから、殺す側、殺される側、両方にとって、本当に便利で都合のよい教えなのです。ですが、その分、哲学的にも説明しなくてはいけないことはたくさんありました。

　これでは王様が、「あなたは修行して何か徳があるのですか」と質問しても答えることはできません。彼が言っているのはそんな話ではなく、もっと厳しい話だからです。パクダ・カッチャーヤナ師は「質問は措いておいて、真理はこういうことだ」と教えたのだと思います。ただ王様のほうは、あまり機嫌がよくなかっただけです。

5 唯一の「道徳肯定論」と「苦行」を認める
ニガンタ・ナータプッタ

徹底した道徳肯定論

　王様は次に、ジャイナ教の開祖ニガンタ・ナータプッタ（Nigaṇṭha Nāta-putta）を訪ねます。

　ナータプッタ師は「マハーヴィーラ」という名でも知られるかなり立派な人物です。「ジャイナ」はJainという英語にもなっていて、今もインドでしっかり生き続けている宗教です。これまでの四人の教えは哲学としてはあちこちに潜んで残っていますが、宗教としては存在していません。仏教もイスラム教の軍隊によって滅びてしまい、インドではジャイナ教だけが生き残ったのです。

　ジャイナ教がなぜ生き残ったかというと、道徳を否定していないからです。これまでの四つは、人になんとか救いをあげようと思って、道徳を全部きれいさっぱり捨ててしまいました。それに対して、ナータプッタ師は徹底的に道徳を認めるのです。お釈迦様が「あまりにも極端だ」と、この道徳論を批判したくらい徹底的でした。やり過ぎて、かえって非論理的なのです。

　たとえばジャイナ教では徹底して殺生はしません。呼吸して空気中の微生物が死んでしまってもそれは殺生ですから、ジャイナ教の人々は口と鼻を小さな布で被って、息をするときに生命が身体に入らないよう護るのです。またジャイナ教の出家者は生水を飲みません。なぜなら、水には生命がいるので、飲んでしまったら全部殺すことになるからです。また、クジャクの長い羽根の束を持っていて、座るときには自分の板をそれで拭いて座ります。板と埃についた生命を殺さないようにするためです。殺生になりますから歯を磨きませんし、顔も身体も洗いません。

ずいぶん極端でしょう？　お釈迦様がやり過ぎだと批判したのはこのポイントです。

出家者と在家の役割

　やり過ぎると修行にも支障をきたしますから、ナータプッタ師は、いろいろシステムを決めました。厳密に修行して今世で悟りたいと思っている出家の人々と、ほどほどに修行して後で悟ろうという在家の信者さんとを分けたのです。在家の人には、一部の殺生を認めました。水を飲んだり沸かしたりするのはいいし、農業してもいい。ご飯をつくってもいい。わざわざ生命を殺しては駄目ですが、それくらいは認めたのです。
　出家したら水を飲んでもご飯をつくってもいけません。でも、それでは死んでしまいますから、信者さんがお湯を沸かしたものを手で受けて飲む。手は信者さんが拭いて、食べ物を受けたらそのまま食べます。手で受けるのは六回とか七回と修行者が自分で決め、決めた回数になったらそれ以上は食べません。だから身体に必要な栄養が十分入ることもなく、結構厳しいものでした。
　肉、魚を食べないヒンドゥー教徒は現在でも大勢いますが、ヒンドゥー教で、肉、魚を食べない宗派が出てきたのは、殺生を禁じた仏教とジャイナ教の影響なのです。

魂の汚れは苦行で落とす

　ジャイナ教は徹底した不殺生の他に、苦行を勧めました。「我々がこのような身体を持って生まれたのは過去世で悪いことをしたからだ」とナータプッタ師は言います。次のように説くのです。
　「魂は永遠であって全知全能だが、過去で悪いことをしてきた我々の魂には汚れがいっぱいだ。だから、今苦行をしてそれを除かなくてはいけ

ない」
　ジャイナ教では、汚れは「カルマ」という物質です。
　我々の魂というものを、一つの水晶のような無色で透明なものと考えてみましょう。透明なら上も下も夜も昼も全部映るはずなのですが、実際には汚れが外にも中にもいっぱい溜まっているので、何も映りません。「カルマに覆われて魂が全知全能でなくなっているから、それを苦行してなくさなくてはいけない」と、彼は苦行の勧めを説いたのです。
　純粋に苦行を推薦したのはジャイナ教だけでしたし、人間は洋の東西を問わず苦行が好きです。ジャイナ教はそれで生き続けたのです。
　また、ジャイナ教の出家者はそれなりに苦労して修行しているので、欲やインチキはありません。宗教で贅沢しようとはまったく考えないのです。ですから、やることは馬鹿馬鹿しいけれど、気持ちは純粋でした。お釈迦様もナータプッタ師や彼の教えをいろいろ批判してはいますが、その場合もすべてを否定したのではなく、一部のポイントを取って非難したのです。
　ある熱心なジャイナ教の信者さんがお釈迦様の話を聴いて仏教徒になりました。その人はお釈迦様に次のように言いつけました。
「こんなに素晴らしい教えがあるのに、ナータプッタが私をだましていた。彼から『お釈迦様に顔を合わせるな。あいつはまじない師だ、顔を見たらとんでもないことになる』と言われていたのです」
　お釈迦様は答えます。
「でも、あなたは有名な人で、これまでナータプッタさんをずっと支えてきたのです。ですから、『仏教徒になったから、もう出ていけ』などと言わず、これからもその人々の面倒を見てあげてください」
　このようにお釈迦様はナータプッタたちをかばうのです。お釈迦様がそこまで言われるならと、彼はジャイナ教の人々にお布施することはやめずに、厳密な仏教徒になりました。お釈迦様は、ジャイナ教の人々が馬鹿がつくほど正直なので、すごく心配していたのですね。

ナータプッタ師が王様に説いた説を見てみましょう。

『大王よ、この世において、ニガンタは、四種の部分からなる防護によって守られている。大王よ、ニガンタは、どのように四種の部分からなる防護によって守られているのか。大王よ、この世において、ニガンタは、あらゆる水を防止している。また、あらゆる水によって結ばれている。また、あらゆる水によって除いている。また、あらゆる水によって触れている。…（中略）…このように四種の部分からなる防護によって守られているから、大王よ、このニガンタは、自己の完成者、自己の制御者、自己の確立者と称される』

ジャイナ教の苦行は、sabba-vāri-vārita、sabba-vāri-yutta、sabba-vāri-dhuta、sabba-vāri-phuṭṭha と四種類あります。

四種類の苦行の方法を、少しだけ説明します。

一つめの苦行は、ある行為をまったくしないでやめること。たとえば断食です。食べるということは物質を受け入れることで、カルマを頂くことなのです。ですから断食のようにまったくやめたり、殺生をまったくやめたり、嘘を絶対言わないとかいうことを、苦行になるまでやるのです。次の苦行は、一日に一回しか食事を摂らないとか、財産も服も持たないで裸で行をやるとか、生き方と一緒に実践する修行方法です。自分で受けて一生守っていくものだから結構厳しいのです。次の苦行は徹底的にやることです。たとえば、真夏とか炎天下で、自分の座っている前後左右に大きな四つの火を焚いて、真ん中で瞑想する。寝るときはクギをいっぱい打ってある板の上に寝る。そうやって身体をとことん痛めるまで徹底的にやります。そういう苦行の成果として、ジャイナ教で説く悟りを体験するのだというのです。

これらの苦行の方法は、ジャイナ教の基本を知らないと、なんのこと

かお分かりにならないだろうと思います。

人の身体はカルマがついてできあがる

　ジャイナ教では、基本的にすべての生命に全知全能の魂があると考えています。でも魂には、糊のような癌のような四種類の煩悩がついて汚れているのです。ちなみに、それには仏教でも使っている「束縛」（サンヨージャナ）という言葉をあてています。仏教とジャイナ教の専門用語は概ね似ています。

　魂の表側にネバネバの煩悩が四つついていますから、そこにカルマ（karma）がつくのだと言っています。ここでいう「カルマ」は日本語の「業」よりは、サンスクリット語の「カルマ」という言葉で理解したほうがいいでしょう。ジャイナ経典でいうカルマとは、ある特定の物質のようなものなのです。全知全能の魂があって、それには形がない。でも魂にはネバネバの煩悩がついていて、そこに外からきたカルマが全部ついてしまう。そうすると魂は硬くなったり、形をとったりします。

　つまり、我々に見えている人の身体というのは、このカルマの身体なのです。どんな生命も本来は全知全能の能力を持っているのですが、カルマの身体があるせいで、魂が何もできない状態にとらわれて、責められ絞られているのだという考え方です。世の中には人間と動物がいますが、それぞれの形になったのは、カルマのせいなのです。

　ジャイナ教のカルマ論は物質論です。インドで物質論というのは基本的に〈地〉〈水〉〈火〉〈風〉ですから、ジャイナ教のカルマも〈地〉〈水〉〈火〉〈風〉のことを言っているのかもしれません。

　私の説明は皆さんにちょっと分かりやすくしたのですが、厳密にお読みになりたければジャイナ教の経典もあります。専門外の私がジャイナ経典から取って説明すると大変失礼なことになりますので、一般的なところだけ説明します。

ジャイナ教では、たとえば象の魂は象ぐらいの大きさです。なぜそんな大きい形かというと、それにふさわしい量のカルマがついたからです。蚊の魂も象の魂も同じなのですが、蚊はすごく小さい。蚊にはカルマがほんのちょっとしかついていないから、そのカルマに合うように魂も小さくならなくてはいけないということです。魂はカルマによって絞られて、責められて、形をとるのだという考え方です。
　でも、「知る」ことは魂が知っているのです。象も我々も、同じように見たり聞いたりしているのですが、象と我々とでは目や耳の能力が違うので、知る世界の差が生まれてきます。考えることも同じです。象も大きな脳細胞を持っているけれど、何を考えているかは分かりませんね。
　私たち人間は、自分が持っている能力の範囲で考えたり知ったりしなくてはいけない。全知全能ではないのです。では、なぜ人間が全知全能でないかというと、それはカルマのせいなのです。
　ここですごく気をつけなくてはいけないことは、「カルマ」という言葉の意味です。日本語の「業」ではなくて、ジャイナ教で言っている物質論なのです。インドでは、業は一般的に認めていますが、各宗教の哲学的な解釈は結構違います。どの宗教のテキストを開いても、カルマという言葉は出てきますが、それぞれの宗派や宗教でカルマの定義、カルマの理解は違うのです。言葉は同じですから、気をつけないと、混乱したり誤解したりしてしまうのですね。
　昔、ある学者が書いたジャイナ教の論文を読んだことがあります。ジャイナ教の専門家であるその学者は「ジャイナ教はとても科学的で明確で分かりやすい」というのです。彼がジャイナ教は科学的で論理的な教えだと言うためにとことん使っていた証拠が、このカルマ論でした。
　たとえば、ある人間の身体が弱いとしたら、それはカルマが弱いということ。自分についている物質が弱いために、それなりの苦楽を感じなくてはいけないのです。色がよくてつやつやと輝くような身体を持っている人と、何色か分からないほど色がよくない身体を持っている人がい

たら、それによってやっぱり幸福も苦しみも左右されてしまうでしょう。何か障害を持って生まれてきたら、その人生はいろいろ苦労しなくてはいけません。なぜある人は苦しみが多くて楽しみが少なくて、ある人は逆なのかという苦楽論を、最終的にはカルマで語るのです。

ジャイナ教では、カルマは簡単に「これは身体のことだ」と言います。基本的にはみんな同じ魂を持っているが、ミミズで生まれたらミミズなりの、象で生まれたら象なりの生活をしなくてはいけない。その不公平はカルマのせいだと言うわけです。ミミズは象に踏まれればつぶされてしまいます。その象はすごく大きな身体を持っていて、王様のように生活をしているけれど、いとも簡単に人間につかまえられてしまい、人間にいろいろ調教されて苦労させられてしまうのです。象はそういう運命になっている。それはカルマのせい（＝身体のせい）だと。なんとなく分かりやすいような気もしないわけでありません。でも、分かりやすいから正しいということでもないのです。

仏教におけるカルマ論は、それほど簡単ではありません。もっともっと、大変複雑な世界なのです。

仏教のカルマは物質ではなく「意志」です

ジャイナ教ではカルマは物質だと言いますが、お釈迦様はそれに対立して、「カルマは物質ではなくて意志だ」と言うのです。なぜなら、人は意志で行為をし、行為によって苦楽を味わっているからです。悪い行為をすると悪い結果になる。よいことをするとよい結果になる。当たり前のことなのです。

たとえば、真面目に頑張ると、そこそこよい結果にはなります。怠けてふざけていれば、それなりに不幸になってしまう、そんなことは誰でも分かっているのですね。でも、怠けるか頑張るか、人を殴るか、人を褒めてあげるかはその個人の意志なのです。ですから「意志はカルマで

す」と、仏教のカルマ論は教えているのです。人の意志自体がすべてを変化させてしまいます。だから幸福になりたければ、その通りの意志を持たなくてはいけないのです。

　ここで考えてみましょう。それなら私たちがみんな、「じゃあ幸福になりましょう」と思っていっぺんになれれば幸福でしょうね。宗教なんか語る必要はないし、修行とか瞑想とか、ああだこうだと七面倒なこともいりません。でもそううまくいかないことが問題なのです。

自由にならない自分の意志

　よく、心理カウンセリングなどの世界でも「明るくなりましょう、ポジティブになりましょう、自信を持ちましょう」と言うでしょう。あれは間違っていないのです。本当に明るくポジティブな思考で、自信を持って行動すると、万事うまくいくのです。ほとんど失敗しないし希望通りに物事が運びます。簡単で単純でしょう。自信を持てばいいし、ポジティブになってしまえばそれで済む話です。

　でも、問題はいくら言っても暗い人はズルズルと暗い方向に行ってしまうことなのです。暗い人に、「自信を持って頑張りなさいよ。何も怖いものはないよ」と教えても、「といっても、やっぱり……」と、何か言いわけをしてまたもとに戻ってしまう。

　自信さえつければいいし、意志さえあれば、幸福になるのはいとも簡単なのに、なぜうまくいかないのでしょうか。不幸な人はいくら言っても不幸ばかりで、どうしようもない状態になぜなるのでしょうか。そういう問題があるから、仏教において、カルマ論は心理学的な心の過程や心の機能といったシステム抜きには語れないのです。だから複雑になってしまうのです。

　皆さんにも経験があると思いますが、「私は自信があります」と言っただけで自信はつかないでしょう。「強い意志で頑張るぞ」と言っても、

そうはならない。自分の意志さえもいろいろな原因、結果によって成り立っていて、自分の自由ではないのです。もし自由だったら、「よし、分かった。今から強い意志を持ちます」と言っただけで、そうなるはずです。自分の思い通りにならない不自由な意志というのも、考えてみると不思議ですね。

正しい意志は正しい判断から

　西洋では「意志」という言葉は、自由という意味に使っているのです。たとえば、西洋の宗教は一神教ですから、すべては神様の決めたことですと言うと、みんな責任放棄すればいいことになってしまいます。
　そこで、聖書にはないのですが、西洋宗教学では、「神は人間を創ってすべてを支配しているけれど、人間に自由意志も与えている。だからどうするべきかは人間が判断するべきですよ」と、神様と人間の意志は関係ないという話をします。もし人が人を殺したら、人間が自分に与えられた自由な意志を悪い方向へ使ったのだ。だから神様が罰を与える、という理屈にはなるのです。でもその論理は成り立たないと私は思っています。
　なぜならば、偉大なる無限な力を持っている神様が、ほんのわずかな力しか持たない人間に自由意志を与えたところで、間違って使うのは当たり前ですね。身のまわりのことしか見えませんし、明日のことも分からない小さな人間に、神の意志が分かるわけもない。だから神様に与えられた自由な意志も、人間はどう使えばいいか分からないはずなのです。それなのに、間違って使ったからといって神が罰を与えるというのはとんでもない話で、不公平なのです。それでも西洋宗教学では自由意志があるということは強く言っていますが。
　仏教では人間は自由だとも、自由でないとも言わないのです。すごく複雑です。意志と言ったとたん、自分が自由なような感じがするのです

が、なぜそんな意志が生まれたかということを見ると、そこに条件が出てきてしまう。ですから意志自体も、まったく不自由ではないのですが、自由でもないのです。

　仏教では判断能力というものを大事にしています。正しく判断することができれば、正しい意志ができあがるというのです。

大きすぎる夢は意志を抑える

　それから、夢、希望、欲望というのは、心にたくさん入り込みすぎると、トラブルを起こしてしまいます。たとえば、「今日から幸福になるぞ」というのは夢や希望かもしれませんね。

　私たちは一般的に、夢や希望がなければ、強い意志はつくれないのではないかと思っています。でも問題は、夢、希望というものが今、頭でつくっている妄想であって、あくまでも非現実だということです。頭だけで描く観念的な思考は、論理性がないので、いくらでも増殖する恐れがあるのです。夢や希望はいくらでも膨張できますね。

　そうすると、自分の意志というのは汚れてしまって、うまく機能しなくなってしまいます。夢が大きければ大きいほど、心は抑えられて、自由がなくなってしまう。心理学的なことですから、皆さんにも少しご自分で考えていただきたいのです。今はテーマが違いますから、あまり明確に説得できるように教えられないのですが、「夢が増えれば増えるほど、心は抑えられる」という働きがあることは覚えておいてください。

　ちょっとした例を出しましょう。明日に試験を控えた子供がいるとします。その子供は自由ではないでしょう。誰かが遊びに行こうと誘っても、「試験があるから勉強しなくちゃ」と、心が抑えられてしまうのですね。遊ぶことを自由に考えること自体できなくなる。そこでも意志が変化して思い通りに機能しなくなってしまうのです。

　意志自体はカルマですから、善いカルマをいっぱいつくれば幸福なは

ずですね。でも、ものすごくいろいろなことで左右されてしまいますから、自由にすることはほとんど無理です。

このように、カルマの機能というのは仏教においてはかなり心理学的で複雑なのですが、ジャイナ教祖はそんなに複雑にはおっしゃっていないのです。

ジャイナ教祖は解脱を求めて苦行を推薦する

ジャイナ教祖が語るカルマ論は、仏教のように心理的に微妙で複雑ではありませんでした。ネバネバの煩悩で汚れている全知全能の魂に物質（カルマ）がついて身体を構成するのだという理屈です。生命体が死ぬと魂は自由になるはずなのに、このネバネバのせいで魂にまた物質がついてしまい、自由にならないのです。だから我々は生まれた瞬間からいろんな物質（カルマ）をどんどん入れて身体を大きくしていき、それによって、苦楽を変えたりするのだ、と説明しているのです。

そこで彼は、魂を自由にするためにいったんカルマを取り除くという、いわゆる外科治療を提唱したのです。修行方法も物理的・外科的な方法で、「たくさんついたカルマを全部燃やしてしまいましょう、新しいカルマをつくらないようにしましょう」と言うものです。新しい行為を何一つせず、その代わりに自分の持っている身体をとことん苦しめてみる、という苦行を語ったのです。

いったん苦行すると決めたら、無理にでもしなければなりません。生命たるものは苦行はしたくないのですが、嫌がる気持ちがなぜ生まれるかというと、魂のネバネバ状態のせいです。カルマがやりたがらないのですが、そこは覚悟を決めて苦行します。断食するとか、寝ないでいるとか、普通の人間がやりたがることのまったく反対のことをなんでもやってみます。

彼らが計算したところによると、だいたい十二年間続けて苦行すると

このネバネバがなくなり、必ず魂が完全に解脱すると言うのです。

　ですが、苦行のリストを見ると、残念ながらそんなに長く身体が持ちません。早ければ二、三週間で死ぬかもしれません。たとえば断食しようとしても、十二年間できないでしょう。水を飲まないと決めたとしても、脱水状態になってせいぜい三、四日で死んでしまいます。なかなか十二年間も苦行はできないのです。そういうわけで、ジャイナ教の中でも悟った人は一人しかいません。それがニガンタ・ナータプッタ師なのです。

　ですからお釈迦様は彼をよくからかうのです。ときどきナータプッタ師がお釈迦様に攻撃してこう聞きます。
「あなたは偉そうなことを言うけれど、贅沢ばかりしていて苦行もしない。誰か悟った人がいるのですか」
　しかし、お釈迦様は堂々と答えるのです。
「見なさいよ。十人、二十人どころか何千人でもいますよ」
　お釈迦様の教えはものすごく知的で科学的でしたから、仏教において悟った人々はたくさんいたのです。でもジャイナの教えではなかなか出てこなかったのですね。残ったのは、彼らが真面目に修行しているという事実ぐらいでした。

　それで分かるのは、宗教では結果を出すということに、あまり重きを置かないということです。

　たとえばキリスト教では、洗礼を受けて懺悔をして、それなりに頑張ればいいのです。その結果が天国です。ただし、一応聖書に約束はあるけれど、本当に行けるという保証はないのです。行くか行かないかが分かるのは死んだときでなく、人類滅亡のハルマゲドンのときです。

　イスラム教にしても同様です。他の神々を皆否定して、アッラーの神だけを信仰して、一日五回お祈りしていれば、もう天国は確実だと言っていますが、やはり人類の最終の日を迎えない限りは分からないのです。その日がいつなのかも、はっきり言ってくれないのです。一般的に、宗

教でいう結果が出るときはずいぶん将来にしています。

　お釈迦様はそこがすごく嫌でした。お釈迦様の教えが他の宗教と違うところは、「すぐ結果が出なくては、今分からない」というところなのです。仏教と名がつくものは山ほどありますが、皆同じではないのです。お釈迦様の教えだけが「すぐ結果が出なくてはおかしいのだ」という立場を取ったのです。

　話はだいぶ脱線しましたが、ジャイナ教祖は本当に立派で真面目な宗教家でしたが、考え方はそれほど論理的に厳密ではなかったのですね。ただ人間というのは苦行が好きなのです。私たちの東洋の教えを見ても、どこでも苦行を推薦する。欲をひたすら追求する西洋ですら、宗教の世界に入ってみたら、かなり苦行を推薦するのです。

　人間が聖と俗を分ける場合は、「俗」は快楽の世界で「聖」は快楽を否定する世界、という二元論だと思います。聖と俗の言葉の意味はお分かりですね。私たちが一般的に俗世間にいると言うのは、普通に楽しく生きているということなのです。快楽も認めています。快楽を求める世界が「俗」であるならば、快楽を否定する、拒否する世界は「聖」だという。これは白くなければ黒いというような二元論なのです。本当は、白くない＝黒いという意味ではないのですが、人はそういう二元論で考えてしまうのです。

苦行のキーワードvāriの意味

　ナータプッタ師は以下の四種類の苦行を説きました。

① sabba-vāri-vārita
② sabba-vāri-yutta
③ sabba-vāri-dhuta
④ sabba-vāri-phuṭṭha

この四つの苦行の名前には、全部に sabba-vāri という言葉が入ります。sabba-vāri というのは「止まる、やめる」という意味です。この経典に出てくる日本語訳をもう一度見てみましょう。

　あらゆる水を防止している。また、あらゆる水によって結ばれている。また、あらゆる水によって除いている。また、あらゆる水によって触れている。

これでは意味が通じません。Vāri は水ではないと注釈書にもありますから、本当はこういう訳はよくないのです。確かに vāri には「水」という意味もありますが、ここでの意味はストップすることです。Reject（やめる、制御する）という意味で、水ではないのです。この日本語訳は、ただ単語を訳しただけになっています。

でも、この経典に入っている教えだけを見て、これがジャイナ教だと言うのは失礼なのです。ナータプッタ師は、確かに vāri という言葉を使っていて、仏教経典にも入っています。でも仏教はジャイナ教に対しては少し批判的で、この言葉を正しく説明していないのです。他の宗教で正しく仏教の説明をしてくれないように、仏教の経典でジャイナ教のことを親切に説明しないのは当たり前なのです。それにあまりにも厳密な専門用語で、日本語で正確に訳すのは難しい。パーリ語の注釈書でも分かっていないのです。

そこで私が説明しましょう。Vāri は「制御する、やめる、戒める」などの意味があるのですが、その他に「やめるべきもの、やってはならないこと、ストップするべきもの」というニュアンスもあるのです。仏教用語で「行」という言葉がありますが、それに似ていると言えるかもしれません。

キリスト教の学問から見れば、ぴったり合う言葉があります。Sin と

いう言葉です。英語の辞書をひいたら単なる「罪」ですが、キリスト教学では sin は単なる罪ではありません。我々に生まれつき組み込まれている本能といえるものなのです。つまり「人間であること」そのものなのです。

　我々が知っているような、人を殴ったとか、人のものを盗んだとか、邪な行為をした、嘘をついたとか、そういう普通の「罪」もキリスト教にはあります。でもそれは十戒の中に入っていて、人間はどのように生きるべきかというモラルの話なのです。

　この sin という罪の場合はそうではありません。「あなたは人間であります」という意味なのです。人間であること自体が罪である。そういうことですね。

　キリスト教では平気で、人間はみんな罪人だと言います。

　彼らはそれを一般の人にも分かりやすく、「人類はアダムとイブの子供。アダムとイブが罪を犯したから、人類はみんな罪人ですよ」と言うのです。

　私たちの常識で言うならば、アダムとイブがやったことで人類が苦しまなければならないのは、おかしな話です。仮に、アダムとイブの遺伝子を持ち続けるので、似た運命をたどることになるのだと言うならば、なんとなく理解できます。仏教は人間とは罪人という簡単に理論を立てられる言葉を使わないのです。また、仏教が教える真理は人間だけに限ったものではないのです。生命に関する真理を語られているのです。生きるとは苦であると語るのです。苦とは感覚のことです。今の瞬間で感じる感覚が苦なので、たちまち他の感覚に変えたくなるのです。苦の感覚を限りなく変えることが、生きることです。このたとえで理解しましょう。なぜ人は絶えず呼吸しているのでしょうか。正しくない答えは「酸素を取り入れて二酸化炭素を外へ出すため」です。この答えは正しくないのです。我々はただ呼吸しているのであって酸素は何か、二酸化炭素は何かと気にしないのです。しかし、吸ったばかりで吐くことをし

なかったら、耐え難い苦痛を味わいます。それでも吐かなかったら、死にます。それで苦しみをなくすために吐きます。空気を吐いてからまた吸わないことにすると、耐え難い苦痛を味わいます。それでも続けると死にます。ですから、苦をなくすために再び吸います。この耐え難い苦があるからこそ、絶えず呼吸するはめになっているのです。立ったり座ったり、歩いたり寝たり、遊んだりご飯を食べたり、寝たり起きたりする一切の生きる機能は「苦」という感覚が司っているのです。ですから、「生きるとは苦」になるのです。「生命とは苦」になるのです。仏教はうかつに罪人論を語らないのです。

　原罪の概念は単純な神話の物語です。仏教の立場から見ると、「生命は原罪」と言えないわけではないのです。生命には「ありのままに認識できない」という欠陥があるのです。ありのままに認識できないので、あってほしいように認識してしまうのです。人はご飯をおいしいと認識するし、蛇は生きたままのカエルかネズミはおいしい（エサ）と認識します。しかし、人間はネズミをおいしいと認識しないのです。あってほしいままに認識することが正しい認識ではないのです。それでも、生命には誤認しかないのです。誤認に基づいて行動するのです。生きているのです。誤認は不善です。それなら生命たるものは原罪です。誤認の問題を悟ることで解決することによってのみ、「原罪」は消えるのです。実際のところ、一切は無常で因縁によって起こるので、「原罪」という固定した概念は成り立ちません。仏教ではありのままに認識できないという欠陥は「無明」というのです。

　それに対して、キリスト教ではそんなに明確に哲学的には、人の苦、生命の苦を説明していません。聖書の中身はほとんど感情に訴えています。人の知識や理性に語りかけていないのです。

　キリスト教では、「人は死ぬ。死ぬことは罪の結果だ」と言います。でも、こちらとしては「では死ななかったら幸福ですか」と聞きたくもなります。言い方はまずいのですが、結局キリスト教で罪というのは、

我々の細胞一個一個の中に組み込まれている法則なのです。細胞の構成を見ると必ず死ぬようになっている。そこに「罪」という言葉を使っているのです。

ですから vāri に、キリスト教で使っている sin という言葉が当てはめることができます。しかし、キリスト教においても sin の定義ははっきりしないのです。キリスト教のテキストに、今の私がしたような説明は出てこないのです。でも、彼らが言いたがっていたのは、私が説明した「罪」なのです。私の解釈によれば、キリスト教の sin（罪）の概念を別に否定する必要もありません。細胞を持って生まれたのだから、年をとったり、病気になったり、死んだりするのはどうしようもない。だから死ぬ運命で生まれてしまうのです。

ジャイナ教ではどうでしょうか。身体を持って生まれてきたら、カルマもあるのです。カルマは魂の永遠不滅の状態と全知全能の状態を妨げる邪魔者です。そのせいで我々には全知全能の能力がなく、過去・現在・未来が分からない。不死なる境地には至ることができず、死んだり、苦しんだりしなくてはいけない。この全知全能の魂を邪魔し、絞り、抑えているものはやめるべきという考えです。魂についているカルマ、身体を捨てて、コントロールするべきなのです。

このようなジャイナ教のすべての哲学を、仏教の経典では vāri という一つの言葉でまとめているのですから、本当にややこしいのです。

四種類の苦行

「制御する、戒める」方法は四つあります。

一つめの苦行は、sabba-vāri-vārita。Vārita というのは簡単に言うとカルマをつける行為を「やめる」ことです。いわゆる戒律の世界です。たとえばジャイナ教では断食する、服を着ない、身体を洗わないといういろいろな行があったのです。食べることは物質を受け入れる（カルマ

をつける）ことですから可能な限り断食してやめる。嘘を言ったり盗んではいけないという一般的なものもあります。「盗んでまでして、この魂にまた新しい物質を入れてどうするのか」ということで、これらは完全にやめるべきものでした。また、殺生をまったくやめる、嘘を言うことをまったくやめるというように苦行になるまでやるのです。

次の sabba-vāri-yutta というのは、「生命と仲よくしなくてはいけないもの」「生きながら実践していくもの」です。たとえば、ジャイナ教では食事を自制しなさいと言います。たとえ在家であろうとも、三食食べてはいけません。お腹が空くたびに食べるというのは駄目です。出家したらもっと厳しく、一日一回しか食べてはいけないのです。一日一回だから、鼻までくるほどお腹いっぱい食べてもいいかというと、駄目です。お腹にほんのちょっと入れるだけなのです。あるいは自分で、「私は一日おきに食べます」と決めることもあります。かなりきついですね。その行をしながらずっと生活しなくてはいけないのです。

また、嘘を言わず真実を語るということがありますが、これも大変なのです。この世の中で本当のことばかりしゃべっていては、なかなかうまく生きられません。かなり苦労したり損害を受けなくてはいけないのです。真実を語るということは大変不便なのです。でも、ジャイナ教では嘘を言わないというのは一番目。真実を語るということは二番目。それを受けたら、自分の生き方としてずっと一生、守らなくてはいけません。

そのように一生、生き方と一緒に実践する修行方法はたくさんあります。それは「結びついている」という意味の yutta で表されます。ヨーガという言葉も同じ意味から出ている言葉です。

また sabba-vāri-dhuta の dhuta は「行」という意味です。修行として特別にやらなくてはいけないことです。ジャイナ教のお坊さんたちは、それぞれ自分で決めていろいろな行をやるのです。

どういうものかと言うと、ある修行者は、自分の草履にいっぱいクギ

を打ちつけて履いて歩く。歩くたびにかなりつらいですね。もちろん一生続けることはできませんから、それを決まった期間、たとえば何年間か修行します。クギをいっぱい打ちつけた板の上で寝るというのもあります。寝返りするのも大変です。あるいは、自分の回りにキャンプファイアのような大きな四つの火を焚いて、日中真ん中に座って瞑想するというのもあります。そうやって身体をとことん痛めて苦しめるのです。

同じことをジャイナ教の出家者が皆やっているかというと、そうではないのです。自分だけの何か特別の行を決めてやるのが、dhuta です。

sabba-vāri-phuṭṭha というのは、「経験する」ことです。そのように行をして最終的には何か経験しなくてはいけないのです。生命であること自体、罪であり苦しみですから、行を続けて sabba-vāri のすべてがなくなったことを経験する。難しいかもしれませんが、そうやってすべての生命であることをやめたことが phuṭṭha なのです。やめたことを経験するということは、ジャイナ教で言っている解脱です。

ですからこの四つで、本当に不思議なことにジャイナ教の教えを全部まとめているのです。ですから、辞書をひけば vāri は「水」ですが、この場合の意味は決して「水」ではないのです。ジャイナ教の教理を四つの用語で集約されているだけです。

ナータプッタ師は、アジャータサットゥ王が、「修行したら、出家者には何か御利益でもありますか」と聞いても、必死になって自分の教えを語るだけで、やはり王様の問いには答えなかったのです。

王様は政治家ですから、「そんな話は聴き飽きている。私は違うことを聞いているのに、散々説法されるだけで面白くない」と帰ってしまいました。

6 認識の問題を追求する不可知論者
サンジャヤ・ベーラッティプッタ

サンジャヤ師は詭弁哲学者

　六番目の先生は、サンジャヤ・ベーラッティプッタ（Sañjaya Belaṭṭhi-putta）という名前で知られています。ファミリーネームは難しいですが、ファーストネームは日本語でも発音しやすいサンジャヤです。
　サンジャヤ師に会って王様は次のような趣旨の質問をします。
「私たちは稲でもカボチャの種でも植えて、それを収穫して食べて楽に生活しています。仕事には結果があり、御利益があります。あなたがた宗教家の生き方にも、これが御利益だといえる証拠はありますか」
　サンジャヤ師は次のように答えるのです。

> 　もしあなたが私に「他の世界は存在するか」とたずねたとき、もし私が他の世界は存在すると思うなら、他の世界は存在するとあなたに答えるであろう。しかし、こうであるとも私は思わないし、そうであるとも私は思わないし、別であるとも私は思わないし、そうではないとも私は思わないし、そうではないのではないとも私は思わない。もしあなたが私に「他の世界は存在しないか」とたずねたとき、もし私が他の世界は存在しないと思うなら、他の世界は存在しないとあなたに答えるであろう。しかし、こうであるとも私は思わないし、そうであるとも私は思わないし、別であるとも私は思わないし、そうではないとも私は思わないし、そうではないのではないとも私は思わない。もしあなたが…（後略）…

また、同じように言ってしまいます。実に分かりにくいのですが、明確なのはサンジャヤ師の哲学思想です。

仏典*では、サンジャヤ先生は一番頭の悪い人だと考えているのです。でも、この人は高名な大哲学者で大勢の弟子たちがいましたから、彼が「生まれつきのアホでトンチンカン」と簡単に言えるのでしょうか？ この人の教えを説明するのは一番時間がかかるのです。この教えも、インドのどの文献でも説明されていません。でも、存在していたことは確かです。

ギリシャに agnosticism（不可知論）という哲学思想がありました。もうちょっと時代が下ってくると、skepticism という哲学思想がドイツで出てきます。skeptic は日本では一般的に「詭弁」という言葉で知られています。サンジャヤ先生の教えは歴史上一番古い agnosticism なのです。インドでそういう思想があって、彼が有名だったのです。

ものを知ることは人間に可能ですか

彼が「ものを知ることは人間に可能ですか」と問うのです。

分かりやすく言えば、「我々に見ること、聞くことは可能ですか。人間にはものを知り得ることができるのでしょうか」。——何か馬鹿馬鹿しく聞こえるかもしれませんが、考えてみましょう。

我々が聞いているもの、見ているものは本当にその通りでしょうか。たとえば、壁は遠くから見るときれいでも、近づくと汚れがいっぱい見えてきます。顕微鏡などで倍率を高くして見れば、まったく違う世界が見えてきます。その中でどのビジョンが正しいでしょうか。遠くから見た perception（認識）でしょうか、近くから見る perception でしょうか。

壁一つでも難しいでしょう。普遍的な結論を出すために、「遠くから見たほうが正しい」とか、「近いところから見たほうが正しい」とか、そんなことは言えますか。正しく見るためにどうやって距離を決めるの

---

* [仏典] パーリ経典以外の、経典注釈書、論書など。

でしょうか？

　例を一つ挙げましょう。アメリカのものすごく広い麦畑で、コンバインで麦を刈り取って、超特大の文字を書きます。地面から見たら刈り取られた跡があるだけで、ずっと行ってみても、ちょっと曲がって他の方向に空き地が広がっているのが見えるだけです。

　そこでセスナ機に好きな女の人を乗せて、上空に連れていきます。下の畑を見下ろすと自分の名前と「Will you marry me?（私と結婚してもらえますか）」とか書いてあるのが分かるのです。もちろん本人も文字を書くつもりでやっていますが、でも文字として認識できるのは空から見たときなのです。そばで見たらぜんぜん分かりませんね。

　このように「見る」という機能についても、どこに距離を決めるのか、ということが問題になります。この場合は、空から見ると決めてありますが、それは最初から文字だと決めつけているからなのです。自分が「Will you marry me?」となるように刈り取ったのですから、先入観で知識があります。あとはそれを固めてもらうだけです。もし、なんの先入観もない人をそこに連れていけば「麦を刈り取った跡が見えるだけで、文字なんかはない」と言われるかもしれません。

　我々の目で見る世界にしてもこのように、何も断定して言えません。

　顕微鏡で見ればよく見えると言っても、その世界は正しいでしょうか。もしも顕微鏡で見る世界が正しいなら、いつも顕微鏡を持っていて、なんでもそれで見なくてはいけません。あるいは三百〜四百倍ぐらいに大きくしてくれる特別なメガネでもつけて生活しなくてはなりません。

　耳で聞くということも同じでしょう。距離や、いろいろな方法で変わってしまいます。ちょっと耳に手を当ててみてください。聞こえている音が変わるでしょう？　また、人間よりも耳が大きい動物は、また違う音を聞いているでしょう。場合によって音が違うのは困ったものではないでしょうか？

サンジャヤ師の認識論

　人間の知識とはなんでしょうか。これは、theory of knowledge、いわゆる認識論の問題なのです。「人が認識を得ることは可能か不可能か」という問題です。一番簡単な認識方法はあてにしないことです。
　たとえば「お饅頭はおいしいお菓子ですよ」というのは一つの認識の表現です。これは人間のインテリジェンスを表現する言葉なのです。我々の言語はすべて認識の表現だと言えるのです。
「この服はきれいです」「この服はあなたにちょっと似合わない」というのも自分の認識の表現ですね。それをあてにできるでしょうか。今までの説明から考えてみると、「この服はあなたに似合います」とか、「似合わない」とは言えないはずなのです。むしろ、「言えるか」ということを私は聞きたいのです。
　ですから、サンジャヤさんは一切の認識、インテリジェンスを表現する言葉は肯定も否定もしません。否定することさえも認識だからです。それで、このようなややこしい言葉になっているのです。たとえば、「私は人間の一切の知識を否定します」と言ったら、それはもう一つの知識なのです。だから否定しますとも言えないのですね。
　また、「この音はきれいかきれいでないか」「この部屋は静かかそうでないか」「外はうるさいかうるさくないか」などの全部をまとめて何一つも言えませんという場合でも、「さまざまな認識をまとめて何一つも言えない」という結論を出していることになるのです。ですからそれも否定する。サンジャヤ先生はすごく厳密なのです。
　彼は宗教家ですから、人々に散々、「この世がありますか、あの世がありますか。業がありますか、ありませんか。人が死んだら生まれ変わりますか、生まれ変わりませんか」などの質問をされていたのです。これらは知識の表現なのです。そこで彼がこう言うのです。
「この世があると思うならば、私はそう答えるでしょう。私は、あなた

が言う通りにあると思っていないし、違う方法であるとも思っていないし、まったく別なものだとも思っていないし、ないとも思っていないし、どっちでもないとも思っていないのだ。それから、思ってないとも思っていないのだ」

　このようにいろいろな表現で、彼は人の頭をわざと混乱させるのです。それは彼の狙いでした。日本語ではムチャクチャに見えますが、パーリ原文を見ると厳密に単語で思考を並べています。

「この世があるのか、あの世があるのか」という問題は我々にとっては少し難しいので、簡単で分かりやすい例に置き換えます。サンジャヤ師は問いを問題にするのではなく、人間の認識方法について語りますから、質問はなんでもいいのです。

「ここに黒板がありますか」という質問にします。

　そこで黒板があるなら、「はい、そうです。ありますよ」と簡単に答えればいいと思うでしょう。でもここで考えてほしいのは、そもそも、「はい、ここに黒板があります」と言えるのかという問題です。

　人間にとって、黒板は目で見るものですね。そこで、「あります」と言う場合、その人は間違いを犯しているのです。「目で見えるもの＝ある」というのは間違いなのです。先ほども述べましたが、目で見えるのですか？　どのように見ればいいのですか？　顕微鏡で、虫メガネで、あるいは望遠鏡で、あるいはそばに来て、あるいはかなり遠くに行って見るのでしょうか？──一体どのように見ればいいのでしょうか。見るたびに見方が変わってしまうでしょう。そのようなものに対して「ここに黒板があります」と言ってしまうと、目で見るものは「実在する」ことになります。「目で見られるものはその通りにある」と言ったことになってしまうのです。

　サンジャヤ師なら、同じ質問をされれば、以下のようにいろいろな表現をするでしょう。

「あると思うなら、あると言ってもいいけれど、別に、あなたが言う通

りにあると思っていないし、違う方法であるとも思っていないし、まったく別なものだとも思っていないし、ないとも思っていないし、どっちでもないとも思っていないのだ。それから、思っていないとも思っていないのだ」

　彼は自分の agnosticism という不可知論を語っているのです。別に、人を馬鹿にして、詭弁的にしゃべっているわけではないのです。

仏教の認識論

　仏教で「一番頭が悪い」と悪口を言っていますが、この説が一番理解に苦しむのです。なぜ私がそこまでうるさく言うかというと、仏教哲学ではそういうさまざまな知識の世界についてずいぶん明確に答えを出しているのです。

　仏教でも、判断は主観であって、あてにならないということは言っています。だからといって、サンジャヤ先生のように不可知論もまた語りません。お釈迦様はすべての宗教哲学に答えを出していますから、周りをうろうろする人々の思考もいくらか勉強するのは悪くはないのです。

　認識世界に対しては、イエスやノーを断定するのは、仏教的に見ても至難の業です。道徳の場合は条件が違います。道徳は「人はどのように生きるべきか」という具体的な話です。目的地に達するためには、分かれ道があれば左か右かどちらか一つが必ず正しいのです。したがって道徳を語るときは、断定したほうがよいのです。

「嘘を言ってもいいですか」――「いいえ、駄目です」
「人を殺してもいいですか」――「とんでもない、やめなさい」
　このように言うことはできます。

　でも道徳以外はどんな質問にもはっきりと、「イエス」「ノー」というふうには答えていないはずなのです。かなり詳しく状況を説明して、正しい答えに導こう、中道の答えに導こうとはするのです。しかし、人を

中道に導くことは、言うほど簡単ではありません。

厳密な認識論は詭弁に至る

　サンジャヤ師は一切の認識、インテリジェンスを表現する言葉は肯定も否定もしないのです。この経典のパーリ語の文言からサンジャヤ師が語る認識論を見てみましょう。

　　① Evam pi me no.
　　　こうであるとも私は思わないし
　　② Tathā ti pi me no.
　　　そうであるとも私は思わないし
　　③ Aññathā ti pi me no.
　　　別であるとも私は思わないし
　　④ No ti pi me no.
　　　そうではないとも私は思わないし
　　⑤ No no ti pi me no.
　　　そうではないのではないとも私は思わない

この五項目それぞれを見ながら説明していきます。

　① Evam pi me no.（こうであるとも私は思わない）
「私は思わない（me no）」という否定形がつく肯定はいろいろあります。イエスも単純な肯定ばかりではありません。微妙に意味が異なるイエスがあるのです。
「今日、昼ご飯を食べましたか？」――「はい（イエス）」
　実はこれは、そんなに簡単なイエスでないはずです。なぜならば、私が何を「昼ご飯」と言ったのか分からないからです。もし私が考える昼

ご飯がサンドイッチなのに、ラーメンを食べたなら、合っているとは言えませんね。だからといって「ノー」ではないのです。ラーメンであってもお昼を食べているのに、「ノー」と言ったら嘘になります。このようにイエスも単純ではありません。

インドの思想哲学というのはややこしいのです。「インド大好き！」という人はたまにいますが、この複雑さを知っているなら逃げ出したくなるはずです。

「あの世はありますか」といった問題はひとまず措いておいて、たとえば「ここに黒板がありますか」という問いがあるとします。

この場合に evam と答えられるのは、質問した人が定義している通りにイエスと言うことなのです。日本では黒板と言っても緑色も黒も、白もあります。おおざっぱに黒板と言ってしまうと、evam の例にはならないのですね。

では、今日が五日だとしましょう。

「今日は五日ですか」と聞かれたら答えは「イエス」でしょう。この場合は私が思っている五日と、皆さんが思っている五日はまったく同じだからです。そうでないとアポイントが成り立ちませんね。もし私の五日が二日先だったら、会えませんから、この場合の evam は、「あなたが言う通り（evam）にある」というイエスの一番目です。

でも、ここでは「Evam pi me no.（こうであるとも私は思わない）」となっています。このイエスも、「思ってない（me no）」と、彼は否定するのです。

② Tathā ti pi me no.（そうであるとも私は思わない）

「違う方法であるとも思っていない」。Tathā というのはイエスの第二なのですが、ちょっと説明します。

今日は月曜日とします。すぐに月曜日だと思い浮かばなかった場合はどうしますか？　「きのう私は部屋の掃除をして昼寝もしたから日曜か。

そうすると、今日は月曜日だ」と記憶をたどって答えますね。その考え方はイエスの第二番目なのです。イエスにくるために、「ああなって、こうやって、こうなると……その通りだ」と少しの考えが必要な場合です。たとえば、「23 + 42 = 65 ですね」と聞かれたら、すぐに「イエス」とは言わないで、頭の中で計算して確かめてから言うでしょう？　二番目はそのようなイエスです。

　しかし、彼はその第二のイエスも否定します。

　③ Aññathā ti pi me no.（まったく別であるとも私は思わない）

　これは、イエスの第三と言えるのですが、ノーとも言えるのです。aññathā というのは「ほんのちょっと違いますよ」ということです。完全に間違っているということでないけど、ちょっと違いますというニュアンスです。

　たとえば、バラの花を英語でなんと言いますか。「ローズ」と言うかもしれませんが、「ロゥズ」なのです。間違っているのでなくて、ちょっと違う。「よい」はどうでしょうか。普通は「グッド」と言いますが、英語の発音では、「グッッ」。「グッド」と言っても別に間違っているとは言えないが、でもちょっとイエスとは言いにくいのですね。このようにイエスでもない、ノーとも言えるしイエスとも言える状態が、aññathā という表現なのです。

　でも彼は、それも否定します。そうも思っていないと。

　今までイエスの三種類を説明しました。まだインドの論理学講義は続きます。これから、ノーの世界に入ります。四番目はノーの第一です。

　④「No ti pi me no.（そうではないとも私は思わない）」

　パーリ語と英語のノーは同じですから、ちょっと混乱するかもしれません。No というのは、ないということです。

　たとえば、月曜日に「今日は木曜日ですか」と聞かれたら、はっきり

「いいえ」と言えますね。自分の母親に、「あなたは男性ですか」と聞けば、「いえ、違います」と、はっきりノーという答えが返ってくるでしょう。

そのように、たとえばバラの花を見せられて、「これは蛇ですか」と私たちが聞かれたら、すぐに、「ノー」と言います。これが、ノーの第一です。

では、サンジャヤ師にバラの花を見せて「これは蛇ですか」と聞いたらどう答えると思いますか。我々ならいとも簡単に「ノー」と言いますが、彼は、「別に、まあ蛇だと思うなら蛇だと言うんだけど、蛇じゃないと思うのだったら蛇じゃないと言うんだけど……」と、それで終わってしまいます。イエスとも言わないだけでなく、ノーとも言わない。それも認識の世界だからです。

⑤ No no ti pi me no.（そうではないのではないとも私は思わない）

ノーが二つあったら、普通は「ある」ということになりますね。たとえば「私は背が高くないわけではありません」と否定形が二つ続いたら、「私は背が高い」という意味になります。「ご飯を食べなかったんじゃない」と言ったら、ご飯を食べたという意味になりますね。

これも同じ様に否定形が二つ入っているからイエスかと思うと、違うのです。No no というのは三番目のイエスと同じような、「いえ、あなたが言っている通りじゃなくて、こういうところでノーです」という意味なのです。

たとえば「おはようございます」を英語で「グッド　モーニング」と言われて、「違います、『グッッモーニン』だったら正しい」と返すような否定形です。ですから、「ノー」なのは確かなのですが、はっきり断定するのではなくて、理由がある「ノー」なのです。

このように、インド人の世界はそう単純ではないのです。仏教学、インド哲学の世界でまだ発見されていない一つのポイントですから、でき

れば覚えておいてください。

　イエスが三つありますから、本当ならノーも三つあるはずなのですが、ノーの世界だから例を出して考えるのはすごく難しいのです。

　私が今まで説明したのは、サンジャヤさんの教えとまったく正反対の知識の世界です。物事を理解するためにはこのような知識を得られないと、違うとも言えないし、そうとも言えないのです。

　この人はとにかく、質問したらその人が「まずいことをしちゃった」と思うくらい、何も分からなくなって、頭が混乱して終わってしまうのです。

「サンジャヤさんはご飯が好きですか、うどんが好きですか」と尋ねても、「まあご飯を好きだと思っているならご飯を好きだと言えるのですが、嫌いだったらはっきりと嫌いだと言えますけど。まあ嫌い、あるいはたまたま好きだったら、たまたま好きだとも言えますけど、別にそうだとも思っていないし、また違うとも思ってもいないし、また別な方法で何か言えるともそうでないも思ってもいないし、何か言えるかといってもそうも思ってないのですよ」と、ずっと答えが続いていくのです。だから質問した人は、二度とごめんだということになってしまうのです。

　そうやって、ありったけの認識手段を否定して否定して否定していって、最終的には否定したことも否定するのです。純粋な agnosticism なのです。いい加減なことを言って人を馬鹿にするような詭弁もありますが、そうではなく本当に真剣なのです。

詭弁は役に立たない

　では、なぜ仏教ではこの人のことを否定しているかというと、「結局そんなことで一体全体どうなるのか？」という理由からです。言っていることにはそれなりに理由があるのですが、「この壁はきれいですか」と聞かれて「そんなものは答えられません、結論が出せません」という

調子で世の中のことを全部否定したら、人間には何もないでしょう？

たとえば小さな子供がいて、「おかあちゃん、遊びに行ってもいいですか」と聞いて、「まあ、行ってもいいけど、行かなくてもいいし、部屋にいても別に……」と母親にいろいろなことを言われたら、結局どうすればいいのでしょうか？

最終的には、頭が悪くなるだけで終わってしまいます。いくら高度な哲学でもなんの役にも立たないという点を、仏教は否定するのです。偉い大哲学者のサンジャヤ先生は、「あなたは人間ですか」と聞かれれば、「人間だと思っているなら人間だと答えられますが、あなたが言う通りに人間だと思っていないし、違うとも思ってもいないし……」と、ずっと五つの方向で話していきます。あなたは人間ですかと聞かれたら、答えることは簡単なことでしょう？　でも答えないのです。

一切の苦しみはすべて知識から生じる

そこまで厳密に追求して、最後になぜ知識を否定するのか。そこがポイントなのです。人間の苦しみの問題は知識がつくりますね。
「私はバラモンカーストで神様の子供だ。あなたはシュードラカーストで奴隷だ」などと、同じ人間を差別する。ケンカしたり、いじめたりする。高慢になって他人をけなして論争するし、はては戦争までと、限りがありません。我々のややこしい苦しい世界の問題は、すべて知識から生じているのです。

ご飯はおいしい、パンはおいしくないという好みも知識です。「鶏は食べますが、気持ち悪いからトカゲは食べません」という人は、トカゲを食べる人を下品だと馬鹿にするでしょう。ソーセージは食べても、アオダイショウをぶつ切りにして燻製にして食べたりはしませんね。あれは「ソーセージがおいしい」という知識があるからなのです。我々が喜んで食べるサラミやらソーセージにしても、犬の糞にそっくりではあり

ませんか。ただ見る限りは気持ち悪いのです。

　人間というのは、そんなふうに知識を認めているのだから馬鹿馬鹿しいのです。形が悪い野菜などは日本人は食べませんが、見たら逃げたくなるほどグロテスクな魚のアンコウはすごいご馳走ですね。

　肉でいえば、日本人は、羊やヤギ、鹿の肉はめったに食べないでしょう。でも、この三つの動物の肉は他の国々では平気で食べられています。イスラムの国々だったら、ヤギと羊は毎日のように食べている。でも日本では、肉というと、なんとなく豚と牛と鶏というふうに決まっている。不浄な豚の肉を食べながら、ものすごく格好いい、きれいな生活をしている鹿の肉は「とんでもない、気持ち悪い」と思ってしまうのですね。

　本当は、根拠もないし、なんの意味もありません。でも、自分の知識は正しいと思っているから、そう感じてしまうのです。

　世の中でいえば「白人は偉い、黒人はよくない」とか、そういう簡単な例で考えてもいいのです。昔でいえば、ヒトラーが「アーリア人種たるドイツ人だけが頭脳優秀で選ばれた民族だ。ユダヤ人はとんでもない、ネズミのような連中だ」と思ってしまった結果、どうなりましたか？世界中が残酷な状態になったでしょう。

　一つひとつ厳密に見ると、人間の苦しみはそうやって自分の持つ知識や判断から生まれてくるのです。その点では仏教で言っていることと同じです。だからといって、この人の言っていることはなんの役にも立ちません。この人は簡単な方法で、知識を完全に否定してしまうのです。

　ですが、結局、王様はこんな話を聞きに来たのでなく「修行したら何か報酬でもありますか」という単純な質問の答えを聞きたかっただけなのです。サンジャヤ先生がいっこうに答えようとしないものだから、諦めて帰ってしまいました。

第三部
ブッダの話

❖ 第一の沙門の果報

六人の哲学者とお釈迦様の話の違い

　これまで、アジャータサットゥ王は高名な六人の宗教家たちの話を聞きましたが、誰の話にも満足できませんでした。でも、確かに王様は納得しなかったかもしれませんが、六人の先生方は自分たちの教えの基本的なところを話しただけなのです。

　その先生たちの話は、あまり出典もないし記録もありません。ほんの少ししか情報がないので、できるだけ丁寧に説明しました。ニガンタ・ナータプッタ師が始めたジャイナ教だけは経典がありますが、その経典にしても、教え自体はお釈迦様より古いのですが、経典が成立したのはかなり遅いのです。お釈迦様の時代にあった考え方と、今のジャイナ経典にある考え方とでは、いろいろ違うかもしれません。

　お釈迦様の話を始める前に一つ言いたいのは、お釈迦様がおやりになったことは、六人の先生方と大して変わらないということです。「あなたの教えでは、何か御利益がありますか」と王様に質問されて、お釈迦様も自分の教えの基本的なところを全部説明しました。でもそれを聴いた王様は、それまでのように、満足せずに帰ることにはなりませんでした。それどころかその場でお釈迦様に帰依して、父親を殺したことを懺悔したのです。

宗教の御利益は「心の安らぎ」

　日本語のテキストで、「第一の沙門の果報」というところから見ていきましょう。

　アジャータサットゥ王はお釈迦様に、六人の先生方にしたのと同様に、「みんな仕事をして給料をもらって、楽しく生きているのではないか。

出家者が修行というものをしたら、それなりの結果がありますか」という質問をします。

　その論理のポイントを、まず王様が尋ねたのと同じ立場で説明しなくてはいけません。

　人々は仕事をして給料をもらいますね。でも給料が御利益かというと、それは違うのです。給料をもらうことで、自分と家族を養い、みんなと仲よくして楽しく幸せを感じる。それが御利益なのです。収入を御利益として見てはいけないのです。なぜなら、商売をしなくてもすごく幸せで楽に生きていられるなら、やる人はいません。ですから、御利益の定義は、少し厳密に考えたほうがいいのです。

　たとえば、ヨーロッパでも日本でも同じですが、現代の世界で、我々は宗教から御利益を欲しがります。「病気平癒」「商売繁盛」「家内安全」など言い方はいろいろですが、本心は「心の安らぎ」を欲しがっているのです。仕事が安定していると、心の安らぎがある。そのおかげで収入もあって、楽しく苦労なしに幸せに生きていられます。ですから、最終的に求めているのは「心の安らぎ」だと言えるのです。

　極端に言えば、仕事が不安定でクビになっても、もし頼った宗教に力があって、他の生き方で「心の安らぎ」が見つかるなら、それで一向に構いません。

　つまり、人が幸せで軽々と生きていられることが最終的な目標なのです。そういう観点で見ても、お釈迦様は思考の次元では現代人よりずっと進んでいたのです。

　ですから、もし王様が「修行をして収入があるか」と尋ねたなら、お釈迦様には答えられませんね。でも尋ねたのは御利益を示せるかということですから、お釈迦様ははっきりと、「できます」と答えるのです。

　今までの先生たちは、誰もそのようには答えなかったのです。彼らは王様の視点で世の中を見ようとしませんでした。先生方は「その質問自体も我々には合わない」と言いたかったかもしれません。確かに、御利

益があるかという質問は、非業論を説くプーラナ・カッサパ師にとっては、意味のない質問です。運命論者のマッカリ・ゴーサーラ師にとっては、修行に御利益があるかないかも運命で定められたことです。ジャイナ教のニガンタ・ナータプッタ師にしても、苦行を説くのですから御利益は関係ありません。逆に、死ぬまで修行しなさいと言って、否定しています。それで、六人の先生方に沙門の果報を尋ねても、関係ない答えになってしまったのです。つまり彼らは、アジャータサットゥ王の前で失敗したのです。それとは対象的に、お釈迦様はなんのことなくはっきりと「沙門の果報を示すことができる」と言われるのです。

ブッダの説法は質問から始まる

> 大王よ、できます。それでは、大王よ、その点について、ここでおたずねしましょう。あなたのよろしいように、お答えください。

　お釈迦様は、まずアジャータサットゥ王に質問を出し、それについて自由に答えてもらいます。それは現代の裁判と同じやり方なのです。
　裁判では弁護士がいろいろ質問を出し、証人は「イエス」か「ノー」ぐらいで簡単に答えるか、ほんの少し説明して話を進める「反対尋問（cross-examination）」というやり方があります。その手法をお釈迦様もとるのです。
　人間は勝手にしゃべるとコントロールが効かなくなってしまいます。だから相手に、一つひとつ質問を重ねることで相手の意見を整理し、至るべき結論に至るというやり方をとるのです。
　お釈迦様の教えは、この点でも普通の宗教とは違います。普通の宗教は福音の世界ですから、教祖自身はすごく高いところにいて、神様のご託宣を一方的に押しつけるだけです。知恵のある人が伝える神の言葉で

すから、人々にはそのまま聞くしか道がないし、反論する自由もないのです。

　一方、仏教では、ごく普通に知的に問題をもっていく。相手には反論する自由も、間違っていると言う権利もあるし、疑問を出すこともできます。

　難しいところでは、王様のことは措いておいて、お釈迦様は一人で話すのですが、冒頭のやりとりでは、お釈迦様はその方法で話しています。

「奴隷のたとえ」に隠された仏教の真意

> 　大王よ、つぎのことをどうお考えになりますか。ここに、一人の奴隷(ぬぼく)があなたにいるとしましょう。かれは、奴僕として、早く起き、遅く床につき、何事にも従順で、快く行動し、愛想よく語り、顔色を伺っている者です。そのかれが、このように考えるとします。
> 『ああ、なんと不思議なことであろう。ああ、なんと珍しいことであろう。功徳に行方があろうとは、功徳に果報があろうとは。確かに、このマガタ国の王でありヴィデーヒー妃の子であるアジャータサットゥは人間であり、私もまた人間だ。このマガタ国の王でありヴィデーヒー妃の子であるアジャータサットゥは、五の妙欲を与えられ、そなえ、まるで神のように楽しんでいる。ところが私は、その奴隷であり、奴僕として、早く起き、遅く床につき、何事にも従順で、快く行動し、愛想よく語り、顔色をうかがっている者だ。私も功徳を積めば、きっとあのようになるにちがいない。髪と鬚を剃り、黄衣(こうえ)をまとい、家を捨てて出家することにしよう』と。

　お釈迦様はまず、王様にたとえで尋ねるのです。なぜ奴隷の話を出したかというと、王様にとって身近で分かりやすいからです。

王様というのは、大勢の召使がいて自分では何もやりません。奴隷たちはいつでも王様の顔色をうかがいながら仕事をしていて、大変怖がっています。毎朝早く起きなくてはいけないし、遅く寝なくてはいけない。もう少し寝たいと思っても、そんなことは死ぬまで絶対できません。

　その奴隷の一人が、王様が大変楽しんで楽に生きているのを見て、「彼も私も同じ人間なのに、この差はなんだ」と考えます。「彼には徳がある。だから私も徳を積めばいいのではないか」と思い至って、彼は出家するのです。

　このたとえの王様と奴隷の関係もやはり仏教的です。「誰も同じ人間で平等です。王といえども神に選ばれたものではない」という考え方は当時、世界のどこにもなかったのですが、仏教だけは断固としてそういう考えを持っていたのです。

「王というのは神ではなく人間が決めるものだ。悪いことや人々のためにならない不法行為をするならば、その王を捨てなさい」

　仏教では平気でそう言うのです。ジャータカ物語でも、道を外れて法を犯した王が国民に捨てられたという話を堂々と書いています。

「王は神に選ばれて世界を支配しているから、特別で素晴らしい人間だ」という考え方は、遠い昔でもお釈迦様はすごく嫌だったのです。嫌というより、大変なインテリでしたから、一般的に考えておかしいと言うのです。

　でも人間はいまだに、王家の人々は特別な人間だ、触ってはいけないものだと考えていますね。一般の人が王族と結婚すると、その人に特別な位をあげて貴族にしたりします。でも、そういうことは仏教から見ればあまり意味がないのです。

　王が立派な王として尊敬されるとしたら、彼が仕事をちゃんとやってこそなのですね。ここに隠れているのは、その考え方です。もしも、本当に王が神に選ばれた人なら、このたとえは合わないのです。

王様を選ぶのは誰ですか

　政府というものがどのように生まれたか、ヨーロッパにはいろいろな考え方があります。その一つが「政府は神に決められたものだ」というものです。

　日本のシステムにしてもどんどん発展して、今の天皇制まできましたが、結局は最初から神と大変深い関わりがある宗教の人です。そうすると一般の人々にはどうしようもないですね。それを、仏教でははるか昔に壊しています。「王は人間で、人間に選ばれるのだ」と言っています。

　ですから、王に対して Mahā-sammata という言葉を使います。仏教で政治に対する考え方を表すのによく使う言葉なのですが、mahā はこの場合、「大きい」というよりも「大衆」という意味です。Sammata は「認可された」です。つまり「国民に認められている」という意味ですね。ですから、仏教では選挙制度で王を決めることが可能なのです。人が「あなたは王ですよ」と決めたら王で、「あなたは違いますよ」と決めたら王ではなくただの一般人です。

　このように仏教では、「政府は国民のためのものだから、国民がいつでも優先される」ということをしっかり考えていたのですが、実際に歴史上で、そういう政治はなかったのです。

　我々が知っている民主主義は最近できたものでしょう。それもギリシャの哲学者などが考えに考えて、じわじわとできたものです。イギリスは戦争や殺し合いをして大変苦労したものですから、一応民主主義のシステムがありますが、アメリカのそれは民主主義とはいえないでしょう。いくつかの国々では、苦労してそこまでなんとか来ましたが、今はどんどん資本主義が壊れかけていて、将来はもっと恐ろしいシステムができてくるでしょう。そうすると民主主義も壊れてしまいます。共産主義には戻りませんが、やっぱり違う方向に行くだろうと思います。

　仏教の人々が治世をしたときは、選挙制度はありませんでしたが、お

釈迦様の考え方に沿って「国民に認められるように」ということにとことん気をつけて政治活動をしたのです。それを始めたのが、このアジャータサットゥ王でした。彼からじわじわと続けて、アショーカ王がしっかりとそれを実行して見せたのです。彼は「私は国民の父である、国民は私の子供たちである」という立場でしっかりと治めました。「たとえ自分が便所にいても、国民の問題があればすぐ報告しなさい」というアショーカ王の言葉が、現存する碑文に書き記してあります。「王様は寝る暇もなくて大変です」という文句は彼が認めないのです。「自分のことは措いておいて、まず国民を見なくちゃいけない」。それを言ったのは、アショーカ王が仏教徒になってからです。

サンガは民主主義

　仏教の国々ではそういう政治の伝統がありますから、国民も王制を嫌な制度だとは思いませんでした。王様はすごく仲よくしてくれるし、みんなのことを考えて政治をしてくれます。神ではないから批判もできるし、文句も言えました。そのようなシステムではあったのですが、我々が考える現代的な民主主義というものは歴史上はありませんでした。
　その代わり、お釈迦様は出家の世界で民主主義を二千五百年以上も昔に実現しました。政治ではつくれませんから、自分の弟子たちの中でつくって見せたのです。
　お釈迦様の弟子たちは全員「サンガ」というシステムに属しています。この制度ではいわゆる教祖のようなリーダーはいません。皆平等です。もちろん各自が能力をいろいろ持っていますから、それを活かして活動はします。だからといって「あなたが法王だ」と決めるようなことはないのです。
　現在のタイ国には、僧王という資格（称号）があります。王様とお坊さんたちで会議をして、一番人気のあるお坊さん一人を法王として決め

るのです。いったん決めたら亡くなるまで法王です。でも、特別に権力があるわけではありません。「僧王」として尊敬はしますが、立場としては平等です。総理大臣と国民の関係のようなものですね。

　一般の世界では、リーダーがいないとシステムが壊れるでしょう。でもサンガの集団システムは違います。徹底した民主主義でつくっているから、全員に権利があるからです。どんな権利かというと、サンガの民主主義を「守る権利」です。「壊す権利」はないのです。そのあたりは賢くきまりをつくってあります。

　我々は出家比丘として仏教を守らなくてはいけません。壊そうとすると、サンガの民主主義の世界では自分が追い出されてしまいます。サンガには、たとえて言えば憲法のような「戒律」という法律があります。ものすごくたくさん決まりがあって、それを破ると、サンガのメンバーとしての会員権はなくなってしまいます。

　さらに説明すると、サンガの世界で見習いにあたる「沙弥（しゃみ）」は、教えられた戒律を守るだけなので一人前ではないのです。出家比丘として一人前になる場合は、五戒のような戒律は受けません。その代わりお坊さんたちが「今日からこの人を一人前の出家者として認めるか」と、会議で決めるのです。認められるとその人は一人前の出家比丘として、会員権に当たる証明書をもらいます。自分を比丘として認めたということ、年月日や日時、会議に参加したお坊さんたち——会議を司るお坊さん（羯磨師（かつま））、主宰したお坊さん（師匠、教授師）、承認したお坊さんたち全員がサインをした紙一枚をもらって登録をするのです。そうやって一つの社会に入るようなシステムでサンガに入ります。

　入ってからは、戒律を何も教えてもらわなくなりますが、だからいい加減な生活をしてもいいかというと、そうではありません。戒律の決まりは全部守らなくてはいけないのです。決まりを破ってしまうと会員権は無効になりますから、サンガでは民主主義を守ることはできても、壊すことはできないのです。

また、サンガの選挙制度では、何事も全員一致で決めなくてはいけません。多数決ではないのです。我々はたった三人集まっただけでも、みんなが違うことを言って喧嘩するでしょう。仏教では千人のお坊さんたちが集まっても、何か決める場合は全員一致でなくてはいけないのです。ということは、でたらめや、いい加減なことや、自分の主観で何かを提案しても、それを通すことは一切不可能なのです。大変厳しいのです。そういうわけで仏教は、いろいろ色づけをして宗派に分けたりとか、個人個人が勝手に解釈したりすることはできません。
　そうやって純粋さが厳密に守られるようになっているのですが、きちんとした民主主義ですから、別に堅苦しくはないのです。もしも年上のお坊さんが間違っていれば、堂々とその間違いを指摘して一向に構いません。「年下なのになんでそんなことを言うんだ」などと言う権利はありません。みんなに投票権は一票ずつしかないので、そういうふうにシステムができているのです。ですから、みんな大変気楽に、楽しくいます。
　お釈迦様は本当に民主主義が好きだったと感じますね。カラクリも派閥も認めない、現代にもないほど見事な民主主義です。日本も民主主義の国ですが、政治的なカラクリはいくらでもあるでしょう。ある派閥に入っている人が、二週間したら他の派閥にいたり、「派閥を二つ併せて〇〇党の次期総裁になろう」とか。政治の民主主義にはいろいろありますが、仏教の民主主義ではそれらは認めません。それで世の中が悪くなるのだと言います。
　学問上でもそうです。たとえば近い内容を扱う戒律や経典の専門家が、それぞれまとまって勉強する学派はありますが、単に専門的な勉強をするだけで、派閥はつくれません。歴史の中でいろいろ変化したことも確かにありますが、一応決まりではそうなっているのです。
　さて、少し仏教の世界が広がりましたが、サンガのシステムは皆さんにはあまり馴染みがありませんし、我々も普段進んで語ることもありま

奴隷だった出家者に王様が礼をする

　たとえとしては出てきましたが、本当は当時の王様というのはすごい権力者でした。ですから、王様に向かって「あなたも人間で、私も人間だ」と言ったら、殺されてしまいます。戦前の日本もそうでしたね。「天皇は人間だ」と言ってしまったら、その人は次の日には消えていたでしょう。そういう世界では、このたとえを思いつくことさえ難しいのですが、仏教の立場を言いたくて、わざと入れてあるのです。
「王であっても人間であり、奴隷の自分と何も変わりはない。同じ人間なのにあの人は神のように幸せに生活している、一方私は奴隷として、いつもあの人の顔色を見ながら生活をしなくてはならない。この差はなんだ。すごく徳が高いのが王様なら、私も徳を積んだらどうだろうか」
　このようにごく論理的に考えて、徳を積んでみようと、彼は出家するのです。

>　そしてあるとき、かれは髪と鬚を剃り、黄衣をまとい、家を捨てて出家するとします。かれは、このようにして出家者となり、身を防護して住み、口を防護して住み、意を防護して住み、最少限の食べ物と衣服に満足し、遠離(おんり)を楽しみます。

　ここにある「身を防護する」というのは「身体で悪いことをしない」という意味です。「口を防護する」というのも「言葉で悪いことをしない」、「意を防護する」というのも「悪いことを考えない」という意味です。全部を防護して住み、最小限の食事と衣服に満足し、遠離を楽しみます、という。

この「遠離」という言葉はよく出てきます。注には「離れること、独処（viveka）に同じ」とあります。「遠離を楽しみます」というのは、一般的に言えば、「俗世間から離れた安らぎを楽しむ」ということなのです。

　そのかれについて、臣下たちがあなたに、こう告げたとしましょう。『陛下、ご存知でしょうか。陛下には、…（中略）…一人の奴隷がおりました。ですが、陛下、その者は、髪と鬚を剃り、黄衣をまとい、家を捨てて出家してしまいました。かれは…（中略）…遠離を楽しんでいます』と。この場合、あなたは『その男を私のところへつれ戻せ。再び奴僕として、早く起き、遅く床につき、何事にも従順で、快く行動し、愛想よく語り、顔色をうかがう奴隷にするがよい』と、こう言われるでしょうか

　奴隷制度ですから、いくら逃げても普通はまたつかまえられるでしょう。お釈迦様は王様に「出家してちゃんと修行をしている奴隷でも、報告を受けたらつかまえて還俗させ、また奴隷にしますか」と、尋ねているのです。すると王様はこう答えます。

　「尊師よ、そのようなことはありません。むしろ私どもこそ、その方に挨拶をし、立って迎え、座をすすめるでありましょう。また、衣・食・住・医薬の資具をもって招待し、その方を正しく保護し、防護する用意をいたしましょう」

　普通だったら王様が座っていて、みんなは土下座して礼をするのです。王様が立てば、みんなパッと立つでしょう。でもこの場合は反対に、王

様も自分の席から立って彼を迎え、椅子に案内して座らせ、食事や衣や医薬品もそろえて接待までして、そればかりか、安全に修行できるようにいろいろな面倒を見てあげると答えるのです。宗教を守るのは政治家の仕事だからです。

そこでお釈迦様の答えと質問は次のようなものでした。

> 「大王よ、そのことをどう思われますか。もしそのとおりであるならば、目に見える沙門の果報というものはあるのでしょうか、ないのでしょうか」
> 「尊師よ、そうであれば、確かに目に見える沙門の果報というものはあります」
> 「大王よ、これが実は、私があなたに示す、現世における、第一の、目に見える沙門の果報なのです」

お釈迦様はこの一つの答えで王様をつかまえてしまいます。
「今まで奴隷がお世話役だったのに、出家しただけで、国の王であろうともお世話役にまわったではありませんか。だから目に見える果報はあるでしょう」

これは普通だったら絶対ありえないことなのです。一般人がどんなに偉くなっても、王が立って迎えるということはありえないでしょう。日本の社会でもそうですね。国民にどれほど立派な人がいても、天皇陛下が立って迎えるということはまずありえません。病気になって動けない人の場合は、天皇陛下が気さくにそこに行って話をすることもありますが、立場が変わったわけではないのです。

しかし、世俗の世界では絶対ありえないことが、宗教の世界ですぐ成り立ったのです。これは宗教の世界でしか成り立たない話ですから、明らかに出家の目に見える果報です。一見つまらない例のように思えるか

もしれませんが、そうではありません。一般人にはどれほど頑張っても不可能なことが、宗教の世界でだけは成り立つ。いきなりお釈迦様はそれを言って、出家の果報を王様に軽々と示して見せたのです。

✤ 第二の沙門の果報

俗世間から出家した者が尊敬を受ける

　しかし、王様は奴隷のたとえだけでは満足しません。「ただ単に王に拝んでもらって、守ってもらうことだけが出家の御利益ではつまらない。もっとないのですか」と尋ねるのです。

「…（中略）…大王よ、つぎのことをどうお考えになりますか。ここに、一人の農夫があなたにいるとしましょう。かれは、家長として、租税を納め、富を増大する者です。そのかれが、このように考えるとします。
『ああ、なんと不思議なことだろう。…（中略）…功徳に果報があろうとは。確かに、このマガタ国の王でありヴィデーヒー妃の子であるアジャータサットゥは人間であり、私もまた人間だ。…（中略）…アジャータサットゥは、五種の妙欲を与えられ、そなえ、まるで神のように楽しんでいる。ところが私は、その農夫であり、家長として、租税を納め、富を増大する者だ。私も功徳を積めば、きっとあのようになるにちがいない。髪と髭を剃り、黄衣をまとい、家を捨てて出家することにしよう』と。そしてあるとき、かれはわずかな財産を捨てるか、莫大な財産を捨てるかして、あるいは少しの親族を捨てるか、多くの親族を捨てるかして、髪と鬚を剃り、黄衣をまとい、家を捨てて出家するとします。かれは、このようにして出家者となり、身を防護して住み、口を防護して住み、意を防護して住み、最少限の食べ物と衣服に満足し、遠離を楽しみます。そのかれについて、臣下たちがあなたに、こう告げたとしましょう。『陛下、ご存じでしょうか。陛下には、家長として、租税を納め、富を増大する一人の農夫がおりまし

た。ですが、陛下、その者は…（中略）…出家してしまいました。かれは…（中略）…遠離を楽しんでいます』と。この場合、あなたは『その男を私のところへつれ戻せ。再び家長として、租税を納め、富を増大する農夫にするがよい』と、こう言われるでしょうか」

「尊師よ、そのようなことはありません。むしろ私どもこそ、その方に挨拶をし、立って迎え、座をすすめるでありましょう。また、衣・食・住・医薬の資具をもって招待し、その方を正しく保護し、防護する用意をいたしましょう」

「大王よ、そのことをどう思われますか。もしそのとおりであるならば、目に見える沙門の果報というものはあるのでしょうか、ないのでしょうか」

「尊師よ、そうであれば、確かに目に見える沙門の果報というものはあります」

「大王よ、これが実は、私があなたに示す、現世における、第二の、目に見える沙門の果報なのです」

　お釈迦様は次に、インドにたくさんいる農奴のたとえを出します。インドは大きい国ですから、先祖の代から何百年もそこに住んで、同じ田畑を耕している人たちが大勢いたのです。でも土地は農民のものではありません。そういうシステムは今もあるようですが、彼らはいくら働いても、できたものは地主に全部差し出さなくてはいけない。自分がそこで労働することで生計を立てているのです。このような農民には逃げるところはないのです。こんな生活が嫌になって逃げ出しても、何も持っていないのだから乞食になるしか方法はない。「土地を売って、それを元手に商売をしたい」と思ってもインドでは不可能です。だから農奴の子供は、大きくなってもその土地を耕して生活するしかないのです。
　王様は大地主ですから、そのような人々をたくさん抱えていました。

代々王様の田畑を耕して生活して、奴隷とほとんど同じ人々です。我々にとっては奴隷の例とダブっているような感じがしますが、王様には分かりやすい例でした。

　この話のポイントは、出家しただけで世俗の普通の人々より、尊敬される立場になってしまったということです。でも、ここで気をつけてほしいことは、出家というのは、単なる形ではないことです。頭を剃っただけで尊敬されたという甘い話ではありません。お釈迦様はそのところにも気をつけています。

「僧衣を着たら尊敬されるだろう」と思っている人もいますが、お釈迦様が言う出家は、ことがあると服を変えて尊敬してもらい、終わると洋服に戻って普通の仕事をする人々ではありません。はっきりと言っているのは、出家した彼が身体の行為、言葉や考え方をちゃんとコントロールして、悪いことも考えない。それから、身体を守るために最低最小限必要のもので生活して、心は欲世間から本当に離れているということ。現代に見られるような、法事のときだけ法衣を着て、終わったら洋服という世界ではないのです。そういう人は俗世間から離れているとは言えません。未練があったり溺れているような状態ですから、お釈迦様の考える出家ではないのです。出家というのは本当に俗世間から離れてまったく未練もなし。離れたことを楽しむことです。実はポイントはそこなのです。そういう人なら、社会からもすぐ尊敬されてしまいます。

　これは日本でもヨーロッパでも同じです。ある人が本当に俗世間や欲から離れて、キリスト教の世界でいう monk（清貧・貞潔・従順を誓った修道士）という状態になって質素に生活すると、みんな尊敬するのです。日本にしても同じことです。俗世間から離れて、欲もなく、世間になんの興味もなく、修行だけして質素な生活をしている人を見たら、素晴らしい人だと思うでしょう。そういう考え方は一般的です。でも裏で何か悪いことをやってしまうと、「あの人はインチキだ」とすぐに批判されて、尊敬も消えてしまいます。

だから出家して尊敬を受けるには、本物の出家でないといけない。ただ単に服を変えたとか髪の毛を剃ったとかはなんの意味もないということです。そのポイントは三回ぐらい続けて繰り返しています。

❖ さらに優れた沙門の果報

「智慧の世界」は曖昧ではありません

> 「尊師よ、これらの目に見える沙門の果報よりも、さらに優れ、さらに勝った、現世において目に見える沙門の果報を、他にもまた、示すことができましょうか」
> 「できます、大王よ。それでは大王よ、聞いて、よくお考え下さい。お話しいたしましょう」

　ここからお釈迦様は、純粋に仏教を語っていきます。六人の先生たちと同じく、徹底的に仏教の基本のことを教えていくのです。ですから私たちが仏教の基本的な思想を理解するためにも大変役に立つ内容です。

　ここからは、王様に質問したり、「あなたは答えてください」ということもありません。「私はしゃべります。あなたは聞きなさい、理解しなさい」と、お釈迦様は一方的に仏教の世界を話していきます。しかし王様が知りたいポイントは外さず、きちんと「こういう果報もあります、こういう果報もあります」と押さえていくのです。

> 「わかりました、尊師よ」…（中略）…
> 「大王よ、この世に如来が現われております。それは、阿羅漢であり、正自覚者であり、明行足であり、善逝であり、世間解であり、無上士であり、調御丈夫であり、天人師であり、仏である世尊です。かれは、この神々をふくむ、魔をふくむ、梵天をふくむ世界を、沙門・バラモンをふくむ、天・人をふくむ衆を、自らよく知り、目のあたり見て、説きます。かれは、初めもよく、中間もよく、終りもよい、内容もよ

く、形式もよい、完全無欠で清浄(しょうじょう)な法を示し、梵行を明らかにします。

　これだけでも説明すると膨大な時間がかかります。第一章で、お釈迦様がブッダになったということはどういうことか、少しだけ触れましたね。これらは、お釈迦様の智慧の世界を表現した言葉です。
　仏教でいう智慧の世界は、大ざっぱさや曖昧さはなく、とても明確です。このことは、初期仏教ではいつでも大事なポイントです。宗教の世界といえば昔から今に至るまでとにかく曖昧なのですが、初期仏教ではブッダが「悟りました」と言ったら、それはどういうことで何を知っているのかを明確に語ります。「正自覚者である」こと、つまり「完璧に悟りました」「完璧に智慧を開発しました」というのはどういうことなのか、ものすごい説明があります。ここはそれを言っている段落です。

人生の目的は人格完成で終了する

　最初の「阿羅漢である」。Arahant というのは、「人間として人格を完成しました」ということです。我々は生命としてみんな不完全でしょう。ですから仏教でいう宗教の目的は、不完全な人格を完成することです。人間は、ご飯を食べるためや、会社で仕事をするために生まれてきたわけではないのです。子供を育てるために生まれたわけでもないのです。ほとんどの人がそう思っているようですが、それは勘違いです。それらはそれなりに手抜きもしますが、本当に「なんのために生まれてきたか」というと、やっぱり未完成で未熟な人格を完成するためです。それが生きることの目的なのです。
　「なぜ生きているか」と聞かれたら、たとえば二百年も三百年も続く古い家に生まれた人なら「家を守るためだ」と平気で言ったりするでしょう。「私はこの家で生まれたから、家と家のしきたりをちゃんと守って、

子供に伝えます」と。これはとんでもない話です。そこに生まれた人にとってはいい迷惑です。誰も家を守ったり、子供を育てるために生まれてきたわけではないのです。本当の仕事ではないけれど、そういう立場に生まれたから、それぞれのすべきことはやっているだけのことです。

　もっと基本にある仕事は、自分の人格を完成することなのです。それには自分の心を見続けながら、いけないところを見つけ、一つひとつ直していかなくてはません。怒りっぽいなら怒らないように、欲張りだったら欲をなくすように、嫉妬深いなら嫉妬をなくすように、と工夫する。そうやって毎日仕事があるのです。死ぬ瞬間まで仕事はあります。終わるのは人格を完成したときなのです。「もう終わりました、完成しました。直すところはありません」というところまで頑張らなくてはいけないのです。

　ですから仏教から見れば、宗教の目的ははっきりしているのです。天国に生まれ変わるためでも、成仏するためでも、極楽浄土に行くためでもないのです。そんな話は聞こえがいいだけでなんの根拠もない話です。

本業は自分の心を見て磨くこと

　どんな人も、本当は自分の心を自分ではっきり知っているのです。偽善ばかりで、どうしようもない人間だと分かっている。建前と本音とはずいぶん違うのです。これは、誰でも分かっている具体的な事実でしょう。

　たとえばある人に対して、すごくニコニコと丁寧に挨拶しながら、心の中では早く消えてほしいと思っていることもあるでしょう。自分は、その人の性格を受け入れられないぐらい弱みを持っているのです。我々の心はガタガタなのです。自分が嫉妬深いか、怒りっぽいか、欲深いか、怠け者か、それは具体的に分かるのですが、それを一日で直すことはできません。そもそも一日で直してやろうと考えることも、巨大な欲です。

ですから、じわじわとしっかり、磨いて磨いて、直して直して完成していくのです。

　このように、仏教から見れば「なんのために生きていますか」という問いには、はっきりと答えがあるのです。しかし、現代に生きる我々はそれが分からず、「なんのために生きるのか」と悩んだり、反社会的な行為をしたりするのです。そんなことをするより、初期仏教が語る生きる目的を理解して、実践した方がよいのではないかと思います。

　お釈迦様の教えを聞いて育った人々は、あまりそのような質問はしません。畑の仕事でも会社の仕事でも、「そんなものは一時的な仕事だ」という感じでやっているからストレスもたまらないのです。課長に怒られても、「会社にいるときだけだから大したことはない」という感じですね。堂々としているのです。家族をつくること、仕事をすること、それらはすべて副業で、本業ではないことを知っているのです。ですからなんのために生きているのか、という疑問さえ出てこないのですね。

　みんながみんなというわけではありませんが、少しでもこれを理解している人々はめったなことではめげないし、しっかりしているのです。不幸に遭おうが、幸福になろうが「そんなものは副業で、本業ではありません」と、とてもクールに生きているのです。だから本業は、自分の心を見て磨くことです。阿羅漢という言葉は、その本業を完成したことを表す言葉です。

ブッダはなぜ神々の先生ですか

　お釈迦様を表す言葉はいろいろありますが、その一つに、「天人師（てんにんし）」という言葉があります。わざわざ「人間と神々の先生だ」と言っているのです。それを聞くと「では、本当に神々はいるのですか」と困る人がいるかもしれません。でも「やっぱり神々はいるんだ。では拝みましょう」と考えると変な方向に行ってしまいますから、そこはすごく気をつ

けたほうがよいのです。

　仏教では、生命はすべて平等と考えています。神がいるかいないかではなく、神様であろうが、偉いとは思っていないということです。奴隷のたとえで王様に言った「あなたも人間です。私も人間です」という言葉と同じように、神々に対しても「あなたがたも生命です。私も生命です。あなたは徳を積んで神になったのです。だったら私も徳を積んだら、神になれるでしょう」という立場なのですね。

　生命にとって本業は人格を完成することです。神になってもまだ人格は完成していないでしょう。ですから神や梵天、悪魔になろうとも、人格が完成しない限りは我々と同じように仕事があるのです。そこで人格を完成したブッダが、神々に指導するのです。そういう論理によって、平気で「神々、梵天、すべての人々の先生です」と言うのです。

全知宣言はブッダの誇大宣伝ではありません

　　かれは、この神々をふくむ、魔をふくむ、梵天をふくむ世界を、沙門・バラモンをふくむ、天・人をふくむ衆を、自らよく知り、目のあたり見て、説きます。

「神々、梵天、悪魔を含んだ世界のすべてを知り尽くしている」とはどういうことでしょう。

　ほとんどの人々は副業だけで人生を終え、本業のことを考えもしないのです。天に生まれても同じことで、人格を完成しようなどとは思いもしないのです。だから仏教では、悟った人から見れば全部知っていることだと、なんの遠慮もなしに言います。でも、それは暴言ではないのです。宗教でよく使う、聞こえのいい宣伝文句でもありません。

　たとえばこんなことを言うと、ものすごく失礼に感じる宗教的立場の方々もいるかもしれませんが、キリスト教で「処女マリア様が懐胎して

生まれたイエス様は神の子ですよ」というのは宣伝文句なのです。論理的に見れば、「神の子」がわざわざ人間のお腹から生まれる必要はないでしょう。「神の子」は、不倫の結果、未婚の女性からイエス様が生まれたという事実を隠すための宣伝文句だと言えるのですね（理解しやすくするための暴論です。冒涜の意図はありません）。一方、「ブッダは人間と神々の先生です」というのは宣伝文句というより、そこに仏教の基本的な考え方があるのです。それは生きる目的に対する仏教という宗教の哲学なのです。それを人が認めるかどうかは別の話です。

「人格完成」は仏教哲学の基本です

　仏教という哲学から見れば、生命の生きる目的は人格を完成すること、つまりありったけの煩悩をなくすことです。「煩悩は人格の欠点をつくりだす原因ですから、それを全部取り除きましょう」という視点で、一切の生命を平等に見ます。神々でも誰でもみんな副業だけやっていて、それで精一杯なのです。だから世の中には、たとえ神であろうとも、人格完成者はいません。それは分かり切っているのです。たとえば聖書には「glory of God」という言葉があります。これを見れば、神が自分を褒めたたえさせるために人間をつくったということが分かるでしょう。神も褒められると機嫌がいいし、そうでなければ腹が立って、人を地獄に落としてしまう。これでは人格は完成しているとは言えませんね。聖書が厳密に記録した正しいものだと主張するなら、そのことで、自ら神様が人格完成者であることを否定することになるのです。イエスの生まれ変わりも百人以上承認したし、証拠もあるし、厳密に記録しているから間違いはない……と主張しても、仏教から見れば、それが正しいと認めるほど、誰一人も人格は完成していない、完成しようともしないと分かるのです。

　仏教では、人格を完成することは道であって、それをやりなさいと言

っています。自分の怒りを棚に上げて、天にまします神様を褒めたたえる人々よりは、微かな怒りですら、なくそうと努力している人のほうが偉いのです。奥さんと毎日ケンカする人が、どうすればしないようにできるかと努力することは立派なのです。それが仏教の立場です。

　そういうポイントは、仏教の経典の至るところに書いてあるのです。「たとえ指を鳴らす瞬間だけでも慈しみは育てなさい。慈しみを育てた人は神よりも偉いのだ」と、それぐらい褒めています。仏教ではいかに人格完成を高く評価しているのかということなのです。

理解によって確立した信仰に疑いはない

　だから仏教では、たまたま仏教の家に生まれたからといって、仏教徒とは認めません。仏教で「信仰を確立する」ということは、お釈迦様の言葉を聴いてしっかりと理解し、明確に分かることです。そうなれば悩むこともないし、疑いもないのです。誰かが超能力を見せるとか、ハンドパワーを入れた水を飲んでたちまち病気が治ったとか言うと、みんな驚くでしょう。でも、そんな話をいくら聞いても仏教を明確に理解している人は「ああそう」で終わってしまうのです。

　キリスト教の人々が聖書を信仰しているように、仏教徒はお釈迦様の言葉を、それこそ絶対的だと信仰しているのです。形は似ているけれど、我々のやり方は「お釈迦様の言葉だけは触るな」というものです。自分の解釈をしないでそのままを理解しようとするのです。それは神の言葉だからではなくて、お釈迦様が真理を自分で発見し、正しく語っているという確信からきているのです。実際、お釈迦様も「こんなふうには他の人にはしゃべれません。完全に説法している」とご自分で自慢するのです。

　　かれは、初めもよく、中間もよく、終りもよい、内容もよく、完

無欠で清浄(しょうじょう)な法を示し、梵行を明らかにします。

このような言葉があります。完全無欠というのは人格を完成するということで、何一つ欠点はない梵行（実践方法）を教えているのだとおっしゃるのです。

仏教の出家は「逃げ」ではなく人生の追求です

> その法を、家長や家長の息子、あるいは他のいずれかのカーストに生まれたものが聞きます。かれはその法を聞いて、如来に対する信仰を得ます。その信仰を得たかれは、このように観察します。『家庭生活は煩わしく、塵垢(じんく)の道である。出家生活は露地のようなものだ。…（中略）…』

ここで書いているのは、人がなぜ出家するかというポイントです。

皆さんも本心では「こんな楽しい人生なのに、なぜ出家するのか」と思っているのではありませんか？　人生に失敗した人々が、「いいえ、本当は人生は楽しくはない」と言ってみても答えにならないのです。

会社でリストラされて山にこもって修行したりする人がいますが、それは出家とは言えません。もし会社でリストラにならなかったら絶対しないでしょう。つまり彼らは人生に負けて逃げているのです。出家ではなく「逃げ」ですね。昔、子供を大学に裏口入学させたのがバレた、あるタレントさんが、しばらくテレビ番組から姿を消したことがありました。半年間くらいどこかのお寺で修行していたのですね。それで罪滅ぼししたことにして仕事に復帰したのですが、そういうのも出家ではありません。名誉が傷ついたら世間から逃げ出して、風向きがよくなれば戻るというのは、子供が外に行って遊ぶことと同じなのです。子供がいく

ら外で夢中になって遊び呆けていても、ちょっと怖いなと感じたら、「おかあちゃーん」と言いながら戻ってくるでしょう。出家といっても大体そんな現象なのです。

　お釈迦様がここで言っている出家は、そういう逃げではありません。まず、お釈迦様が言われた真理を聞いてそれを理解して、納得する。このことを仏教では信仰（確信）というのです。証拠があるかないかは関係なく鵜呑みにすることを信仰という場合もありますが、仏教は理不尽な、証拠のないことは言いません。人間には理性がありますから、言われたことを理解するくらいのことはできるでしょう。

出家は本業完成の第一歩

　なぜ出家するかというと、せっかく確信を得た人が、人格を完成しようと思ったところで、副業で忙しくて暇がない。それだけのことなのです。朝起きたら「あれやらなくちゃ、これやらなくちゃ」と、次から次へと寝るときまでやることがあって、一瞬も暇がないでしょう。翌朝はまた早く起きなくてはいけないから、ゆっくり寝ることもできないのです。起きたらすぐまたエンジンをかけて、歯を磨いて、服を着て、料理を作って、また仕事に出て……。大変でしょう。しかもそれは死ぬまで終わらないのです。

　ときどき、「あと八年経てば子供が十六歳だから手を抜ける」などと、若い奥さんたちが計算しますね。でも、そんなことはないのです。十六歳になれば、十六歳なりのトラブルや問題が出てきて一日も暇がない。子供が社会人になって家族をつくった頃には、今度は自分たちがおじいちゃん、おばあちゃんです。もう老齢ですから身体が自由に動かないし、いろいろなところが故障している。それを治しに行っても、いくら治しても治しきれない。こんなわけで人間は死ぬまで副業で毎日忙しくて、本業には暇がないのです。ですから、本業に手をつけるためには出家し

なくてはいけないのです。そこはすごく合理的に言っているのです。

　たとえば、怒りと欲は欠点ですね。それを家族と一緒にいながら直そうと思ったらできるでしょうか。子供に怒らなければどうなるのですか。欲がなくて商売できますか。自分がいろいろ品物を作って売っていたら、本当にお金がなくて困っていて、かわいそうな人が来ても、ただであげるわけにはいかないでしょう。商売だったら追い返さなければならないのです。

　だから「本当に心を清らかにしたい、本業に励みたい」と思ったら、当然の答えとして、出家という生き方が出てくるのです。世間で言う出家と、仏教の出家の立場はその点が違うのです。仏教で昔、出家した人々はすごい哲学者たちで、真剣な人々でした。今はちょっとしたお祭りになっていますが、昔はもっと真剣に「こんなことをやっている暇はないのだ。俗世にいても汚れが増えるだけで消えなくて、きりがないから出家しなくては」ということで出家したのです。

　ここではその仏教的な出家のことを語っているのです。先に出てきた奴隷と農奴のたとえは仏教的な出家ではなくて、一般的な出家の話です。仏教的な出家をした人々は、パーティモッカという戒律で自分を守ることになります。

戒律は出家者を守る

> 　このようにして、かれは、出家者となり、パーティモッカの防護によって守られ、正しい行ないと托鉢場所をそなえて住みます。ほんのわずかな罪にも恐れを見、もろもろの戒律条項を正しく受持し、学びます。善き身の行為・口の行為をそなえ、清らかな生活をし、戒をそなえ、もろもろの感官の門を守り、念と正知をそなえ、満足しています。

「パーティモッカの防護」というのは「人格を完成するためにある戒律」のことです。Pātimokkha とは「解脱を目的とした自分を守るための生き方」という意味を持つ戒律なのですが、この訳ができなくて、漢訳仏典では「波羅提木叉」と音写しています。学者たちがなぜ意訳できなかったのかというと、「pātimokkha」はサンスクリットで prātimokṣa ですが、この「prāti」は普通「対立して、反対」という意味に使われる言葉で、「mokṣa」は「解脱」です。だから「解脱に逆らう生き方」だと考えてしまった。困った昔の人々は、そのまま波羅提木叉という漢字を当てたのですね。しかし、ここで使われている「prāti」は、「正しく守る」という意味です。ガードがかたいことです。ガードして真ん中にある解脱を守る、という意味で prātimokṣa と言うのです。

考えれば分かることですが、「出家」するのは煩悩だらけの俗人です。いくら出家して解脱を目指していても、俗人と同じことをしていればズルズルと煩悩に引かれてしまい、絶対に悟れないのです。それなら、俗世間の人々がやっていることを出家はやってはならないと決めて、俗世間から出家をガードする。それが戒律です。

別に俗世間でやることに罪があるわけではないのです。たとえば、ちゃんと仕事をして子供や奥さんを養うのは当たり前で、悪いことではないでしょう。家族を守ることも会社に行くことも、商売することも、それで儲かることも、在家の人々の普通の生き方だから、なんのこともないのです。でも出家者はやってはいけません。これは家族があることが罪だという意味ではありません。でも、出家者が在家の生き方をしていては、心は汚れたままなのです。もし出家して商売を始めたら、欲はなくなるでしょうか。やっぱり普通の商売人と同じように経済第一に考えて、会計士を雇ったり、ときにはあれこれカラクリまでやらなくてはいけないのです。そんなことを続けていて解脱できるでしょうか。

ですから、よくテレビの宗教番組で「南アジアの仏教国では、大の男が出家すると経済活動は何もしない、だから国が豊かにならないし発展

もしないのだ」などと文句を言っていますが、仏教の戒律には誰も口を出してほしくないのです。仏教を知らないから分からないのは当たり前ですが、戒律を知らずに勝手なことは言ってほしくないのです。

　出家者は経済活動はしません。また結婚もしません。経済活動と同じく、結婚が罪というわけではないのです。結婚は相手を好きでなければできませんが、好きということは欲です。欲は心の汚れです。ですから、人格を完成しようと出家したのなら、やめるしか方法はないというだけです。

　そういう論理で、仏教の戒律はきれいに成り立っています。それをまとめて「パーティモッカ＝完璧に包囲して解脱を守っている」とお釈迦様は言っています。対立するものから解脱を守るという意味ですね。たとえば軍隊なら、国を守るために、自国と同盟国の人々は味方で、それ以外の人々は敵だと決めるでしょう。それが軍隊の守る基準です。プラーティモクシャという場合も、その論理で反対または対立という言葉を入れているのです。解脱は味方で、解脱に関係ないものは全部敵ということで戒律を成り立たせて、解脱を守っているのです。

　出家者は、そのプラーティモクシャという戒律に守られて、行儀よく振舞い生活する。わずかな間違いでも犯さないように戒律の項目を守ります。食べるために、生きるために悪いことはしない。生活は清らかである。眼耳鼻舌身意をちゃんとコントロールするのです。

　しかし、それだけでは足りません。お釈迦様はもう少し、他宗教と仏教の違いを説明しようとします。多くの宗教がある中で、「なぜ仏教か」「やはり仏教だ」という答えを、仏教側が言わなくてはいけません。宗教はインドで六十四もありましたから、他宗教には見られない仏教の優れた特色を言うのです。

❖ 出家の倫理的な生き方①──小戒

命をかけても他の生命を慈しむ

　ここで説明するのは、仏教の優れた特色です。実はお釈迦様がやっているのは他宗教批判なのですが、誰もそうだと気づかないほど巧みに語られているのです。仏教を研究する学者にさえも、ブッダが他宗教を批判しているのを見破ることができないのです。理由は、論理的に事実に基づいて語っているからです。でもここは、お釈迦様が他の宗教を批判していることが分からないと、仏教がいかに優れている宗教かも納得いかないところです。

　これから「小戒」の中で、他宗教にはない特色をいくつか説明します。

> 　大王よ、比丘は、殺生を捨て、殺生から離れている。棒を置き、刀を置いている。恥じらいがあり、慈愛があり、すべての生き物を益し、同情して住んでいる。これが、比丘の戒です。

　「比丘は殺生を捨て、殺生から離れている」。これは有名な戒律ですね。次の言葉は、「棒を置き、刀を置いている」。殺生しないだけではなくて、もっと深く「棒を置いておく」と言うのです。いわゆる「武器を持たない」という論理です。ここでの武器は棒と刀だけですが、人間は自分を守るためにいろいろ武器を持っているでしょう。その武器を使って何をしているかというと、他の生命をいじめているのです。

　仏教で殺生戒というのは武器を置くことです。つまり、自己防衛さえしてはいけないのです。ここで普通の宗教との差が分かると思います。ジャイナ教でも殺生はやめましょうと言っていますが、それほど明確には言わないのです。仏教では殺生をやめる。すなわち、一切の武器を置

くことだと明言しています。

　出家はいろいろな悪霊から自分を守るために、ちょっとしたお守りを身につけたりします。ミャンマーならいっぱいあるし、タイも迷信的なお守りがきりもなくあります。スリランカも負けてはいません。初期仏教を実践するこの三つの国でさえ、悪霊から自分を守るお守り文化があるのです。しかし、武器を置くといえば、お守りを武器にして悪霊を脅すことさえもよくないので、お守りも置いておいた方がよいのです。ですから、実は出家はお守りを身につけてはいけないのです。

　たとえば、お坊さんが自分の邪魔をするいろいろな悪い霊から自分を守るために、お守りを身につけているとします。悪霊が人間をいじめようとしたが、お札を見たら、悪霊がみんな怖がって逃げ出した、などという話は、中国の物語の世界にたくさんあります。厳密に言うと、お守りも一つの武器なのです。物語は物語としても、厳密に言えば出家には微かなお札もお守りもいりません。持てば、何か他の生命を脅すことになるからです。

　日本人にはあまり馴染みがありませんが、インド文化の世界では、いろいろな種類の霊が当たり前にいるのです。不幸を招く「悪霊」や、とても親切に守ってくれる「守護霊」などの考え方は、ごく普通にあるのです。「あの場所には悪霊がいる。でも別の場所には大変素晴らしい守護霊がいる、幸福の霊がいる」と人々は思っているし、生まれた場所、生まれた時間によって人間の幸福が変わるなど、言い伝えはいっぱいあります。いろいろな呪文を唱えたり祈祷をやったりしますし、お守りを作って自分を守ったりするのです。

　スリランカでは、子供だけがかかる特別な病気があります。人々はそれに〔子供に来る病気〕という名前をつけ、ある悪霊が子供に乗り移ったら、その子が病気になり、死んでしまうと考えているのです。そこで、その病気から赤ちゃんを守るために、玄関に「〔子供に来る病気〕は今日ではなくて、明日ですよ」というお札の看板を書いておくのです。そ

れでなぜ赤ちゃんを守れるかと言うと、その悪霊が赤ちゃんがいると家に来ても、看板を見て、「今日じゃないのか」と言って帰る、とただそれだけの理由なのです。翌日来ても、看板は同じだからまた帰る、というわけです。それで子供は守られます。そうやって大体十歳から十二歳になったら、その病気にはかからなくなります。

　それを小さいときに聞いて、私は笑ってしまいました。霊に文字が読めるかという問題もありますし、それぐらいでだまされるかという問題もありますね。それでも、スリランカの人々は真剣でした。「悪霊が来ると子供がその病気に必ずかかるなら、どんな工夫でもして守ろう」という考えで、大人たちがそんな看板を書いて悪霊をだまし、子供を守ってきたのです。

　これに限らず、スリランカの祈祷は、ほとんどだますものなのです。何か冗談で考えているみたいですが、すごく上手に霊をだまします。タイではもっと真剣です。

　でも、出家者は本当はその程度のお守りもいらないのです。自分が病気にかかって霊が来ても、お守りを持っていると怖がって逃げるでしょう。それぐらいも脅しなのです。ですから、在家には大丈夫ですが、本業をやる出家にはよくないのです。そうはいっても、実際は多くのお坊さんたちがお守りを持っているのです。出家もみんな人間ですから、ごく一般的なその国の文化を持つ人々です。お坊さんたちがいろいろなお守りを身体につけているのをからかって怒られたことが、私はいっぱいあるのです。

　殺生をしないことだけでなく、武器を置くこと、つまり生命を脅さないということは、仏教だけにある出家の戒律です。自己防衛もしないのです。

　それから、「恥じらいがあり、慈愛があり、すべての生命を益し、同情して住んでいる」。お守りにしても、本当は「誰かを脅しているのではないか」と恥じるべきなのです。守ってもらうのではなく、生命を守

ってあげる生き方が「不殺生戒」なのです。守ってもらうことを恥じ、すべての生き物に対して慈しみを持つことです。

このように、仏教の戒律というのは、殺生戒たった一つとっても、とても高度で広大な人生論であり、哲学です。すべての生命に慈愛と同情を持って生活するのが比丘の戒律である、ということです。

もしも仏教の戒律が分からない、うるさいと思うなら、小戒の項目を一つひとつ、きちんと読んでみてください。まったくうるさいことはなく、とてつもなく高邁な哲学を教えているのが分かると思います。

与えられたもの以外は取らない生き方

次に「盗むな」という戒律があります。

> 与えられないものを取ることを捨て、与えられないものを取ることから離れている。与えられるものを取り、与えられるものを待ち、盗み心がなく、自ら清潔にして住んでいる。これもまた、比丘の戒です。

これはものに関する戒律です。我々にとってものは必需品ですね。生きるためには食べ物・服・家・家具などだけではなく、ボールペンやメモ帳まで必要です。他に必要なものやサービスを買うためにお金も必要です。ですから、在家は必需品を買うお金を仕事して得なくてはなりません。また、親の財産など相続するものもあります。しかし、出家は文字通り家を出た者ですから、相続するものはないし、仕事もしてはいけないのです。仕事をして生計を立てるのは在家の行為です。出家者も必需品がなくては生きていられませんが、使用するのは自分に与えられたものでなければなりません。

与えられたもの以外は取ってはいけない、盗んではいけないというの

は、在家の仏教徒も同じです。「与えられたもの」というのは、もらったものという意味ではなく、自分がその分だけ仕事をして合法的に得たものという意味です。仕事で社会にいくらか貢献した分を我々は世界から頂く。それは自分のものですから、安心して楽しく使えばいいのです。合法的に得た財産に対しては、プライドや達成感を持っていても構わないのです。

　ときどき若者が、贅沢な外車に乗ったりしますね。昼も夜もせっせと働いてお金を貯め、好きな外車を買って「どうだい、俺の」と得意がって女の子に見せびらかしたりする。そういう贅沢は一向に構わないし、見ているこちらも楽しいのです。なぜかというと、自分の努力で買ったものだからです。でも、帳簿をごまかしたり悪いことをしたりして一千万円の外車を買って威張るとしたら、これは褒められません。恥じるべきなのです。贅沢は悪いことでありませんが、その分は自分で世界に貢献しなさいという意味で「与えられてないものは取ってはいけない」というモラルが成り立つのです。

「盗んではならない」という戒めの意味は、一人ひとりが使用する必需品は、自分の努力で、社会に何かを貢献したことに対する報酬であるべきだということです。「偸む勿れ」と簡単に言えるところを「与えられてないものを取ってはいけません」としているのは、回りくどくするためではなく、モラルの意義を表しているのです。

「盗み心がなく、自ら清潔にして住んでいる」という文でさらにこの意義が明確になります。食べるもの、着るもの、住むところ、薬、他の必需品は合法的に得た報酬なのです。それで、身体を維持管理して命を支えているのですから、自ら清潔なのです。汚れたものを食べると身体が悪くなったり病気になったりするのは当然ですね。ここで言っているのも似たようなことです。道徳を犯して食べていると、身体自体も不浄で不善ということです。表面的にいくら格好よく、美しく見えても、身体を維持するために使用するものを得た手段が不善なら、身体は醜く、臭

いというふうに言えばもっと理解できるでしょう。

次の戒律を説明してみましょう。意味は分かりやすいと思います。ここでもまた、釈尊はこのように詳しく説かれるのです。

俗世間では行い難い清らかで優れた生き方

> 非梵行を捨て、梵行を行ない、非梵行から離れている。性的行為や粗野な慣行を離れている。これもまた、比丘の戒です。

「梵行(ぼんぎょう)」と日本語訳されている言葉はbrahmacārī(ブラフマチャーリー)といい、「優れた生き方」「清らかな生き方」という意味です。一般的な、俗世間的な生き方は「abrahmacārī(アブラフマチャーリー)(非梵行)」になるのです。でもそれだけでは、道徳・戒律としての意味ははっきりしませんね。曖昧に「よい生活をしましょう」と言われても、「それはどのような生き方なのか」という疑問が生じます。また、自分勝手に理解してしまう可能性もあるのです。ですから、釈尊は次に梵行の意味を明確にしています。

俗世間では妻帯して、性行為を行いながら家庭を築くのが一般的な生き方です。でも出家は俗世間より優れた、俗世間に実行できそうもない生き方をしなくてはならない。ですから性行為そのものを戒めるのです。そして次に「性行為」という行為そのものを純粋に考察するのです。単に「性行為」と言う場合は動物も同じ方法で子孫をつくっていますね。でも人間は、妻帯しなくても、快楽目的で性行為をすることがあります。それは、決して品格のある行為とは言えません。ですから、それを区別するために、性行為に「粗野な慣行」という言葉をつけるのです。

人格を高め人の役に立つ言葉を語る

次に出てくるのは言葉に関する戒律です。

> 妄語(もうご)を捨て、妄語から離れている。真実を語り、真実と結ばれ、正直で、信頼され、世間を欺くことがない。これもまた、比丘の戒です。

妄語とは嘘のことです。嘘を捨てて、嘘から離れると二つの単語を強調するために使うのです。「嘘をつくのはやめる」というほうが日本語的ですが、これは仏教用語です。不潔で、汚いゴミなどは、いとも簡単に捨てるでしょう。捨てたらいい気分になりますね。それと同じように、嘘という不潔で汚い行為を捨てるのです。そして近づかないことで、清らかな気分になるのです。

ただし、嘘をつかないことだけを言われると意味が曖昧になって、実践する比丘は困ります。そこで、しゃべるべきことを肯定的に語って意味を定めています。「真実を語り、真実と結ばれ」という言葉がそれです。気分の赴くままに会話をするのは俗世間では別に普通ですね。でも、出家にはふさわしくないのです。出家が語るものは事実、真理でなくてはならないのです。その場合は聞いた人の役に立つからです。ただし、事実や真理、本当に起きたことだからといって、なんでもかんでも話してよいのかという問題は起こります。事実であっても人間には他人に知られたくないこともありますし、国家機密のようなものもある。たとえば「旦那が浮気している」と奥さんにばらすことで、家族みんなが不幸になってしまう場合もあります。「世間を欺くことがない」という言葉は、このためにあるのです。「真実を語り、真実と結ばれ」だけでは戒律は完成しないのです。「如来は完全に語る」ということです。

言葉の戒律の二番目を読んでみましょう。

> 離間語(りけんご)を捨て、離間語から離れている。こちらの人々を離反させるため、こちらで聞いてはあちらで話すとか、あちらの人々を離反させるため、あちらで聞いてはこちらで話すということがない。離反した人々を結びつけ、仲よくしている人々をさらに仲よくさせ、和合を楽しみ、和合において楽しみ、和合を喜び、和合をもたらす言葉を語っている。これもまた、比丘の戒です。

「離間語」とは、両者を仲たがいさせる言葉です。あちらで聞いたことをこちらでいうのは噂話ですが、単なる噂では済まない話です。

俗世間ではワイドショー的な話はよく盛り上がりますが、ときには流す情報が聞く人の役に立つこともあるので、簡単に駄目とは言えないのです。この戒律で釈尊が禁じているのは離間語です。仲たがいさせる言葉は非道徳ということですね。人間には和合と平和が必要ですから、喧嘩している人々も誰かが仲介して仲直りさせなくてはならないのです。そういうわけで、仲たがいの原因になる言葉は、たとえ事実であっても言ってはならないのです。では話すべき言葉はというと、人々を仲よくさせる言葉なのです。

だからといって、「平和大使」になって、あちこちで喧嘩している人々を仲直りさせたり、戦争をやめさせたりすることが出家の仕事だとしてしまうと、大変なことになるのです。世の中に喧嘩は絶えないものですから、心の安らぎはなくなってしまうのです。一組の夫婦の喧嘩さえ、やめさせようと思うと一生かかる作業になるのです。夫婦は生涯喧嘩しますからね。ですから、出家は平和大使役を勝手に担うのではなく、平和・和合を愛する、和合を喜ぶ、和合を楽しむ人になるべきなのです。そう定めることで、釈尊はお節介をやめさせたのです。出家は平和主義者ですが、平和運動家ではないのです。現代社会で見られる平和運動も、結局は戦いでしょう。平和のために戦うという言葉さえも、実は矛盾し

ていますね。釈尊の戒律にはこのような曖昧さはありません。完全に実践しやすく、いかなる時代にも合うように普遍的に語っているのです。

言葉の三番目の戒律を読んでみましょう。

> 悪口（あっく）を捨て、悪口から離れている。過失がなく、耳に快く、愛情にみち、心に響き、優雅であり、多くの人々に愛され、多くの人々に喜ばれる、そのような言葉を語っている。これもまた、比丘の戒です。

「悪口」とは粗暴な言葉です。怒ったり喧嘩したとき使うような、誹謗中傷的な言葉や差別用語を使って、他人を傷つけることです。

ただし、人々の言葉の使い方、表現力、方言などを戒めているのではありません。言葉を巧みに使えることは素晴らしい才能です。粗暴な言葉でも相手がそのことを喜ぶ場合はありますね。子供が大人びたことをやろうとして失敗し、親が「まだまだ、ガキだなぁ」などという場合は誹謗中傷ではなく愛語です。釈尊は「出家は落ち度のない、心地よく心に響き親愛に満ちた、多くの人々に歓迎される言葉をしゃべらなくてはいけない」と戒めるのです。

言葉に関する四番目の戒律を読んでみましょう。

> 綺語（きご）を捨て、綺語から離れている。ふさわしい時に語り、事実を語り、意義を語り、法を語り、律を語り、心に残る、理由のある、区切りのある、意味をともなった言葉を適時に語っている。これもまた、比丘の戒です。

「綺語」とは「軽薄な話」という意味です。

これは、「無駄話」を戒める戒律です。俗世間では心地よく語ります

し、あまり悪いことだとも思われないようです。単純に会話を楽しもうとすると、無駄話になってしまうことは多いのです。ですが、言葉が達者で機関銃のようにしゃべるのは、仏教の立場から見ると、格好悪いのです。自分の責任を感じずに話す場合、人は自分が思ったこと、感じたことを感情のまま言っているだけです。何か思考が頭の中に起きたら、頭の中は興奮した状態になる。分かりやすく言えばストレスが溜まるのです。そのストレスを発散するために話すのです。相手に聞く気持ちはなくても、止まることなく話し、時間が経っていることにも気づきません。これが「無駄話」ということです。無駄話では、人は人格的にも知識的にも成長しません。聞いた人もまた、役に立つ情報ではないので成長しません。ですから、具体的に、比喩を使ったりして意義のあるものを語らなくてはならないのです。発音にも気をつけるべきです。延々と話すのではなく、意味がよく通じるように区切りをつける。相手の理解能力が向上するように、道徳感が増すように語るのです。難しいと思うでしょう。それでも、挑戦してみると、自分が確実に成長できるはずです。これだけでも、社会の役に立つ人間になるのではないでしょうか。

植物の命まで守る生き方

> 種子類、草木類を傷つけることから離れている。

　仏弟子として出家した者は、種や草木も傷つけてはいけないということになっています。出家した者が命を守るのはあたりまえのことですが、植物の命まで守りなさいと釈尊は戒めるのです。これは出家の戒律なので在家の人は真剣に心配する必要はありませんが、この戒めの意義を理解したほうが性格的に優れた人間になれると思います。
　生物学的に見ると動植物はほとんど同じです。違うところは、植物が

葉緑素を持っていることぐらいでしょう。動物ほど分かりやすくはありませんが、植物も生き続けるために必死で、子孫を残すためにあらゆる工夫をしています。ですから、人間が生きるためには植物をとらざるをえませんが、出家は植物の命さえも守ることを徹底するのです。

食事も修行

> 一食をとり、夜食を避け、非時の食物から離れている。

　出家の食事は一日に一食です。といっても、一度に三食分の量を食べるということではありません。「一食」は一回という意味ではなく、「午前中のみ」という意味なのです。人の食事を大雑把に分けると、午前、午後、夜になります。時間的には六時から十二時、十二時から十八時、十八時から二十四時までだとしましょう。この分け方で、六時から十二時までの食事を、「一食」というのです。律蔵*に詳しい説明があります。出家は自分の一食分を午前中なら、何回に分けて食べても構いません。しかし、ご飯を食べ終わって「今日の食事はこれで終了します」と決めたら、その日の午前中であっても再び食べられません。ですから朝六時にご飯を食べて、また十一時三十分にも昼食をとる計画がある場合は、二度食べても戒律違反にはならないのです。ポイントは、自分で食事の終了宣言をいつするのかと言うことです。
　経典で強調しているもう一つの大事なポイントは、お腹いっぱい食べることはよくないということです。それで夜食をとってはならないとリピートするのです。別なところにある説法を参照すると、健康でいるためと説かれています。また、心が育ちやすくなるし、雑事がほとんどなくなるし、夜遅くまで修行できて、朝早く、気持ちよく目が覚めるのです。

　　*［律蔵］三種類に分類された仏教聖典（三蔵）の中の一つ。「律蔵」は僧侶の法律
　　である律の集成で、規則・道徳・生活様相などをまとめたものである。

人格完成を邪魔するものから離れる

> 踊り、歌、音楽、娯楽を観ることから離れている。
> 装飾、虚飾・粉飾のもとになる華鬘、香水、白粉(おしろい)から離れている。
> 高い寝台や立派な寝具から離れている。

　踊ったり、遊んだり、娯楽を楽しむことは、欲を刺激されるだけで、優れた人間にはなりませんから、離れましょうと言っています。見栄や高慢のもとになるお化粧や、着飾ることももちろん駄目ですね。豪華な家具や、金銀で装飾された寝台なども、なんの意味もないからやめましょうと戒めています。

　踊りや歌、他の芸術などは、もともとは宗教の儀式から世に出たものです。現在も、宗教の世界では、踊りも歌も演奏も、ドラマもお色直しも、またその他のものもあるのです。これには神様の機嫌を直して、祝福してもらう狙いもありましたが、音楽や踊りに集中してふけると、恍惚として我を忘れることはしょっちゅうですね。その状態をそれぞれの宗教が「神秘体験」とか「神が降りた」などと言うのです。

　しかし、仏教は迷信の宗教ではありません。生きることの苦しみを、客観的な事実に基づいて具体的に考察する教えです。興奮して恍惚状態になることは、別に高度な経験ではなく、麻薬や酒で酔うことと同じなのです。いわゆる禅定という超越した体験ではなく、それと反対の混乱・興奮状態です。ですから、音楽・踊り・歌などは修行の一部になりません。

　この戒律で、音楽・装飾・虚飾・粉飾などを禁止している理由はもう一つあります。こちらのほうが本当の理由だと思います。

　私たちはなぜ踊ったり、踊りを見たり、歌ったり、歌を聴いたりするのでしょうか？　普段の人生は大変ですから、疲れるしストレスが溜ま

ります。でも、やることがなくなると退屈でたまらなくなります。そこで音楽や踊りの出番なのです。音楽や踊りは心を楽しませ、生きる苦しみという問題を一時的に忘れさせてくれます。時間がある人の場合は、時間をつぶすことができますね。強いて言えば、私たちは音楽で感情に溺れたり、時間を無駄にしたり、問題や苦から一時的に逃げているのです。

　では、理性を育てて智慧を開発したり、問題を解決したり、苦から逃げるのではなく乗り越えることを目指す人が、音楽や踊りにふけってよいのでしょうか？　虚飾で自分をごまかして大丈夫でしょうか？　お洒落とは、結局は自分を隠すことです。見た目のよい、上っ面を社会に見せることです。心の裏の裏を正直に見る人にはどれも無意味なことなのです。

　では、豪華な寝台・椅子・ペルシャ絨毯なども悪いのですか？　もし、一切の執着を捨てるために励む人、生きることだけではなく輪廻が苦だと発見しようとする人が「ペルシャ絨毯でなくては腰を下ろしません」と言ったら、矛盾ですね。また、程度を超えて肉体に贅沢させると怠けてしまい、活発性がなくなります。心の成長をあきらめることになるのです。

　いずれにしても、王様や億万長者たちが使うような、自分の社会的位置を示す豪華な家具は禁止なのです。たとえば玉座は座るための椅子というよりは王位の象徴です。このような自分の位を示す家具が、俗世間にはいっぱいあります。仏教では、道具が本来の目的から脱線することも大きな問題、苦しみの原因として見ています。本来の機能だけを備えたものなら、ベッドも椅子も絨毯もOKですが、「自分は金持ちだ、権力者だ、親王だ」と示すものなら禁止なのです。このようなものは在家生活をする人にとってはありがたく欠かせないことかもしれませんが、出家して修行に励む比丘には禁止なのです。

苦しみを生む経済活動から離れる

> 金や銀を受けることから離れている。

　金や銀また金貨などを受けること、またお金を使用することをお釈迦様は禁止しています。出家はものを持ちません。俗世間の生き方、経済活動をやめているのですから、他人からお布施をもらうことになります。

　在家は経済活動をして家族を養うのは当たり前のことです。「与えられていないものを取らない」という戒律を守るためにも、経済活動（仕事）をして収入を得るのです。得た収入は、自分に与えられたものですね。ですから、病気や障害などのせいで経済活動ができない場合以外、在家がものを乞うことは惨めな生き方になるという意味です。

　では、在家がやらなくてはいけない経済活動が、なぜ出家には禁止なのでしょうか？　まず、出家には養う者がいません。あるのは自分の身体だけです。また、経済活動は、悩みや心配を抱え、不安と恐怖を感じながら競争することで成り立っているのです。経済活動をすると、他人を怒鳴ったり、侮辱したりもする。逆に自分も怒鳴られたり、侮辱されたりするのです。そして苦難を味わってやっと得た財産や収入は、それに執着する、つまり大事に守らないと、簡単になくなってしまいます。これでは、心の落ち着きを感じることは不可能に近いでしょう。出家も「株取引をしながら、修行して完全たる精神の安穏（あんのん）を得る」ということはありえないのです。ですから、金銀を受けずに経済活動をやめることだけでも、出家は瞬時に、心の安らぎを感じるようになるのです。

　しかし、ものを持たない出家が生きるためには最小限のものが必要です。そこで在家の方々が、在家には難しい大事な修行をして自分たちのことも祝福する出家に、必要なものをお布施するのです。出家はわがままを言わず、布施されたものを受け取らなくてはなりません。ただし、

いくら「これはお布施ですからもらってください」と言われても、次のようなものはもらってはいけません。

命を守り、調理の煩いから離れる

> 生の穀物を受けることから離れている。

　一つは Āmaka-dhañña、つまり、米などの生の穀物を受けてはいけないのです。生の穀物には命があるでしょう。大豆などをもらえば、それを水につけて柔らかくして料理しなくてはいけませんが、一日水につければ、もう芽が出ています。植物も命だという話は先にしました。ですから、出家はそれを自分で調理して食べることはできないのです。

　また、これは、当時のインド社会のさまざまな行者たちの生き方も参考にしているのだと思います。特にバラモン系の行者たちは布施として金銀や穀物、また動物や召使まで受けることがあったのです。妻帯していた行者たちは布施でもらう品物で家族を養っていたこともあったのです。仏教から見ると「なんのための出家か？」という疑問が生じます。出家といっても仕事をしないだけで、楽々と収入を得て生活しているのですから、これでは、だらしない生き方と言うしかないのです。心の平安・安穏はありえませんし、欲をなくすということも期待できないのです。

　それから、穀物を頂くと、前に説明した通りに料理方法などを考えて料理しなくてはならなくなります。それには、時間と労力がかかるだけではなく、さまざまな食器や調理器具なども必要になります。昔は一カ所にずっと住むことはなかったので、それは大変なことだったのです。仏教がインド社会に広がるにつれて、在家の方々が寺を寄進したので、料理はそれほど難しいことではなくなりました。とはいえ、料理をする

となると味や好き嫌い、体調に合うか否かなども当然考えてしまうのです。自分で料理するのに、自分の身体に合わないものはつくりませんね。ですから、初期仏教はいまだに「料理してはならない」という決まりは変えません。信者の方々が料理の布施をする習慣が流行っているので、今では托鉢はしたり、しなかったりしますが。

　律蔵によると、例外として飢饉のときなど一般の方々が苦しんでいる場合や、料理されたものがどうしても手に入らない場合に限って、出家の料理を認めています。お釈迦様の在世当時に、出家が三カ月間、自分で料理するはめになったことがありました。そのときはご馳走を作ったのではなく、穀物一種類で、お粥と団子を作ったのです。

> 生肉を受けることから離れている。

　生肉や魚の場合はすでに死んでいますから、命があるということにはなりません。ですから、もし住んでいる地域の人々に肉を生で食べる習慣がある場合は、布施でそれらをもらう可能性もあるのです、しかし当時は、ジャイナ教の影響があって、文化人は生肉や魚などを料理して食べたようです。生肉を受けることは仏教でも品がない行為とみなしたのです。

　出家が加熱調理することになる生ものなら当然受けてはならないし、そのまま食べられる生肉であっても、受けることは品のない行為で、出家にふさわしくないのです。生命に対する慈しみがなくなるおそれもあるとして、禁止されたのです。

土地はサンガの共同財産

> 婦人や少女を受けることから離れている。
> 女奴隷や男奴隷を受けることから離れている。
> 山羊や羊を受けることから離れている。
> 鶏や豚を受けることから離れている。
> 象や牛や牡馬・牝馬を受けることから離れている。
> 耕地や宅地を受けることから離れている。

　お布施されるものならなんでもよいわけではありません。余計なものはもらうなというのです。出家は人格完成の邪魔になる俗世の煩いから、離れていなければなりません。

　生命は平等なのですから、奴隷どころか、鶏一羽でも受けることは「人権（生命権）侵害」です。他の生命を自分の所有物にすることは不可能です。正しくないのです。ペットを飼って楽しくなったり、ペットに依存して寂しさを紛らわしたりする行為もよくありません。修行で心を成長させることで苦しみをなくすのです。召使などをとって贅沢することも恐ろしい行為です。他の生命を使用人にして「自分が偉い」と見栄を張るものではないのです。俗世間にも使用人がいることで自慢する人はいますが、結局は使用人の面倒を見る義務があるので、どちらが使用人か分からなくなるのです。このような行為は心を清らかにして自由を目指す出家者には危険なのです。

　またサンガ（集団）としては、寺・建物・宅地などを受けますが、それは出家の共同財産です。不動産は個人私有を禁止するのです。

在家を心配しても使用人にはならない

> 使いに行ったり使いに出たりすることから離れている。

　当時の出家は毎日のように旅をしていました。一般の人は仕事や、家を守ることがあるので、遠くに住んでいる親戚の様子を知ろうと思っても、たやすいことではなかったのです。ですから、信頼している出家に頼みごとをしたくなるのも当然だと思います。しかし、出家は使いとして出たり、言づけをこちらに伝えたりしてはいけないのです。
　原文を見ると、dūteyya-pahiṇa とあります。これはいわゆる郵便屋さんです。「出家は人から頼まれても、郵便配達のような仕事を引き受けてはいけない」ということなのです。なぜならこれは、インドにあった一つの正規の仕事なのです。出家が無料でそれを引き受けると誰かの仕事がなくなりますし、俗世間の欲の話や、喧嘩の話、政治に関わることなどに触れてしまうことになります。そうすると、結局は出家の意味がなくなってしまいます。心の安らぎが消えるのです。
　また出家は、在家の人々に尊敬を受けています。出家が在家に対しては先生でもあり、指導者でもあるのです。それに対してお使いは、使用人がやることで格が低いのです。在家の使用人になってしまうと、指導もできなくなるし、仏弟子として、在家社会に貢献することもなくなります。「言づけを伝えるくらい、大したことではない」と思ってはならないのです。在家の生活に関わることになるので、出家から俗の世界に逆戻りになるのです。
　とはいえ、仏教徒同士ですから、心配するべきときは心配するのです。伝えなくてはならない出来事があったら報告もします。出家の裁量で、心配の念を抱いて行うならよいのです。でも、使用人のように頼まれて言づけはしません。

俗世の不正行為から離れる

> 売買から離れている。
> 重量のごまかし、貨幣のごまかし、寸法のごまかしから離れている。
> 賄賂(わいろ)や詐欺(さぎ)や虚偽といった不正行為から離れている。

　世間の一般の宗教では宣教の一環として商売をしたり、教育組織をつくったり、病院経営などをします。中には、インチキや詐欺をやる人もいます。そうやって、餌をまいて人を釣ることは卑怯です。宣教は理性で、納得ずくでやらなくてはいけない行為です。また、この戒律リストでは、俗世間の人々が生きるために犯している、さまざまな違法行為にも警鐘を鳴らしているのです。

> 傷害、殺戮(さつりく)、拘束、待伏、略奪、暴行から離れている。

　傷害や殺戮などは、宗教の人間ならやらないだろうと思うかもしれませんが、そうでもないのです。たとえば、十字軍の戦争は、なんでもありでした。待ち伏せ・略奪・殺戮などは、宗教者といえども非常時には簡単にやってしまいます。暴行や乱暴なこともするでしょう。

　宗教の世界でも、人々にものすごい額の布施をさせて限りなく財宝を集め、巨万の富を築いて大金持ちになったりすることは、当たり前のように目にします。ですから、出家なら「言われなくても正しく節度ある生活をするのが当然だ」などと、思わないほうがいいのです。実際に、宗教の中で不正、不公平、搾取行為は度々見られます。だから仏教では、人格完成を邪魔するものは全部やめなさいと、わざわざ言うのです。

❖ 出家の倫理的な生き方②──中戒

　これから中戒に入ります。この中戒は小戒をもう少し詳しく説明しています。パーリ語で「小戒」「中戒」「大戒」というのは、意味というより文言の量を示しています。戒律の中でも最も基本である小戒は、文句も短いので暗記できます。中戒の文句は長く、その次の大戒はさらに文言が長いのです。

　中戒では、「たとえ他の宗教で常識的にやっていても、正しくないものなら、仏弟子はやってはいけない」と説かれています。この戒は仏教的に正しい出家者のあり方を言っている部分です。

自然破壊から離れる

> 　また、ある尊敬すべき沙門・バラモンたちは、信者から施された食べ物で生活しながら、たとえば、根…（中略）…、幹…（中略）…、節…（中略）…、芽…（中略）…、第五に種を種子とするもの、このような種子類、草木類の伐採にふけって住んでいる。しかし、かれはそのような種子類、草木類の伐採から離れている。これもまた、比丘の戒です。

　種は五種類あります。ある植物は根が地中を這って、別の場所で芽を出します。また枝を一節ハサミで切って土に挿せば、元気に芽が出てくる植物もあります。幹や節、それから葉を植えたら根が出て、ちゃんと成長するものもあります。五番目は種そのもののことです。

　たとえば完熟のパイナップルの上の冠をねじるとスルッと落ちます。それを土に植えれば芽が出てきますから、あれも種なのです。つまり、パイナップルには実の中に種がないのです。バナナの場合は根元から芽

を出しますし、ジャガイモならイモそのものが種でしょう。こちらにはそのような種の種類がたくさん書いてあります。そして、そういうものは壊すなと言うのです。

　ここでお釈迦様ははっきりと言います。「出家して、信者さんたちから施しを受けて生活をしながら、何をやっているかというと、伐採をしている。このような自然破壊から離れなさい」と。

　日本の寺には昔から、修行をしたお坊さんたちが作った立派な庭園があります。禅定の無念無想の境地、空の体験を現している素晴らしい日本庭園として、世界遺産に認定されているものもあります。しかし、植物の命もいじってはいけないというブッダの立場から見ると疑問なのです。確かに、庭園の場合は植物をとても大事にしています。反面、その庭園を造るために、多くの自然破壊をしていますね。また、樹形を整えるために、伸びて来る枝は切ってしまうし、遠くの山を借景として見せるために、短く刈り込んでしまう。これではやはり、植物をいじめているのです。在家の方々は快楽のためにいろいろなことをやっているのですから、美しい庭園を造っても構いませんが、仏教の出家の「本業」ではないのです。

植物と森の行者

　在家の人々は、植物を伐採しないで生きることはできません。でもこの戒律の意味だけは理解しておいたほうがいいのです。在家だと言っても、必要もないのに、植物を伐採したり種を壊したりすることはよくありません。植物の管理は必要ですが、それを人間のわがままや都合だけで行うと、自然破壊になります。

　仏教は、すべての生命との共存を説く世界ですから、もちろん植物とも共存です。共存どころか、私たちの命は植物がないと成り立ちません。一神教の人々の神様に対する敬意と同じぐらいの敬意を、植物に対して

持つのが当然なくらいです。植物は確かに、命を与えて、育てて、私たちを守ってくれるのです。好き勝手に植物を切ったり殺したりした結果、今の世の中が生きづらい状態になっているのです。

　仏教の場合は「植物を切ったから地獄に落ちます」とか「大きな罪を犯しました」などという、無茶な考え方ではありません。植物に対してもすごく優しい気持ちがあってほしいと言っているのです。たとえ果物を一つ食べるときでも、日本人がしているように「ありがたい、申しわけない」という感謝の気持ちで頂く。木を切るときも、自分の必要な分だけ切って、感謝の気持ちで使う。我々は昔から、一本木を切ったら一本植えろと言われてきました。たとえば、ココナッツは実がなるまでに七～八年かかります。よく食べるジャックフルーツも大きくなるのに八年はかかります。でも、ゆうゆうと百年以上も生き続けて、人々に食べ物を与えているのです。人生の面倒を見てくれる大変尊い存在です。「みどりの運動」というのが最近流行っていますが、お釈迦様は二千五百年以上も前に、そういう考え方を持っていました。

　インドでは仏教の修行者以外にも出家する人はたくさんいて、森の中で生活する行者たちもいました。彼らは村に下りずに、森の恵みを頂くのです。ですから、植物に対してとても親切です。森の中で生活すると、果物などをとって食べなければいけませんね。でも、わざわざとるのではなく、地面に落ちている鳥の食べ残しの果物や葉っぱなどを拾って食べていたのです。落ちたものはもうもとの木に関係ありませんから、とても親切なのです。そういう厳しい行をやっていました。

　森で、落ちた果物や落ち葉などを食べて生活することは、仏教から見ると苦行になります。代わりに、仏教では托鉢という文化的な生活を認めています。ただし、托鉢のときでも生もの、穀物は受けないのです。

仏教の出家者は貯えから離れている

> たとえば、食べ物を貯え、飲み物を貯え、衣類を貯え、乗り物を貯え、寝具を貯え、香料を貯え、美味のものを貯えるといった、このような貯えをし受用することにふけって住んでいる。しかし、かれはそのような貯えをし受用することから離れている。これもまた、比丘の戒です。

　ここでも他の宗教との比較です。バラモン教の人々は、人々からお布施されたもので生活していましたが、彼らは在家でしたから、なんでも頂きました。ときには大量の供物を自ら要求したのです。彼らはそれらをどうしたかというと、全部貯えていたのです。でも、ものを大事にしていたのではありません。お布施を受ける側が全部貯えるならば、いくらあげても満足せず、布施者が搾取されるのです。大変なことになるのです。「財産はいくらあっても悪くない」という俗世間の価値観なので、いくらでももらってやれという気持ちになるのです。それでは信者から搾取することになりますね。

　でも一食分で十分だという仏弟子出家者なら、布施する側も受ける側も大満足するのです。この「満足」ということも、俗世間ではなかなかないですね。

　たとえば、出家が一食分をもらって食べて、少々鉢の中に残ったとしましょう。それを信者が見れば「自分は十分な量より少し多く差し上げられたのではないか」と大満足します。もし、頂いたものを全部食べてしまうと、「また満腹になってないかも。でも、私にはもう上げるものがないのだ」と悩む可能性もあるので、出家は食べるとき、習慣的に幾分か残すのです。

　貯えることは強い執着につながります。仏教の立場からは「欲のある

人は自分で汗を流して儲けなくてはならない。ものに執着のない人、また執着をなくすために修行する人は布施で生活しなさい」と言います。布施するにふさわしい出家は、一日の分しか頂きませんし、余分にもらったものすら蓄えません。余れば誰かにあげるのです。

仏教の出家者は娯楽から離れている

> また、ある尊敬すべき沙門・バラモンたちは、信者から施された食べ物で生活しながら、たとえば、踊り、歌、音楽、見せ物、語り物、手拍子、シンバル・ドラムの演奏、奇術、鉄玉、竹、洗浄、象・馬・水牛・牡牛・山羊・羊・鶏・鶉の格闘、棒の格闘技、拳闘、相撲、軍事演習、軍隊の点呼、軍隊の整列、閲兵といった、このような娯楽を観ることにふけって住んでいる。しかし、かれはそのような娯楽を観ることから離れている。これもまた、比丘の戒です。

　娯楽を楽しむことは在家の人々にとっては普通の行為です。演じることを職業にして生計を立てるプロがいて、お金を払って娯楽を楽しむ一般人がいるのです。ですから、在家が仕事をして得た収入の一部を、生きる苦しみを和らげるため、楽しむために使うのは構いません。問題は、在家の施しで生計を立てている宗教家が、その収入の一部を娯楽に使う場合です。仏弟子たちは托鉢で金銀などを受けませんから、娯楽を楽しむお金はそもそも持っていなかったと思います。しかし、大道芸人がたくさんいたので、托鉢の途中に立ち止まって見ることなどはできたでしょう。釈尊はそれすらもやめてほしかったと思います。

　踊り・芸術・格闘技などと宗教の関係を観察してみましょう。バラモン教・ヒンドゥー教・キリスト教などで、音楽や踊りなどの芸術は大事な役割を果たしています。仏教の宗派の一つであるチベット仏教でも、

踊りや音楽は伝統的な宗教儀式の一部で、人気のあるものです。

　プロの演奏家や俳優にとって、芸術は遊びではなく、苦労して習うもので、その人の才能なのです。でも、見る人にとってはただの楽しみですから、執着を捨てて超越した智慧を開発しようと出家する比丘たちには、娯楽は邪魔者です。娯楽は五感を刺激しますが、五感の刺激に執着している限り、修行は進まない。決して第一の禅定にさえも達しないのです。また、性欲・愛着・怒りなどの感情を引き起こすのも芸術の仕事です。それらも出家が捨てた、または捨てるべき未練を感じてはならないものです。

　では、献身的に他人を助ける優しさや思いやりや慈しみなどのよい感情を表し、無常や愛着から生まれる悩み苦しみや、生きることの無意味さを語る芸術ならどうでしょうか。確かにお釈迦様は、芸術を完全悪だとはしていません。経典の大半は詩ですし、釈尊も弟子たちもしばしば真理を詩で語りました。人の役に立ったり学ぶことがあったり、悪がなくなるようなもの、よい人間や優しい人になるもの、感情の恐ろしさを知るもの、難しい真理を簡単に覚えられるなどの特色を持つ文学には仏教も賛成しています。一方で、踊りは品のないこととしているようです。

　巧みな話術も、釈尊に褒められています。正しい文法に則って単語やたとえなどを上手に使い、美しい表現、明確な発音で、聞く相手が苦労せず誤解もせずに楽々と理解できるように語ることは褒められます。でも、漫才は禁止です。話術は真理を語るために使用したのです。

　象・馬・水牛・牡牛・山羊・羊・鶏・鶉の格闘、棒の格闘技、拳闘などを見ることは、残酷さを喜ぶ遊びです。品格のある心を育てることに励む仏弟子たちにとって有意義な行為ではありません。賭けごとにもなっているので、なおさら汚れた行為なのです。

ゲームは時間の無駄遣い

> また、ある尊敬すべき沙門・バラモンたちは、信者から施された食べ物で生活しながら、たとえば、八目将棋、十目将棋、虚空の将棋、…（中略）…読心遊び、肉体的欠陥の物まねといった、このような賭けごとや怠情のもとになるものにふけって住んでいる。しかし、かれはそのような賭けごとや怠情のもとになるものから離れている。これもまた、比丘の戒です。

　次に出てくるのはいろいろな種類の遊びです。人間というのは、暇つぶしにゲームを考え出すものです。将棋は、昔のインドでもいろいろな種類があったようですし、日本の将棋もインドから伝わったものだという説があります。高度なゲームはいろいろありましたが、この場合は、文献を見てもどのようなゲームかははっきり分からないのです。とにかく「仏教では時間つぶしの遊びをやめます」ということになっています。仏弟子たちは必死で修行に励むべきなのです。死はいつ来るかも分かりませんし、せっかく出家できたのに、解脱に挑戦しなければ、出家したことは無駄になるのです。

　「将棋のような知識系のゲームは悪くないのでは」と思われるでしょう。でも、考えてほしいのです。確かに将棋などでは高度な知識能力が得られますが、実際に生きる上で役に立ちますか？　家族や社会、国の問題などを解決するために役に立つでしょうか？　将棋のプロは将棋で生計を立てていますが、結局は賭けごとになるのです。在家でも賭けごとは、収入を得るための正しい方法ではありません。在家の方々が暇つぶしに楽しみとして将棋のようなゲームをやるのは問題ありませんが、喧嘩の種になったり、落ち込んだり、怒ったり、ライバルをつくったりする可能性があります。また、ゲームには中毒性がありますね。上手になって

きたら、やみつきになります。それで大事な時間を無駄に、無意味に過ごすことになってしまうのです。
　在家の場合でさえあまりいいことがないので、出家にとってはなおさら駄目です。時間を無駄にすることは仏教では怠惰なのです。肉体的・知識的に踏ん張っていたとしても、役に立たない時間は、結局は無駄です。出家の役に立つのは、心が清らかになること、煩悩がなくなること、解脱へと進むことだけです。これはゲームで叶うものではありません。正反対の道なのです。ゲームは煩悩を強化する道だと思ってください。
　ここまででお気づきかもしれませんが、中戒の説明では繰り返し出てくるフレーズがあります。Sadhā deyyāni bhojanāni bhuñjitvā です。「信者から施された食べ物で生活しながら」という訳です。
　直訳は「信仰の心で施されたものを摂りながら」ということです。インドでは聖職者たちは信者の布施で生きていたのです。信者が徳を積む目的で、出家の修行を助けるために施しをするのです。富豪のバラモンたちは、儀式を行って布施をガッポリ受け取っていました。その布施は汗を流して苦労して得た信者の収入です。それで生活しているのに、ゲームなどの遊びで時間をつぶすとは、決して納得できる行為ではありませんね。施しで、乞食、身体の不自由な者、難民などを助けることは意味があります。しかし、自分の意志で出家をしておきながら、なんの仕事もせずに、遊びほうけて生きるなどは、在家の信仰心をけなす行為です。また、出家者が修行して道徳を教え、自分たちを導いてくれるから、功徳になると思って信者が施しをするのです。施しで生活する場合もある種の契約が成り立っているのですね。ですから、出家が修行の約束を破って、財産をだまし取っていることになります。戒律書でははっきりと「盗職（theyya paribhoga）」と書いてあります。修行は出家の仕事です。仕事をしないで、ただで食べてはいけないのです。

布施されても贅沢品は使用禁止

> また、ある尊敬すべき沙門・バラモンたちは、信者から施された食べ物で生活しながら、たとえば、基準を超えたもの、脚に動物模様のあるもの、毛の長い羊毛カバー、…（中略）…大絨毯(だいじゅうたん)、象の背の敷物、…（中略）…カダリー鹿皮の最上の敷物、天蓋付のもの、両側に赤い枕のあるものといった、このような高い寝台や立派な寝具にふけって住んでいる。しかし、かれはそのような高い寝台や立派な寝具から離れている。これもまた、比丘の戒です。

　立派な寝具、豪華な寝台に寝ることから遠ざかるという戒律は、在家の八戒にもあるのです。在家は修行すると、布薩日（修行する日）に八戒を守ります。八戒は五戒の「不邪淫戒（よこしまな行為から離れる）」が「不淫戒（性的な行為から離れる）」になり、「正午を過ぎてからの食事を摂らない」「香料や化粧をつけず着飾らない」「豪華な寝台に寝ない」という三つの戒律が加わります。

　ちなみに、「豪華（ucca）」というのはパーリ語の原文では「高い」という意味もあります。よく「高いベッドに寝てはいけない」とか、「高い椅子に座ってはいけない」とか、パーリ語を簡単に訳して理解する場合もテーラワーダ仏教徒の間でよく見られますが、これは誤解です。ここでは「ものすごく豪華」という意味です。

　仏教の出家者は、在家の人々が当然のように使う豪華な寝台などは、特に使ってはいけません。当時、寝台の豪華さは敷物で決まったようです。ですから、「ものすごく豪華なカーペットやペルシャ絨毯や、宝石がついていたりきれいな刺繍がされた敷物とか、カダリー鹿皮の最上の敷物などを、仏教の比丘は使いません」と戒めているのです。寝具に凝るのは、王様や大臣たち、大富豪たちがやる贅沢なのです。王や大臣な

どが自分の権力や地位を示すために、必要でなくても使わなくてはいけない場合もあります。しかし、豪華な家具、敷物などの価値は下がらないので、出家がそれを使うと危ないのです。盗人に命を奪われることにもなりかねません。

コーサラ国王が、亡くなったお祖母様の家具をすべてお寺に寄付したというエピソードがあります。王族の身分を示す家具をもらった比丘たちは困ってしまいました。そこで、釈尊は家具の飾り、彫刻すべてを削るように命じたのです。金箔を剥がして絨毯も敷物も工夫して、なんの価値もなくして使うことになったのです。この戒の場合も、一部の宗教家たちが豪華な寝具を使用していたと説かれています。バラモンの大富豪たちが贅沢をしていたことに由来するのでしょう。

また、比丘たちは「布施で頂いたから使用しなくてはいけない」と思ってしまう可能性もあったかもしれません。仏教では戒律で禁止されているなら、布施されても「使用禁止」です。贅沢はくせものです。いったん贅沢すると、もとに戻れなくなります。やがて、人が贅沢するのではなく、贅沢が人をこき使うことになる。人生が贅沢に追われることになるのです。心を育てるため、執着を捨てるために出家した者が、たとえ一、二回でも贅沢をすると、質素な生き方が苦しくなって、家具などに愛着も現れる。ですから、仏道の出家には決してふさわしいものではないのです。

不浄な肉体を飾り立てても無意味です

　また、ある尊敬すべき沙門・バラモンたちは、信者から施された食べ物で生活しながら、たとえば、香料を塗ること、マッサージ、沐浴、手足たたき具の使用、鏡の使用、目の化粧、華鬘、顔用白粉、顔用クリーム、腕輪、髪バンド、飾りのある杖、飾りのある薬入れ、剣、日

> 傘、彩色のあるサンダル、ターバン、宝玉、払子、長い縁飾りのある白衣といった、このような虚飾・粉飾のもとになるものにふけって住んでいる。しかし、かれはそのような虚飾・粉飾のもとになるものから離れている。これもまた、比丘の戒です。

　これらはお洒落や美容を禁じる戒です。当然ながら、在家に禁止しているわけではありません。一部の宗教家たちが施しで生活しながら、美容やお洒落にふけっているのに対して「仏教では禁止だ」と言っているのです。
　マッサージや化粧、アクセサリーなどの装身具は、どれも肉体を可愛がって面倒を見ることですね。でも、出家ならいずれ必ず捨てる肉体を維持できる程度で生活するのです。肉体は性欲や快楽などの煩悩が生まれる不浄な場所として観察します。肉体に執着し、肉体のために生きる生き方は、仏教から見ると煩悩に溺れる生き方で、無駄で無意味なのです。そう考えれば、アクセサリーや健康と美容のためのマッサージなどはよくないと理解できます。
　一方で、傘やサンダルなどの使用は禁止していません。身体を危険や害から守る程度のものはよいのです。でもそれらの道具でも、自分を美しく見せるために使ってはならないのです。また、病気で苦しんでいるときに医者が治療として推薦するならば、マッサージも、鍼治療も、指圧も構いません。病気で倒れると修行はできませんし、病気の我慢は修行ではなく、無意味、無駄な行為です。こういった治療は認めますが、若返りの治療はもちろん禁止なのです。

心を汚す無駄話を慎む

> また、ある尊敬すべき沙門・バラモンたちは、信者から施された食べ物で生活しながら、たとえば、国王の話、盗賊の話、大臣の話、軍隊の話、恐怖の話、戦争の話、食べ物の話、飲み物の話、衣服の話、寝台の話、華鬘の話、香料の話、親族の話、乗り物の話、村の話、町の話、都の話、国の話、女性の話、男性の話、英雄の話、道路の話、井戸端の話、先祖の話、四方山話（よもやま）、世界説、海洋説、有り無しの話といった、このような無益な話にふけって住んでいる。しかし、かれはそのような無益な話から離れている。これもまた、比丘の戒です。

　人類が築いてきた文化の一部を、ここでは紹介しています。「俗世間の生き方VS出家の生き方」という立場で語るものなので、これらは当然、出家に禁止している項目になります。「町の話、都の話、国の話……」のように「話」でまとめて、文化の中の一部である文学について、出家への戒めを語られているのです。
　「比丘が戒として離れる」ものだと言うと、「仏教では文学も禁止しているのか」と思うかもしれません。しかし、釈尊は一方的に断言したり、極端な原理主義的に説法することはありません。客観的・合理的に、普遍的な真理を明らかにするのです。ここで語っているのは、真理の一部である道徳、生き方のことです。真理でも道徳でも、語るときは「有意義であり、役に立つ、心を清らかにする、煩悩をなくし解脱へ導くもの」のみ、ということなので、無駄話や役に立たない話、心を汚す話を戒めなさいという意味になります。ここにあげているのは、心を汚す、無駄になる話の具体的なリストなのです。普通は「三十二種類の無駄話」と言いますが、上のリストにあるのは二十八種類です。
　活字文化が発達していなかったインドでは文学は「話」が主でした。

作品を創作して暗記し、語るのです。ですから聞く人にも語る人にも長い時間がかかります。それだけでも多くの時間を使うのに、それが役に立たず、感情だけを引き起こしたり、妄想や思索に閉じ込められる話なら最悪ですね。現代では「話」だけではなく、本・映画・ドラマ・オペラなどたくさんの種類がありますが、やはり同じです。「文学は禁止」という意味ではなく「役に立たない無駄なものは禁止」ということなのですね。人の命は短いし、時間は絶えず経ってゆき、人は死へ赴く。寄り道をして無駄に使える時間はありません。心清らかにして、悟りに達して人生を終えなくてはなりません。

　ですから文学に対しても、仏教の立場ははっきりしていました。小説を読んでもいいけれど、なんでもいいというわけではない。ただ面白いとかベストセラーという理由は認めません。何か役に立つ内容でなければ無駄話になるのです。小説でも、ものすごくいいものもあれば、無駄な話も山ほどありますね。仏教から見ると、人に何か訴えかけ、生活に何かしら役に立つ小説だったら無駄ではありません。でも、それ以外はただの時間の無駄遣いなのです。

仏教の修行に争論はありません

　また、ある尊敬すべき沙門・バラモンたちは、信者から施された食べ物で生活しながら、たとえば、『あなたはこの法と律を理解していない、私はこの法と律を理解している』『どうしてあなたがこの法と律を理解できようか』『あなたは邪な実践をしている、私は正しい実践をしている』『私の言うことは理にかなっている、あなたの言うことは理にかなっていない』『あなたは、先に言うべきことを後で言い、後で言うべきことを先に言った』『あなたが積み重ねてきたことは覆（くつが）えされている』『あなたの説は論破され、あなたは敗北している』『説

から脱するため、遊行(ゆぎょう)するがよい、あるいはもしできるというならば解明してみよ』といった、このような争論にふけって住んでいる。しかし、かれはそのような争論から離れている。これもまた比丘の戒です。

　他の宗教の出家者は、信者さんの施しを受けて生活しながら争論するのです。たとえばキリスト教世界には、神に対する数々の哲学があります。ある人が一つの概念をつくると、もう一人がまた別の概念をつくる。これでたくさんの宗派に分かれます。お互いに仲がすごく悪く、ときには宗派の対立で殺し合いまでしてしまいますね。実際にアイルランドでは、今はなんとか平和的に解決しようとしているようですが、同じキリスト教同士が、信仰のことで戦争をしていたのです。イスラム教も同じです。スンニ派とシーア派で、互いに殺し合うことも度々です。互いに同意できないほど各宗派の教えが変わってゆくのですから、これは仕方がありません。

　争論は仏教でもありえますし、実際に仏教の歴史でも仏滅後に起きたことはあるのです。殺し合いも喧嘩もしませんでしたが、「あなたがたの考え方は間違っている」とお互いに激しく論争し、分裂してしまいました。しかし、自分の意見こそが正しいと執着して、他人の意見に対立する傾向は、人間の心理では普通だと思います。

　釈尊が生きていたときも、比丘たちが意見の違いから仲たがいになってしまったことがありました。中部経典 128 Upakkilesa-sutta には、コーサンビーで論争して不和となり、口論に及んで互いに舌鋒鋭く、角を突き合わせて住んでいた比丘たちが出てきます。お釈迦様が間に入っても争論をやめさせることはできなかったという話です。当時では問題が起こると、お釈迦様が両者の言い分を聞いて問題解決をするパターンの経典がいくつも出てきますが、この場合は和解に時間がかかりました。

心が汚れていると自分の意見に執着しますし、「自分は間違っていない」「相手に負けたくない」と思ってしまいます。和解することは相手の意見を認めるような気もするのです。和解とはどちらの意見も認めることではなく、達するべき結論に達することです。それを理解しない限り、和解も合意も困難なのです。

　インドでは昔から、争論することは宗教の修行の一部なのです。勉強しながら論争もし、弁証方法も学ぶ。弟子たちは互いに論じて、やがて師匠にも挑みました。他宗教のところにも行って論争しましたが、そのやり方で真理の発見ができると思っていたようです。間違った教えなら論争で負けて、真理の教えは勝つと思っていましたから、勝ち抜いた教えを本当の真理の教えとしたのです。そこで、A教はB教に負けるがC教に勝つ。しかし、C教はB教に勝つとします。本当の教えはどれでしょうか？　論争は相手の間違いを強調して、自分の意見を主張することですから、真理を発見する客観的・理性的な方法ではありません。

たとえ王様の代理でも在家の仕事は請けない

> 　また、ある尊敬すべき沙門・バラモンたちは、信者から施された食べ物で生活しながら、たとえば、王、大臣、王様、バラモン、資産家、少年たちのために、『ここから行きなさい』『そこから来なさい』『これを運びなさい』『そこからこれを運んできなさい』といった、このような使いに行ったり使いに出たりすることにふけって住んでいる。しかし、かれはそのような使いに行ったり使いに出たりすることから離れている。これもまた、比丘の戒です。

　インドでは、宗教家を王様の仕事に使うことがよくありました。バラモン人は王様と一緒に活動していましたから、政府の一部でもあったの

です。ですから、王様はバラモン人にお経をあげてもらったり宗教儀式をしてもらったりすると同時に、仕事をさせたのです。バラモン人は、王様の代わりに国の代表として出かけたり、審判を下したり、お祭りを行うことなどで社会的に高い立場を築くのです。でも仏教では、出家した者が在家のいろいろな仕事を引き受けるのは、いけないこととするのです。たとえ王様の仕事でも、引き受けたら宗教家が在家に使われていることになるのです。俗事にまみれて、権力と名誉の奴隷になってしまいます。

> また、ある尊敬すべき沙門・バラモンたちは、信者から施された食べ物で生活しながら、たとえば、ごまかし、饒舌、なぞかけ、おどし、利益を貪り求めることにふけって住んでいる。しかし、かれはそのような騙（だま）したりホラを吹いたりすることから離れている。これもまた比丘の戒です。

これはただの詐欺です。仏教ではごまかしたり利益を貪ったりすることはやめる、ということになっています。在家の人々にとっても、ごまかし、なぞかけ、脅しなどは卑しい行為ですが、社会の顰蹙（ひんしゅく）を買うような行為で利益を貪ることは、出家者は当然慎むべきものです。

これで中戒は終わりました。小戒が一番基本的な戒律ですが、ここまで見てきたように、仏弟子たちは比丘として、基本的な細かい戒律を守って生活しています。釈尊の定めた戒律は大変レベルが高いのです。最初からすべてを完全に守れるわけではありませんから、守ろうと心がけているうちに、しっかりと道徳的な正しい人間ができてくるのです。

戒律を守る生き方は誰から見ても尊い生き方でしょう？　植物を伐採しない、人の財産をだまし取ったりしない、無駄話をしない、踊りを踊

ったり、意味のない文学などに無駄な時間を使わないなど、これらすべての戒律に共通するのは、まったくの妄想や、ただの思索に終わるようななんの役にも立たないことをやめて、意味のあることをしながら自分も成長することなのです。だから「戒律が厳しい、厳しい」と日本ではよく言われますが、それを言う人は、戒律の意味が分かっていないかもしれません。戒律はすごく合理的で、無駄もなく生活しながら、他の人にも役に立つ生き方をつくってくれるのです。

　お釈迦様は、「サンガ集団があることは、世の中の人々にとって何よりの幸福だ」と常々おっしゃっていました。これはどういうことでしょうか？

　戒律に沿って生きるサンガがそばにあると、在家の人々も気をつけて生活するのです。釈尊が注意深く「出家の戒律だ」と語られていることは在家戒律には関係ありません。たとえば、出家は楽器を演奏しませんが、在家が楽器を奏でてもなんの問題もないのです。しかし、葉っぱ一枚でも無駄にとらない人々（出家）がそばにいれば、在家も伐採することはやめられないとしても、やたらに自然破壊はしないでしょう。決して嘘をつかないで必要最小限の生活をする人がそばにいることで、在家の人々も人をだましたりはしないし、利益を得るにしても正しい商売で儲けようとする。政治家も正しい政治を心がけるのです。だからお釈迦様は、「サンガは人の施しで生きていますが、決して社会の迷惑ではない。かえって社会は幸福になるのです。在家の手本になるのです」と言っています。

　在家には、サンガのようにように徹底した生活はできません。でも、お手本があれば自分たちがいくらか真似ができますし、近づけるのです。それによって、人間動物も守られて、住みやすい世界ができあがるというシステムなのです。

❖出家の倫理的な生き方③──大戒

犬畜生にも劣る卑しい下品な仕事

　当時のインドでは出家したり、聖職者を名乗っていても、何かの仕事で生計を立てていることがありました。日本的に考えれば「仕事の収入で生計を立てて、その上宗教家や聖職者であることは在家より偉いのではないか」と思われるかもしれません。もし修行に専念している在家が、仕事をして生計を立てているとしたら、それは申し分のない生き方でしょう。在家ですから、自分の修行を"収入獲得"のために使ってはいないのです。では、修行を行いながら仕事をする出家は、在家と何が違うのでしょうか？

　出家者を「精神向上のために、修行に一生を投じている者」と定義するならば、仕事で生計を立てる場合に、二つの問題が生じます。

　第一に「仕事が半端になること」です。第二に「修行が半端になること」です。どちらにしても、すべて中途半端になり、人生は失敗します。

　さらに、不正に収入を得るという悪果になることもありえます。「あの人は出家だから信頼できるのだ」と一般人に思われれば商売繁盛しますね。それは同じ仕事をしている妻帯者の在家にとっては、不公平でとんだ迷惑です。それだけではありません。「出家者だから、お布施としていくらか上乗せしないといけないのでは」と一般人が思う場合も確実にあります。そうなると、結局、修行は建前で、出家した本音はボロ儲けするためということが明らかになります。ですから、「出家が仕事をして何が悪い？」と言われたら、答えは「悪いどころではない」なのです。

　この大戒の説明では、お釈迦様が批判する数々の仕事の種類を学べます。当時のさまざまな他宗教の出家者が、何をやっていたかも分かりますし、これから現れるであろう出家者には、本来の道から脱線しないた

めの注意にもなります。

> また、ある尊敬すべき沙門・バラモンたちは、信者から施された食べ物で生活しながら、たとえば、肢体の占い、前兆の占い、天変の占い、夢の占い、身体的特徴の占い、ネズミの齧りあとの占い、火の献供、杓の献供、籾殻の献供、糠の献供、米の献供、バター油の献供、油の献供、口の献供、血の献供、肢体の呪術、宅地の呪術、王族の呪術、墓地の呪術、鬼霊の呪術、土の呪術、蛇の呪術、毒の呪術、サソリの呪術、ネズミの呪術、鳥の呪術、烏の呪術、寿命判断、矢の呪術、獣の輪といった、このような無益な呪術によって邪な暮らしをしている。しかし、かれはそのような無益な呪術による邪な暮らしから離れている。これもまた、比丘の戒です。

　この冒頭部分は、訳がちょっと抜けています。原文ではtiracchānavijjā という言葉が入ります。Tiracchāna は畜生という意味で、vijjā は知識・技術という意味です。合わせて「賎しい知識・技術」という意味になります。ある尊敬すべき沙門、バラモンたちが、畜生のような下品でレベルの低い技で生計を立てているのと言うのです。
　Vijjā というのは「サイエンス、技、技術、学問」という意味です。学問や技を身につけるために我々は勉強しますね。その学問のこともパーリ語で vijjā と言います。ピアノを習ってプロになったら vijjā ですし、数学を勉強して生計を立てられるレベルになったら、それも vijjā と言う。一般的には学問、サイエンス、それからテクノロジーという意味も入る言葉なのです。
　ここでポイントになる言葉は tiracchāna です。Tiracchāna というのは動物のことです。動物たちの生き方を人間が真似をしたら、文化社会では生きていられません。それと同じく、理性的で道徳を重んじる人間

社会にふさわしくない学問や技術があると言うのです。たとえばピアノのプロは、厳しい訓練を受けてその技術を身につけます。では、スリ（pickpocket）はどうでしょう？　ピアニストと同じく高度な技術を身につけなくてはなりませんが、その技術は決して褒められたものではありません。このように、非難するべき学問も技術もあることを覚えておきましょう。

　次のポイントに進みましょう。お釈迦様が最も非難的な言葉を使って卑しめる仕事が、占いやいろいろな儀式儀礼、あらゆる呪術なのです。仏教では「そんなことは犬畜生にも劣る人間がやることで、文化的な品格のある出家者はそのようなことはしません」という否定的な立場なのです。

　人間は得体の知れないもの（神霊、悪霊、祟りなど）に対する恐怖感や不安感を持っていますし、無意識のうちに何かにすがろうとします。生きることは不安に満ちていますが、幸福になりたいし、ライバルには勝ちたいのです。でも、物事は期待通りにはいかず、期待外れになることも多いですね。そうすると、頼りになるものとおびえるべきものを知りたくなるのです。だから人間は、呪術、祈祷、呪文、占いなどが大好きです。これは論理的で実証に基づいた考えではなく、感情なのです。人間の弱みを利用する占いや呪術、儀式儀礼などは、人々をますます無知に陥れることはあっても、智慧や理性の方向へ導くことにはなりません。ましてや、人の弱み、期待、希望に応じて呪術などを行って生活するなど、仏弟子にとっては論外なのです。

占い

　現代の日本でも、占いは人気がありますね。若い女の子が占い師の格好をしてコーヒー占いや紅茶占いをやったりしていますし、タロット占い、星占いなどたくさんあります。占い師の方々はだいたい、相手の不

安な気持ちを和らげて、望みを持てるようにしてあげるのです。カウンセリングみたいなものですね。その点では役に立っていると言えますが、カウンセリングを受けるなら、カウンセラーという資格を持っている専門家だっているのです。それなのに、なぜ占いにすがるのでしょうか？

呪術の効き目

　ここまで占い、呪文、呪い、祈祷などを迷信だと批判しましたから、「大好きな頼りになるものを軽視された！」と、ブッダの教えに違和感を覚え始めた方もいると思います。そんな人にとっては余計な話に聞こえるかもしれませんが、少々説明しましょう。

　ITの時代、宇宙開拓時代になっていても、原始時代から信仰されてきた迷信の大部分が今も健在です。なんの影響力もない真っ赤な嘘なら、とっくに自然死しているはずですから、何かあるのでしょう。「占いが的中した」「予言が当たった」「祈祷で治った」という話もたまに聞きますが、本当なのか科学的に調べようとする人はいないので、仮に本当だと信じておきましょう。

　こういったものに効き目がある理由は、いたって簡単です。心は瞬間に他の心の影響を受けます。暗い人は明るい仲間の中では明るくなるし、明るい人は暗い仲間の中では明るく振る舞うことはできなくなる。また、暗い人も明るい人も同類の仲間とつき合うことで落ち着きますね。

　他人（ひと）が自分のことを嫉妬したり恨んだりすると、自分もその人のことを嫌になったり、敵視したりする。精神的に弱い人はそのまま環境の影響を受けますが、精神的に強い人は環境に影響を与えたりします。占い師が奥歯まで見せて笑いながら「あなたは運の強い方ですね」と言えば、落ち込んでいる心は頑張る気持ちになるでしょう。「○○さんはあなたのことを怨んで死にました、気をつけてください」と言われると、やっぱり怨霊が怖くなります。聞いたことで心が不安に満ちてしまったから、

その後やることはうまくいきません。スキーに行ったら骨折するし、帰りには交通事故にもあってしまうのです。

「心は支配者である」とは、ブッダの言葉です。人間の幸不幸は心の法則で具体的に、明確に説明できますし、それが真理です。それなのに「呪文に力がある」と言うのは「しっぽが犬を振っている」と言うようなものです。とはいえ、仏教に批判されたからと言って、人間に不安や恐怖心がある限り、占い・呪術業は倒産しないと思います。

祝福文句を口癖にする

　お祓いや祈祷の祝福とは違いますが、仏教徒も普段の生活の中で、祝福文句を護呪のようによく口にするのです。必ず祝福するものであって、ただ言葉を言うだけでも効き目があるのです。祝福は慈しみの心ですから、「あなたはどうぞ気をつけて」「どうぞ幸せに」「お元気で」「成功を祈る」などの祝いの言葉は、特別な技術がなくても誰でも言えます。それは効くのです。もちろん、言う人と言われる人の精神状態によって効き目に差がつきますが、口癖のようにいつでも祝福文句を使うというのは大変大事な善行為です。

　間違っても、人を呪う言葉を使ったりしてはいけません。冗談でも「死んでしまえ」というような文句は言ってはいけません。相手が本当に死ななくても、憎しみのエネルギーは自分への呪いになるのです。また、悪業です。

　祝福の文句は、言葉の意味だけではなく、慈しみの心の波動が相手に伝わるのです。「末永く幸せに」と言われた瞬間に、気持ちが柔らかく明るくなって、言った人に対して慈しみが生まれる。柔らかい気持ちがあると性格が明るくなって、人間関係もよくなってしまいます。瞬間的な、無意識で起こる慈しみさえも、このようなよい結果を出すのですから、すべての生命に対する慈悲の気持ちを表現する「生きとし生けるも

のが幸せでありますように」という言葉は最高の祝福文句なのです。

仏教の祝福

『宝経』には「etena saccena suvatthi hotu（この真理によって幸せでありますように）」というフレーズが繰り返し出てきます。これは、お釈迦様の発見した真理が、確実にすべての生命を幸せに導くものだと明言している個所です。祝福にも法則があって、祝福する人の心が弱くて幸福でないなら、他人を祝福することはできません。効き目が弱いのです。ですから、完全たる幸福な状態にあるお釈迦様が真理を賭けてする祝福は最高の威力があるのですね。

この言葉の裏を読めば「相手が幸福にならなければ、ブッダの悟りも、教えた真理も嘘になる」という意味です。もしもある医者が、「この治療であなたの病気が治らなかったら、私の医師免許を返上します」と言ったなら、その医者には確実に自信があることになるのです。仏教の祝福はこのような調子で行うものです。

そもそも、なぜ、仏教で祝福するのでしょうか？

①呪うより祝福することは善行為です。
②人々は自信を持って生きていきたいのです。
③相手が仏法僧を冒瀆しない限り確実に幸福になります。

この三つの理由によるのです。

相占い

初期仏教の経典には、呪術や呪文は見当たりません。仏教に呪文が入ったのは、後代ヒンドゥー教の影響でしょう。お釈迦様の無我と因縁の

＊［宝経］仏法僧の徳を列挙する護経として、テーラワーダ仏教圏で広く読誦されている（「スッタニパータ」224-241）。

教えはバラモン教とは異質のものでした。当時のバラモンたちは三種の Veda を唱えていたのです。四番目の Atharvan Veda もありましたが、お釈迦様の時代では、ヴェーダ聖典の一部としては確定されていなかったようです。Atharvan Veda は呪術に関わる教えですが、祈祷・呪い (white magic & black magic) 系は当時、サブカルチャーとして流行っていたようですから、社会の上位に立って活動していたバラモンたちは興味を示さなかったのかもしれません。ブッダはバラモンたちの祈りの習慣さえも文化的でない、と厳しい態度をとられていましたので、祈祷・呪いのたぐいは、仏教にはさらに縁がありませんでした。

インドでは、仏教が衰退していく過程の最後に「密教」というものが現れました。密教の特色は呪文です。密教仏教が「呪文によって、不幸を除くことも、幸福を築くことも、悟りをひらくこともできる」と説き始めて、独特の呪文文化を開発したのです。ヒンドゥーの呪文をコピーしたのではなく、呪文の雛形に合わせて大量の呪文を作成しました。哲学的な不二論も、論理学も、迷信的な呪文文化も、インド文化に提供したのは、よかれ悪しかれ衰退していった仏教なのです。ただし、これは仏教といっても、ブッダが説かれた教えとは関係ないものと理解したほうがいいでしょう。

> また、ある尊敬すべき沙門・バラモンたちは、信者から施された食べ物で生活しながら、たとえば、宝石の相、杖の相、衣服の相、剣の相、矢の相、弓の相、武器の相、女性の相、男性の相、少年の相、少女の相、男奴隷の相、女奴隷の相、象の相、馬の相、水牛の相、牡牛の相、牝牛の相、山羊の相、羊の相、鶏の相、鶉の相、トカゲの相、カンニカーの相、亀の相、獣の相といった、このような無益な呪術によって邪な暮らしをしている。しかし、かれはそのような無益な呪術による邪な暮らしから離れている。これもまた、比丘の戒です。

当時は動物や人間の顔かたちを見て、いろいろな出来事を占う、さまざまな相占いがありました。たとえば「耳や目がこんな形だから、こんな事故が起こるでしょう」などと言うのです。占い師の仕事ならいいかもしれませんが、出家した比丘がこれをやるのは、邪(よこしま)な生き方だとブッダは説くのです。出家は食べるため、生きるためにこのような品のない占いなどは行ってはならないのです。

　相占いは禁止ですが、仏典には人相について記してあります。バラモンたちの教えには、人類を超越する人、悟りをひらいてブッダになる人には三十二の人相があると記してありました。優秀なバラモンたちが釈尊にその三十二相があるのかと調べたところ、すべてそろっていることが判明したのです。(Majjhima Nikāya(マッジマニカーヤ), II,133-146, Sutta No.91,92)

　ブッダの理論によると、生命は業によって生まれるのです。過去の業の報いは身体、または心で受けることになりますから、心の状態によって身体が形をつくることになるのです。徳の高い人が美しい身体を持ったり、並の徳を持つ人が普通の身体になったりするのですね。それで、最高の徳を持つブッダの身体が、普通の人とは違う相を具えていることはありえるのです。Dīgha Nikāya(ディーガニカーヤ)（長部経典）の Mahāpadāna sutta(マハーパダーナスッタ), Lakkhaṇa sutta(ラッカナスッタ), No.14,30 ではブッダの三十二の人相と、どのような善行為の結果としてそれらが現れたのかという説明があります。しかし、身体の形でその人の運命、幸不幸などが少しはあらわになる可能性が理論的にあっても、それを占いとして仕事にすることは出家には禁止だと言っているのです。

戦争占い──政治・軍事評論

　また、ある尊敬すべき沙門・バラモンたちは、信者から施された食べ物で生活しながら、たとえば『諸王は進軍するであろう、諸王は進

軍しないであろう』『味方の諸王は到着するであろう、敵の諸王は退却するであろう』『敵の諸王は到着するであろう、味方の諸王は退却するであろう』『味方の諸王は勝つであろう、敵の諸王は負けるであろう』『敵の諸王は勝つであろう、味方の諸王は負けるであろう』『このようにしてこの者は勝つであろう、この者は負けるであろう』といった、このような無益な呪術によって邪な暮らしをしている。しかし、かれはそのような無益な呪術による邪な暮らしから離れている。これもまた比丘の戒です。

　昔はよく戦っていましたから、王様が戦争の前に占い師を集めて、いつ戦争を始めるか、まだ戦争に行かないほうがいいかなど、占うことがよくありました。王様も不安ですから、戦いに関するいろいろなことを、占い師が進言したりするのです。

　戦争は政治の一つでしたから、現代的に言えば政治評論家、軍事評論家ですね。経済的な評論をしたりもします。そういうものも出家にとっては邪な生活です。ブッダの政治論では戦うことは絶対に禁止で、王様は国民を我が子のように愛するべきなのです。動植物を守ることも王の仕事です。「国の中に異論がなく、不安なく、搾取することもされることもなく、一つの家族のような状態になっているならば、たとえスケールが小さい国であっても攻撃は受けない」という立場なのです。ですから、王様の欲望、権力欲を煽ったりたたえたりするための行為自体が、非仏教的なものになるのです。

　現代に至るまで、戦争を応援することや、戦士たちに「永遠の天国」というニンジンを見せて、大事な命を粗末にさせること、他殺に駆り立てること、戦い・搾取などに倫理的な言いわけをすることなどは、ほとんどの宗教が取り仕切ってきました。宗教界が人の運命、将来、死後の世界、命に対して独占的な権限を持っていると思っているのです。

ブッダの教えは、それとは徹底的に違います。因果法則によって成り立っている「命」に対しては、誰にも権限がないのです。自分の命に対してすら、自分自身に自由はないのです。しかし、生きることは苦ですから、物質や心の法則を理解して、苦をつくり出す悪循環である因果の流れを解除することが、正しい選択なのです。このような「真の生きる目的」を知っている出家比丘は、醜く汚らわしい戦争などを応援しないのです。

天体占い──天文学

> 　また、ある尊敬すべき沙門・バラモンたちは、信者から施された食べ物で生活しながら、たとえば『月蝕があるであろう』『日蝕があるであろう』『星蝕があるであろう』『月と太陽は軌道を進むであろう』『月と太陽は軌道をそれるであろう』『諸星は軌道を進むであろう』『諸星は軌道をそれるであろう』『流星が落ちるであろう』『四方が燃えるであろう』『地震がおこるであろう』『雷が発生するであろう』『月・太陽・星は昇り、沈み、汚れ、浄まるであろう』『月蝕がおこり、…（中略）…これこれの結果になるであろう』といった、このような無益な呪術によって邪な暮らしをしている。しかし、かれはそのような無益な呪術による邪な暮らしから離れている。これもまた比丘の戒です。

　これはインドでは一般的な星占いの話です。現代で言えば天文学ですね。昔からいろいろな計算に基づいて培われた技術ですが、それは仏教ではやらないことになっています。
　上のリストをよく見ると、これはただ星占いに限った禁止項目でもないことが分かるのです。人間の生活には天体の運行を知る必要もありま

す。日にちを計算したり、季節の移り変わりや雨期・乾期などは知っておいた方が便利ですし、人生を運命に任せないで管理できます。天体の運行を知るためには、正しい観察力と計算力が必要ですが、そこまでは迷信でもインチキでもありません。

とはいえ、現代でもそうですが、この分野は人の生活に関係のない宇宙のことにまで発展してゆくものです。人間の知的欲求は、知らなくてもよいところまで調べてしまうのです。天文学者のロマンのためにかなりの人類の財産がなくなっているのです。仏教は適度を知っているので、日にちを知ること、季節を知ることぐらいは比丘たちも学ぶべきこととして認めているのです。

それが「星占い」となると、水星・流星・日蝕・月蝕・惑星が交差するように見えることなどで、人の占いをするのです。これは、天文学に人間の欲望、願望、迷信、信仰などが絡んできたものですから、占星術は出家には禁止なのです。

気象占い——天気予報

> また、ある尊敬すべき沙門・バラモンたちは、信者から施された食べ物で生活しながら、たとえば『大雨があるであろう』『早魃(かんばつ)があるであろう』『食べ物が豊富になるであろう』『食べ物が欠乏するであろう』『平和になるであろう』『恐怖があるであろう』『病気になるであろう』『健康になるであろう』とか、指算術、訐算術、日算術、詩作術、詭弁術といった、このような無益な呪術によって邪な暮らしをしている。しかし、かれはそのような無益な呪術による邪な暮らしから離れている。これもまた、比丘の戒です。

これは、現代科学的な天気予報まで否定しているわけではありません。

今の天気予報は科学的な根拠に基づいていますが、昔はただの迷信で行っていたのです。たとえば「東の空が赤くなったら干ばつです」というように、別に科学的な根拠はなかったのです。迷信に基づいているものを仏教では否定します。

いつ乾期や雨期がくるか、いつ洪水になるかなどを、農民たちが先に知りたがるのは当然です。しかし、今の科学的な観察データに基づいた予報でも、明確に予報することは難しいのです。

そうなると、明日が天気になろうが、台風が来ようが、竜巻があろうが、「今日やるべきこと」をやっておいた方がいいのです。出家が気象占いなどを行って生活したら、出家は修行ではなく職業になってしまうのです。食べるための出家ではなく、心を清らかにするための出家ですから、俗世間の迷信に費やして無駄にする時間はないのです。

指算術、計算術、目算術、詩作術などは呪術ではありませんが、それも占いなどに使用するので、禁止しているのです。

計算術

計算術というのは、はインドにあった特殊な専門技術です。苦労して学んだ計算技術士たちは、王様や億万長者たちに雇われて高収入を得ていました。もし、出家が出家したのにもかかわらず計算技術で収入を得るならば、それは出家としてはとても卑しい生き方になるのです。お寺や道場に住んでいる僧侶たちが、会計士の資格を取って、一般向けに会計事務所を経営することをイメージしていただくと近いと思います。たとえ料金が三割安く設定してあったとしても、その僧侶たちは欲にまみれて生活するはめになるのです。

詭弁術

　詭弁術はインドでは人気があったもので、話術でもあります。たとえば、上手な詭弁士は見事に「カラスは白いです」と証明してみせる。これは注釈書にあるたとえですが、決して、カラスの色は白いと言わないところは微妙ですね。聞いている人々は明らかに嘘だと知っていても反論できずに唖然とし、驚愕します。そこで詭弁士は大金を手に入れるのです。即興で詩を謳って金儲けをする職業もあります。結局は言語を自由自在に操って遊ぶことですね。言葉は人に大事な情報を伝えるために不可欠な道具ですが、このような遊びをすると、大事な教えも、大事な情報も、笑われて終わるのです。

　仏教では有意義な言葉以外は語ってはならないのです。無意味な言葉を巧みにしゃべって人を笑わせたり脅かしたりして生計を立てることは、出家にとって卑しいことなのです。在家はくだらない能力でも売って生活しなくてはならないのですが、出家は断言的にやめるべき行為です。仏教は、詭弁と詩作術の代わりに、人々が覚えておく価値があるくらい役に立つ金言を、いかにコンパクトに語れるかを、気にする世界です。詭弁は糞言で、仏教は金言です。

　詭弁術は基本的に人の意見、考えを排除させるものです。分かりやすく言えば、人の考えを馬鹿にするのですね。でも、ただ述べるだけで、正しい考えを提案しないのです。詭弁士の仕事は意見を壊すことですから、自分が意見を提案するのはまずい。ですから、言葉が達者なだけで十分で、何かを学ぶ必要も知識人である必要もないのです。

　言語自体の問題でもありますが、人間には完璧には語れないという弱点があります。ですから、人がどんな大事なことを言っても、「穴探し屋」には弱点が簡単に見える。この能力は大したものではなく、子供にもあります。せっかく大事なことを教えようとする大人が、子供の反論に負けてしまうことは日常茶飯事ですね。

詭弁術は、無知を正当化して真理を知ることを邪魔し、人格向上の妨げになるものです。また、時間を無駄にしたり、言葉をおもちゃにして無用なものにしてしまうので、仏教では禁止しているのです。そして、だからこそお釈迦様は詭弁士に「自分が語る真理は批判できない、言葉は完全である」と挑戦なさったのです。詭弁士は誰一人、釈尊には勝てなかったのです。

詩作

詩作の問題も考えてみましょう。立派な詩というのは、言葉をぎりぎりまでそぎ落とします。延々とだらしなく語るのは詩ではありません。また、詩というのは暗記しやすいのです。無駄話を全面禁止して完全に語ることに力を入れる仏教では、大事な真理を語るとき、覚えてほしいとき、日夜思い出してほしいとき、日々念じてほしいとき、その真理を詩で語るのです。でも、詩のための詩、言葉の遊びとしての詩、意味を持たない詩は禁止です。ブッダと弟子たちは、意味が深くて智慧をもたらす詩や、人を悪行為から守って解脱を促す詩だけを詠うのです。それでも、ブッダや弟子たちは詩人にはなりません。出家する者がかつて詩人だったとしても、それはやめなくてはならないのです。

庶民の生活は占いに依存する

> また、ある尊敬すべき沙門・バラモンたちは、信者から施された食べ物で生活しながら、たとえば、嫁とり、嫁やり、和解、分裂、借金の取り立て、金の貸し出し、幸運をもたらすこと、不運をもたらすこと、流産した母胎の治療、舌を硬直させること、顎を動かぬようにすること、両手を挙げさせる呪い、顎の呪い、耳の呪い、鏡への問い、

> 少女への問い、神への問い、太陽崇拝、大いなるものへの崇拝、火を吐くこと、シリ天の招請といった、このような無益な呪術によって邪な暮らしをしている。しかし、かれはそのような無益な呪術による邪な暮らしから離れている。これもまた、比丘の戒です。

　この段の「嫁とり（āvāhanaṃ）、嫁やり（vivāhanaṃ）、和解（saṃvadaṇaṃ）、分裂（vivadaṇaṃ）、借金の取り立て（saṅkiraṇaṃ）、金の貸し出し（vikiraṇaṃ）」などは、日本語でそのまま読んでも分かりやすいですね。「これらは呪術と関係のない一般的なことではないか」と思うのも当然です。しかし、出家して信者さんのお布施で生活しながら、このような仕事をすれば、それは卑しい生き方になるのも当然なのです。

　なぜかというと、実はこの仕事も呪術に入るのです。たとえば、嫁とりや嫁やりなら、若い男女の星座、その家族の星座などを星占い（インドではホロスコープ）で占って、適切な家を推薦するのです。若い男女が恋に落ちていても、占いで凶が出たら、両親は結婚を認めません。

　借金の取り立ての場合も、宗教家が直接脅しに行くのではなく、「強引にでも、暴力を振るってでも、相手から借金を取り戻せるように、金がなくならないように」と、取り立てに行くべき日時などを占ってあげるのです。「幸運をもたらす、不運をもたらす」という場合も祈祷・呪いなどになります。別れた誰かと和解したいとき、また、誰かとしっかり別れたいときもその期待を叶えるために、どんな日でどんな時間で実行すればいいかを占ってあげるのです。

　「流産した母胎の治療（viruddha gabbha karaṇaṃ）」と日本語訳をされている部分ですが、意味は少々違うのではないかと思います。viruddha とは反という意味です。gabbha は妊娠、母胎です。ですから、子が宿っている母胎に対して呪いをかけることでしょう。呪術や薬で流

産させたり、死産させることです。

　これが一般的にあったということは、どういうことでしょうか。基本的には子供は宝・財産として考えていましたが、「子供が生まれたら困る」という場合もあったでしょう。たとえば、資産家は二人の奥さんをもらったりしますが、先に子供を産んだほうが第一夫人になって、資産の所有権を握る。そうなるともう一人の妻には面白くないですね。他にもいろいろ考えられる原因はあるにせよ、呪術や飲食物に混ぜられた何かのせいで大事な子供が亡くなったら悲しいですね。流産したら、母の命も危うくなる恐れがあります。ですから、今でも迷信を信じる女性は、妊娠したら身体にいっぱいお守りをつけておく習慣があるのです。

　「舌を硬直させる」というのは、よくしゃべる人の舌を動かなくして、しゃべれないように呪文をかけることです。裁判で証言をするときのことを想像してください。証人がもし話せなかったら被告人は有利ですね。「顎を硬直させる（hanusaṃhananaṃ）、両手を勝手に動かさせる（hatth-bhijappanaṃ）、顎・口を勝手に動かさせる（hanujappanaṃ）、相手の耳に自分の言葉が聞こえないようにする（kaṇṇajappanaṃ）」というのも呪文やマントラをかけるのです。注釈書は裁判のたとえで説明しています。たとえば起訴人も被告人も一緒に証言するときは、こちらの証言が相手の耳に聞こえないように呪文をかければ相手は適切な反論も弁解もできなくなる。呪文の力で、物事を自分の都合のいいように操れると信じていたようですね。

　次の三つを説明しましょう。「鏡への問い（ādāsapañhaṃ）」は鏡面や反射するものに神を写してもらって質問することです。占ってもらう側の質問を代わりに神に聞くのです。「少女への問い（kumārikapañhaṃ）」は少女に神を憑依してもらって質問に答えを頂くのです。「神への問い（deva pañhaṃ）」は神懸かりの身体に神を憑依してもらって占うことです。この三つの仕事は神霊信仰に基づいています。神ならなんでも知っているということでしょうか。また、この場合は占いが外れても占い師

に責任はないのです。

　最後の四つに行きましょう。これらは「高収入を得るために行うもの」としてまとめているのです。「太陽を崇拝して金を儲けること（ādiccupaṭṭhānaṃ）」は自分の信仰なら金になりませんが、おそらく人々のために崇拝儀式を行うことを指しているのでしょう。「大いなるものへの崇拝（mahatupaṭṭhānaṃ）」は、このままではよく分からないのです。金目当てで、大金持ちや王様、大臣たちなどの信仰・崇拝係になることだと理解することもできます。注釈書は mahati を大梵天だと解釈していますが、それなら梵天崇拝になります。梵天に祈るときも仲介として聖職者が必要ですから、それを請け負えば、結構な収入になります。よく理解できないのは次の「火を吐く（abbhujjalanaṃ）」というものです。呪文で口から炎を吹き出すことだと注釈書は記していますが、それでは、ただのマジックと変わりません。そこで、abbhujjalanaṃ を「abhi」＋「ujjalana」と分けると、「輝く」と「燃える」という意味になります。口とは決まってないのです。身体から炎が燃え上がるように見せることだと理解することもでき、呪文を駆使して宗教家が自分の聖力を他人にアピールすることとも解釈できます。

　あるいは、迷信は似ているものをセットにして語られていると推測してみましょう。この経典では戒として語っているので、決して思い出した順に無作為に語られたわけではありません。Ajjhāyakā manta dharā（読誦する、マントラ・ヴェーダ聖典を学ぶ人々）のような文書からabbhujjalanaṃ もなんとか似ているのではないかと思えます。そうすると、読誦を俗語として訛った言葉ではないかと推測できるのです。さらに、推測して解釈を深めれば、一般人のために経典・マントラを読誦して回ることになります。これなら、収入にもなりますし、前の二つにも適合する仕事です。かなり無理のある解説なので無視した方が安全かもしれませんが、一応三つの迷信をワンセットにしてみました。

　次の「シリ天の招請（sirivh-yanaṃ）」を見てみましょう。シリ天と

いうのはラクシュミー（弁天）神のことです。財産を支配する神で、学問・芸術を司る神としても信仰されています。呪文・祈祷・儀式・儀礼などを行ってシリ神を招請する。それなら、湧き水のごとく財産が溢れることでしょう。

これらの卑しくて迷信的な、人々の伝統的・文化的な信仰に乗って生計を立てることは仏弟子には禁止なのです。出家は生活の手段ではなく、解脱するための手段なのです。

この戒では呪文の項目がいくつかありました。それに似た読誦もありました。誰もがみんな尊ぶあの「般若心経」の最終結論は呪文ですから、「呪文を否定することは仏教を否定することではないか」という心配もあるでしょう。もし、般若心経が仏教であるならば、それは正しい心配です。自信がない人や気が弱い人、悩みや心配事で落ち込んでいる人、何も努力をせず最高の結果を期待する人、正当な道を歩まず裏口から目的に達したい人、理性・論理を否定する人、迷信・神秘を固く信じる人、怠け者などは、呪文を唱えることで精神的に安心することができるのです。希望が叶っても、叶わなくてもあまり気にしないのです。そのような方々が呪文を信じるのは構いません。

しかし、仏教的に言えば、何か希望があるなら、それが叶うように努力した方がよいのです。希望が叶うために必要なのは、呪文や迷信ではなく具体的で論理的な行動なのです。怠けをつぶさなくてはならないのです。

民間療法には迷信が混じる

また、ある尊敬すべき沙門・バラモンたちは、信者から施された食べ物で生活しながら、たとえば、願かけ儀礼、願解き儀礼、鬼霊儀礼、土の儀礼、精力回復の儀礼、精力減退の儀礼、宅地化儀礼、宅地の撤

布儀礼、口すすぎ、沐浴、供犠、嘔吐、下痢、上部の浄化、下部の浄化、頭部の浄化、耳用油を煮ること、眼用油を煮ること、鼻の治療、眼に薬をさすこと、眼に薬を塗ること、眼科治療、外科治療、小児科治療、根と薬草との調合、薬の除去といった、このような無益な呪術によって邪な暮らしをしている。しかし、かれはそのような無益な呪術による邪な暮らしから離れている。これもまた、比丘の戒です。

　この段落は治療の話だと思います。原文の単語を参考に解読してみましょう。まず、昔の人は細菌やウイルスのせいで病気になることは知らなかったのです。もちろん、それだけが病気の原因ではありませんが、ひとまず措いておきましょう。悪霊のたたり、神の怒りなども病気の原因だと昔は信じられていました。
「願かけ儀礼（santikammaṃ）」とは病気になった人のために、よい霊や神、星座などに「早く健康にしてください。幸福にしてあげてください」とお願いを立てる儀式です。「願解き儀礼（paṇidhikammaṃ）」とは患者が健康になったところで、そのよい霊に感謝する儀式です。そのときには以前約束した供物もお供えします。「鬼霊儀礼（bhūtakammaṃ）」とは、鬼霊（神より低いランクの霊のこと）によって病気になったり、不幸になったりすると行う儀式です。「土の儀礼（bhūrikammaṃ）」とは、ある場所に住みついている霊の影響に対する儀礼ですので、祈祷師はそちらに出向かなくてはいけません。
　この段の後半は、当時行われていたさまざまな医学的治療が載っています。説明がなくても理解できるところです。インドの治療というのは呪文や呪術が混じっていることがありますが、お釈迦様はそういう治療方法で出家が生活することを禁止しているのです。では、呪術の混じらない医学的な治療ならば、許されているでしょうか。それも駄目です。修行の傍ら、在家のときに得た専門知識で治療を始めると、出家しても

職業を続けることになります。ですから、出家には禁止です。

　では、奉仕や人助けとして、お金をもらわずに行う治療はどうでしょうか？　駄目です。それは、医者の仕事を奪うことにもなりますし、自分で薬を探したり、作ったりしなくてはなりません。無料の治療になれば患者は絶えないでしょうから、在家の医者よりも忙しいくらいでしょう。そうなるとなんのために出家したのか、分からなくなりますね。

　また出家の戒律をたくさん破らないと、治療という行為はできません。たとえば、異性の身体を触ったり、見てはならないと決めているところまで見なくてはならない。それから、治療する人は俗世間から尊敬されます。奉仕で治療するならなおさらで、お布施もたくさんもらうでしょう。そうなると、他の出家が軽視されることもありえます。もし出家の医者のせいで、解脱している出家まで俗世間に軽視されたら、仏教そのもののメッセージさえも世間に伝わらなくなってしまいます。これは、ブッダに対する冒涜なのです。また、本人が「私は、人の役に立つ立派な出家だ。他の比丘たちより優れているのだ」などと思ったら、それは傲慢という煩悩に犯されたことですから、悪行になります。肉体の病は身体の専門家に任せて、出家は心の病の治療に専念するものです。そういうわけで、医学は俗世間的には尊い仕事ですが、出家はやってはならない卑しい行為なのです。

仏教の治療法

　例外として、出家同士での治療は認められます。律蔵の中にも、お釈迦様がいろいろな治療法を教えた文言が入っています。お釈迦様にも治療に対する知識は結構ありましたが、治療法は簡単・単純で、難しい治療ではないのです。たとえば「お腹を壊したらお粥か、ご飯のおこげを溶かして飲みなさい」とか、「体調を崩したら牛の尿をとって飲みなさい」というようなしごく単純な内容なのです。牛はいっぱいいるから尿

はいつでももらえるし、誰にも迷惑はかけません。金がかかる、戒律を犯すはめになるものではありません。釈尊に認められたものは出家に一貫して合法的（合律的）なのです。

ただし、それで済まない場合もありますね。あるお坊さんが貧血に、栄養失調にかかったのです。牛の尿では治りませんし、修行もできず落ち込んでいました。お釈迦様はその比丘に、住むところを替えることを勧めるのです。お釈迦様が推薦したのは漁師たちの村でした。そこに住んだところ、その出家の病気が治りました。適切な栄養を取れるように配慮なさったのですね。

また、お坊さんは自然の中で生活していましたから、蛇にやられることも多かったのです。特に、毒蛇に咬まれたらすぐにすべき手当てが説かれてあります。蛇から身体を守る護経もあるのです。お経をあげたら蛇に咬まれません。しかし、これは呪文ではないのです。慈しみという論理的な心の法則を応用するのです。慈しみには植物までよい反応をしますから、「怖い」ではなく「かわいい」と思えるようになれば、蛇もペットのような感覚になります。

出家の戒律には有り余る御利益がある

> さて、大王よ、このように戒をそなえているその比丘は、いかなる場合にも、戒の防護から、恐怖を見ることがありません。大王よ、それはたとえば、灌頂即位し、敵を制している王族が、いかなる場合にも、敵から、恐怖を見ることがないようなものです。大王よ、それと同じく、このように戒をそなえている比丘は、いかなる場合にも、戒の防護から、恐怖を見ることがないのです。かれは、この聖なる戒蘊（かいうん）をそなえ、内に、罪過のない楽を感知します。
>
> 大王よ、このように比丘は戒をそなえています。

お釈迦様はアジャータサットゥ王に「出家した人は、まず戒律を守って道徳的な生き方をするのだ」と詳しく説法なさったのです。少々脱線しますが、考えてみましょう。

　私たちの社会でもいろいろな道徳を守っている人々の話が耳に入ることがありますね。「私は菜食主義で、テレビもラジオもやめています。都会での生活をやめて自給自足生活をしています」などという、難しい行をしている人の話も耳に入ります。私たちは「難しいことをなさっているなあ」と関心を持ちます。でも、ある人が自分の自由意志で苦行をすると社会はそれに感動するのですが、その苦行によってどのような得があるのかは分からないのです。

　お釈迦様がアジャータサットゥ王に説かれた出家戒は、出家組織が偉いことをやっているということで在家の王の関心を引きながら、戒を守っている出家がいかに安らぎの生き方をしているか、また出家の戒を重んじる生き方が社会に貢献していること、そして社会の模範になっていることを明確に分かるようにしているのです。

　王の質問のポイントを思い出しましょう。「商売する人は金を儲ける。では、出家者の修行になんの利益があるのか」でした。そこでお釈迦様が、出家者の修行には、俗世間の立場から見ても、現世的な得も有り余るほどあるということを明らかにして語られるのです。

　人間の生き方にはトラブルが多いのです。いつも悩んだり苦しんだり、戦ったりしなくてはなりませんし、敵も、ライバルもたくさんいる。恐怖感も、不安も絶えません。安心することもできないし、安全もありません。社会に見られる罪、犯罪、詐欺、偽善、裏切り、奪い合い、憎しみ、恐怖などの原因は、道徳的な生き方を無視しているからではないかと、お釈迦様が間接的に示されているのです。

　とはいえ、たくさんある出家の戒を在家が守る必要はありません。在家戒は少なく、日常戒は五つです。修行するにしても八戒か十戒ですね。出家の戒の中に、より詳しく在家戒も入っているのです。

出家戒は律蔵として整理整頓・編集されています。しかし、アジャータサットゥ王に出家戒について語っているこの場合は、律蔵のように「法律」的な色はありません。一般的な説法です。「社会人の生き方 VS 出家の生き方」という立場で説かれるのです。社会人としての生き方を背景にして、出家の生き方を描いています。そのコントラストをはっきりさせることで、「人間が倫理を守って生きてみるだけで、ほとんどの社会的、経済的な問題は消えてしまうのだ」と間接的に説かれているのです。

では、倫理を背景にして、社会のことを少々考えてみましょう。

貪瞋痴があるところに矛盾がある

あらゆる分野の研究や開発、発明などは、人生をより豊かに、より幸福にするという建前で発展していきます。実際、高度で複雑な経済システムが日常生活をしっかり管理していますね。

薬産業や、バイオテクノロジーの分野などで行う遺伝子改良の研究は、人類を病気から救うという目的があります。それでも、世界的に見ると幸福になる人間よりは不幸になってしまう人々の数が多いのです。いまだに、予防注射や教育さえも受けることができない子供たちがたくさんいます。一方で病気をなくす、長生きができるようにと研究をしながら、他方では人口が増えることに警鐘を鳴らしています。不必要なものをどんどんつくって強引に売るという経済成長の結果は自然破壊になっています。

何があっても人は幸福にならないのです。争いは消えないし、貧富の差は縮まりません。さまざまな差別、搾取なども消えません。とにかく何もかも矛盾しています。簡単に言えば、俗世間では道徳という概念がないのです。結果はどうであっても、ミサイルや核兵器などを開発して金を儲けるならばそれでよしという考えです。

「何より先に、すべての生命が仲よく、助け合って、心配し合って生きるべきだ」という考えはありません。共存は正しい道だと知っていても、それでは儲からないと思っている。いわゆる生きる衝動は「貪瞋痴（貪り・怒り・無知）」で、競争と破滅の道なのです。人が呼吸するのは当たり前の事実です。それと同じように、人は道徳的であるべきだと納得できたら、社会の矛盾はほとんど消えると思います。

道徳は真理の世界への入り口

　仏教は「人間なら守るべき普遍的な人間共通の道徳」を、真理を語る過程で先に説くのです。その道徳論もさらに発展させて、在家倫理と出家倫理との二種類にしているのです。人が本当に倫理を重んじるならば、この世の中はそのまま天国のようなものになります。
「道徳は他の宗教にも社会にもあるではないか」と思うかもしれません。確かにありますが、曖昧なのです。たとえば「殺すなかれ」と言いますが、例外もつくっていますね。戦争では人を殺してよいのです。「嘘を言ってはいけない」と言って刑罰までつくりますが、国は国民にも他国にも嘘を言っています。どこを見ても「極秘」という概念はあるのです。
　しかし、真理の世界では曖昧ということはないのです。たとえで言うならば、毒は身体に悪い。人間の身体にも、他の生命の身体にも悪いですね。これと同じで、非道徳は幸福を目指す人には毒であり、例外は成り立たないのです。「毒を飲んで死ななかった人もいる」という反論があったとします。でも、死ぬほどの苦しみになるでしょう。決して幸福にも健康にもならないでしょう。非道徳の結果にも微妙な差があるかもしれませんが、人を不幸に陥れることは共通しています。
　社会的な立場で見ても、道徳を守る出家比丘は在家の人が羨ましがるほどの利益を得ているのだ、と最終的に説かれて、次に、精神的な安らぎ、心の幸福の方へ話を進めるのです。

❖心の戒律——感官の防護

　ではまた、大王よ、比丘はどのように、もろもろの感官の門を守っているのでしょうか。

　ここに大王よ、比丘は、眼によって色を見る場合、その外相を捉えることもなく、その細相を捉えることもありません。この眼の感官を防護しないで住むならば、もろもろの悪しき不善の法が、貪欲として憂いとして、流れ込むことになります。そこでかれは、その防護につとめ、眼の感官を保護し、眼の感官を防護するに到ります。

　耳によって声を聞く場合、その外相を捉えることもなく、その細相を捉えることもありません。この耳の感官を防護しないで住むならば、もろもろの悪しき不善の法が、貪欲として憂いとして、流れ込むことになります。そこでかれは、その防護につとめ、耳の感官を保護し、耳の感官を防護するに到ります。

　鼻によって香りを嗅ぐ場合、…（中略）…。

　舌によって味を味わう場合、…（中略）…。

　身によって触れられるものに触れる場合、…（中略）…。

　意によって法を識る場合、…（中略）…意の感官を防護するに到ります。

　かれは、この聖なる感官の防護をそなえ、内に、汚れのない楽を感知します。大王よ、このように比丘は、もろもろの感官の門を守っています。

　戒律というと、一般的に心に浮かぶイメージは「生き方を制御する規則」だと思います。たとえば、何を食べればよいか、何を食べてはいけないか、飲んではいけないものはなんなのか、妻帯するべきか否か、服装はどうするのか、などのようなものですね。

お釈迦様が説かれる戒の目的は、礼儀作法で人を縛ることではありません。その反対で、完全たる精神の自由こそが目的です。心が汚れているから行動が汚れる。悪行為になる。それで他人に迷惑をかける生き方になる。返ってくる結果によって、自分も不幸になるという理論です。

　生き方を制御するという戒律を守るには、その人の心でそれを実行しなくてはならないのです。ですから、行為を戒めれば自然に心も戒められるのです。それから、その行為自体が他人の迷惑にもなりません。自分にも善い結果が返ってくる。これが、善い循環になって心が徐々に清浄になってゆくのです。ですから、仏教の戒律の目的は、心の煩悩を減らすことです。儀式、儀礼ではありません。

　今まで、小・中・大戒として説明してきたのは表面的に見える生き方のことでした。ここからは、よりレベルの高い、内面的な戒律になるのです。

煩悩を減らすための戒律

　輪廻転生する生命の心は、基本的に貪瞋痴で汚れていますが、それは実感できるほどのものでもありません。ところが、いったん生まれてから生きようとすると、心の汚れに気づくのです。欲、怒り、嫉妬などが現れるのです。なぜでしょうか？　眼・耳・鼻・舌・身に色・声・香・味・触という情報が入るからです。

　何かを見ると、美しいと思ってしまい、欲が現われます。食べたり聴いたりするときも同じです。見たもの、食べたもの、聴いたものが気に入らなかった場合は怒りが現われます。感覚器官に情報が入ることは避けられないことです。が、それに従って心は汚れることも避けられないと言っては話にならないので、お釈迦様は感覚器官を警備することを戒律として教えます。

　戒律は四種類あります。一番目の戒律は pātimokkha-saṃvara-sīla で

「出家するときに受けて守る二百二十七項目の大きな決まり」です。二番目の戒律は ājīva-pārisuddhi-sīla で「出家として品格のある正しい生活、生き方をすること」です。「小戒」「中戒」「大戒」の中の「大戒」がそれに当たります。そして三番目の戒律が、これから説明する indriya-saṃvara-sīla で「感覚器官の防護」になります。四番目の戒律は paccaya-sannissita-sīla で、「着るもの・食べるもの・住むところと薬を量とその目的を知って、不浄を観察し、執着しないようにすること」です。

眼から入る情報を制御する

　比丘は、眼によって色を見る場合、その外相を捉えることもなく、その細相を捉えることもありません。

眼を通して入ってくる情報を色（しき）といいます。具体的に眼が感じるのは色と形です。我々は目から形を受け取りますが、その場合も、出家者はただ見ているだけであって、詳細に区別、分析、判断して見ないということです。たとえば「異性だ」「若い人だ」「可愛い」「服装が似合っている」「足が細くてきれい」「歯が美しい」「笑顔が美しい」などです。逆に、「不細工だ」などの反対の分析もしません。

　この眼の感官を防護しないで住むならば、もろもろの悪しき不善の法が、貪欲として憂いとして、流れ込むことになります。そこでかれは、その防護につとめ、眼の感官を保護し、眼の感官を防護するに到ります。

目は色という情報が入る窓口です。それをコントロールしないで放っておくと、いろいろな悪い不善の法が心の中に、貪欲や憂いとして流れ

込むことになります。どこまで汚れるか、分からないのです。ですから「出家の人々は心が汚れないように、眼を守りなさい」というのです。戒律ですから、出家の人々は必ず眼を護らなくてはなりません。

　眼を防護していないと、どうしても abhijjhā と domanassa という二種類の不善の法が入ります。Abhijjhā は「貪欲」という余計な欲です。Domanassa は「怒り」「気に入らない」ということです。不必要なものも、得ることはできないものも欲しくなるし、関係のないものに対しても怒ったりする。それから、戒律を守った生き方をしていても、感覚器官を防護していないと、心に煩悩が溜まってしまいます。そのせいで修行をやめて俗世間に戻ってしまうこともよくあるのです。

世直しではなく自分をコントロールする

　我々は簡単に眼をコントロールすることができるのです。「余計な欲を生みだす雑誌や本を出版するな」などと世間を攻撃するより、効果的で簡単な方法です。それに、淫らな雑誌、映画、テレビ番組がなければ、みんなが心のきれいな人になるとは言えないのです。確かに自己管理せずにそのようなものを見れば、余計な欲と感情が生まれます。しかし、世間と戦えないから世間に自分を守ってもらうというのは、囚人に看守がついているようなものです。立場が悪いのです。

　そうやって世の中をコントロールしようとするのではなく、自分自身をコントロールすれば済むのです。これが世間と戦わずに心を清らかにする方法です。

　ですから、各個人が自分自身をコントロールしなくてはなりません。たとえば文章を書くときでも、心の中で「この文章は人間のためになるか」「読んだ人がこれで幸福になるか」「役に立つか」と自分で自分をコントロールする。

　人には他人に迷惑をかけたり、人のものを盗んだり、害を与えたりす

る自由はないのです。それは結局、心の汚れ・汚物を世に撒き散らす自由がない、というのと同じことです。心を制御している人にのみ、言論の自由も行動の自由もあるのです。

　見るときだけではなく、聴くときも、香りが鼻に入ってしまうときも、味わうときも、身体にものが触れるときも同じです。心の中が汚れないように、欲と怒りが現われないように、ガードしなくてはなりません。そうすることで、憂い、悲しみなく、穏やかに生きられるのです。というわけで、出家は戒律のお陰で、特権的な生活をしています。それもまさに、出家が経験する果報です。在家にはない御利益ですね。

　　耳によって声を聞く場合、その外相を捉えることもなく、その細相を捉えることもありません。この耳の感官を防護しないで住むならば、もろもろの悪しき不善の法が、貪欲として憂いとして、流れ込むことになります。そこでかれは、その防護につとめ、耳の感官を保護し、耳の感官を防護するに到ります。
　　鼻によって香りを嗅ぐ場合、…（中略）…。
　　舌によって味を味わう場合、…（中略）…。
　　身によって触れられるものに触れる場合、…（中略）…。
　　意によって法を識る場合、…（中略）…意の感官を防護するに到ります。
　　かれは、この聖なる感官の防護をそなえ、内に、汚れのない楽を感知します。大王よ、このように比丘は、もろもろの感官の門を守っています。

　出家者は六根の感官を守ることで、心を汚さないように気をつけます。
　見るときは心の中が汚れないように、欲と怒りが現れないように、眼をガードして心の清らかさを守ります。それで、憂い、悲しみなく、穏やかに生きることができるのです。

他の感官、耳・鼻・舌・身・意に対しても同じ言葉を繰り返しています。この繰り返しは、読むときは煩雑だと思うかもしれませんが、簡単に暗記して自分で唱えることができるように、パーリ語で同じ言葉を使うのです。だから一行勉強すれば六つの言葉を覚えていることになります。

耳・鼻・舌・身の感官を防護する

　次にあるのは耳に音が入る場合です。世の中にはいろいろいろな音がありますが、耳に入ったとき「この場合はどういう音か」と、特徴を捉えようとすれば、心は乱れてしまうのです。たとえば音楽なのか、人の声なのか、どんな内容なのか、などと追いかけてしまうことです。ですから、耳に音が入ったら、ただ単に「音」、「声」、でやめてしまう。そうすれば、心の中の冷静さは守れるのです。
「音楽を聴くなかれ」「淫らな話を聴くなかれ」のように、ひとことで戒めれば簡単かもしれません。苦行を語る宗教ならそのように説く可能性もあります。でも、そうやって禁止すると、「行・儀式・儀礼」になってしまうのです。そのように、厳密に形を守ることで行になってしまう類の律は、仏教で禁止するのです。行にとらわれてしまうと煩悩になります。仏教では「音を聞くな」とは言っていません。普通に生活していれば、当然音が耳に入るのです。人の話は聞かなくてはいけないし、ブッダの説法も聴かなくてはいけない。でも、ある特定の音が入ると、心が乱れて煩悩が現われ、堕落してしまう可能性は高いのです。
　そこで出家者は、役に立ったり、勉強になったり、心清らかになる音なら、心に入ることを許可しますが、貪瞋痴を引き起こす音は心に入れないようにするのです。耳を閉じることはできないから、音が入っても自分が落ち着いて、いつも冷静でいるということです。
　舌で味を味わう場合も、同じことです。出家してもご飯は食べますか

ら、味は感じるのです。でも、身体に味が入っても、これはなんの味なのか、どういうふうにつくる味なのか、というふうに、いちいち追いかけて心を乱すことはしません。そのことで余計な欲と憂いが生まれないようにするのです。

　五番目は、身体にいろいろなものが触れる場合です。

　我々の身体にものが触れたら、感触が生まれます。その場合も、これは気持ちいいとか、悪いとか、追いかけてはいけません。追いかけてしまうと余計な欲が生まれてくるからです。

　たとえば、普通の人々が家具などを買うときは、座ってみて、寝てみて、触ってみてとか、いろいろチェックしますね。そのように一般の人は身体の感触にかなりとらわれているのですが、出家の場合はそうではいけません。どんな感触が入ろうが、ただ気にせずにそこで留めます。そうしなければ、身体の感触から欲と怒りという二種類の汚れが入ってきます。

　釈尊の時代で、出家が修行に入る場合は、空き地、森、洞窟、墓場などの場所に住んでいたのです。身体にはよい感触はほとんどなかったでしょう。よい感触どころか、蚊、虫、ムカデのようなものが触れてきます。落ち葉の上に横たわることもあれば、暑さ、寒さが攻撃してくることもあります。これらにいちいち苦しみを感じて心が混乱すると、修行なんかはぜんぜんできなくなる。かなり困ることになるでしょう。そこで、比丘は身体に触れる感覚に対して、嫌な気持ち、怒りなどが生まれないように気をつけるのです。

意根を守る

　最後に六番目の心、「意によって法を識る場合」です。
　この「法（dhamma）」という言葉は仏教でいろいろな意味で使っています。ブッダの教えも、真理も法です。この同じ文章の中に「不善の

法」が出てきます。この場合は「余計な欲と憂い」という意味で法という言葉を使います。「意によって法を識る」と言う場合は、心に入る対象のことです。

　ですから、意（心）によって、〈もの〉を考えるときも、特徴を捉えようとしたり、細密に分析して深入りしないことです。この場合も主に管理するのは欲と怒りです。分かりやすく言うならば、思考で心が汚れたり、乱れないようにすることです。

　心の管理は簡単ではありません。眼・耳・鼻・舌・身の管理より難しいのです。

　たとえば、眼に色と形が入るとします。心が乱れそうになったら眼をそらすこともできるし、閉じることもできるし、その場所から離れることもできますね。では、心の中に、何かの考えや感情が入ったらどうでしょうか。どこへ行っても心と一緒ですから、逃げられません。怒りや欲の思考などが入ると、絶えずその感情にはつきまとわれるのです。心は限りなく乱れてしまって、病気にまでなるのです。

　それだけではありません。心で認識できる対象は、幅が広いのです。眼・耳・鼻・舌・身の対象は色・声・香・味・触と決まっていますが、心は、この五つも認識できるし、過去と未来のことも認識できるのです。実際にあるものも、まったく存在しないものも認識できますね。ですから、三十年前に見たものでも、今思い出して、欲や怒りをつくったりすることが簡単にできてしまう。本当にやっかいなのです。

　戒によって、意を守る場合は、何か思考・妄想が心に入ったら、深入りしないで、すぐ流すようにします。捨ててしまう。思い出してもそれ以上は深入りせず、忘れてしまう。心を清らかにする別のものを考えたりもします。

　これで、そこそこきれいな思考でいることはできるようになります。心を根本的に清らかにするためには、さらに瞑想実践が必要なのです。戒律は、心の汚れを管理できる範囲で制御してくれるものです。眼・

耳・鼻・舌・身・意という六根を守っておくと、心の中の乱れ、感情の波というのはほとんどなくなって、随分と落ち着いてくるのです。

世間の楽は、苦しみのカラクリで成り立つ

　　かれは、この聖なる感覚器官の防護をそなえ、内に、汚れのない楽を感知します。

　この「聖なる」という言葉は、「お釈迦様がおっしゃった仏道」という意味で理解しましょう。お釈迦様は、理性的という意味でも使用なさっていたのです。この優れた防護法で六根を制御することによって、すごく楽しみを感じると言っています。
　これは俗世間の考え方とずいぶん違いますね。俗世間では美しいものを見たり、美しい音を聞いたり、美しいものに触れて楽しい、おいしいものを味わって楽しいと思うのは普通です。
　しかし、それは思うだけのことで、決して楽しいわけではないのです。とらわれてしまうと、混乱だらけの生き方になって、極端に苦しくなるのです。美しいものを追いかけていくと、すごい苦しみもついてきます。精神的、経済的、社会的な問題など、いろいろな問題が出てくる。誰も認めようと思いませんが、トラブルだらけなのです。
　たとえば一年間必死で働いてお金を貯めて、一週間外国旅行したとします。美しいものを見て喜んでも、それはほんのつかの間でしょう？旅行自体は楽しみでも、本当は神経を使ってイライラして大変だった時間のほうが多いのです。お金やら精神力やら体力やら、いろいろなものも使いますから、結局は苦しみで終わってしまいます。
　また、人々はたくさん苦労したほうが、楽になると思っているのです。「苦あれば、楽もある」というスローガンで頑張っているのですが、楽から苦を引いてみるとかなりマイナスになるはずですよ。

確かに苦が強いほど、楽も強烈に感じるでしょう。三日、四日の間何も食べることができなかった人は、お粥を食べても極楽にいるような気がします。三食を食べていて空腹の苦しみがない人にお粥はおいしくないし、別に食べたくもない。でも、飢えた人にもやはり、お粥が天国の味です。二年も三年も浪人して試験に合格した人は、驚くほど感激しますが、受験勉強の苦労もなく、一回で合格した人に強烈な感激は生まれませんね。健康がどれほどありがたいことか分かるのは、重病で倒れて、死の淵からやっと抜け出したときなのです。毎日健康でいる人は、日々生きることに幸福は感じません。一文なしだった人はたった千円をもらうだけでも感激しますが、豊かな人には残念ながらお金を得る感激は味わえないのです。

　このように、世の中で、楽・幸福と言っている現象は、現在の悩みや苦しみが一時的に消えたことです。

　それから、俗世間で言う幸福はものに依存するのです。耳で楽しみを感じるために音に頼らなくてはならない。眼で楽しむために色に頼らなくてはならない。身体を楽しませるためには、健康な肉体がなければなりません。その他の楽しみを得るためには、金に頼らなくてはならない。家族や友人に依存することもありますし、気持ちを明るくするために公園で散歩をしたり、パーティーをしたり、ハイキングしたり……。でも、この「依存して得る楽しみ」にはリミットがあります。食べることを楽しもうと思っても量は決まっていますし、金で贅沢しようと思っても必ず限度がありますね。

　それだけではありません。依存する対象は自分から必ず離れていくものなのです。お金は消えていきますし、子供たちは大人になって離れていきます。友人たちとはわずかな時間しか一緒にいません。年を取れば、体力も健康も消えていきますね。楽しみをつくってくれる対象が消えれば、その楽しみも消えてしまう。これは俗世間の人々が徹底的に執着している楽しみ・幸福の本当の顔なのです。

ブッダは依存しない楽を推薦する

　ブッダは、感覚器官を制御することで、俗世間の次元より優れた幸福を感じるのだと教えるのです。感覚器官から、心を汚し、心を乱し、苦しみをつくる情報を放すのです。離れるのです。何かがないから楽しいという場合は、その楽しみは長持ちします。音楽ではなく静けさを楽しむなら、何時間でも楽しいのです。心の落ち着きを楽しむ人には、快楽から生まれる疲れも、苦しみもありません。パーティーはそのとき楽しんでも後で疲れますね。離れる楽しみにはこの副作用もありません。

　このように普通の世の中の生き方は、苦しみをたくさん積み重ねたところで、ほんの少々の楽しみが得られる、いっぱい苦しんで少々楽しむというものです。それに対してお釈迦様が言われるのは、何も苦労しないで楽しめる方法です。この優れている防護法に従って、ただ眼・耳・鼻・舌・身・意をコントロールすると、心の中に落ち着き、静けさが生まれてくる。それは何も苦労しないで生まれてくるものですから、苦しみを伴わない純粋な楽です。仏道で言っている本当の楽しみが得られるのです。

　ここで、お釈迦様はアジャータサットゥ王に、出家の利益を明確に示しているのです。在家は商売・農業で利益を得て楽しんでいる。出家はその生活をやめたことで、比較にならないほど優れた幸福を味わっている。質が高くて副作用のない、長持ちのする幸福を楽しんでいると言っています。また、この幸福は苦労して、苦労してやっと手に入れたという種類の幸福でもありません。

❖ ヴィパッサナー瞑想——念と正知

> また、大王よ、比丘はどのように、念と正知をそなえているのでしょうか。
> ここに大王よ、比丘は、進むにも退くにも、正知をもって行動する。
> 真直ぐ見るにも、あちこち見るにも、正知をもって行動する。
> 曲げるにも、伸ばすにも、正知をもって行動する。
> 大衣と衣鉢を保つにも、正知をもって行動する。
> 食べるにも、飲むにも、噛むにも、嘗めるにも、正知をもって行動する。
> 大便・小便をするにも、正知をもって行動する。
> 行くにも、立つにも、坐るにも、眠るにも、目覚めるにも、語るにも、黙するにも、正知をもって行動する。
> 大王よ、このように比丘は、念と正知をそなえています。

　出家した人は感覚器官をコントロールして、次にこの念と正知を実践します。

　ここで書いている念と正知は「ヴィパッサナー（vipassanā）瞑想」の実践として知られているところです。ヴィパッサナーで、念（気づき）の実践をするときには、正知とつなげていなければいけません。パーリ語で「念」は sati、「正知」は sampajāna です。経典では「念」と「正知」は sati-sampajañña というセットのフレーズで使われます。八正道の「正念」samma-sati と同義語になります。sati-sampajañña は「正念正知」とも訳されます。

超越した沙門果へのアクセスポイント

　念と正知（sati-sampajañña）は瞑想のとても大事なポイントです。たとえば車で高速道路に入ったら、目的地に達するまでその人は車を運転し続けなくてはなりませんね。仏教も同じです。人を無知から智慧へ成長させる高速道路が仏道で、運転は瞑想の実践、目的地は解脱です。仏道という高速道路に入ったら、修行者は瞑想実践という運転を続けて目的地の解脱まで行かなければならないのです。その運転が、念と正知の実践なのです。

　言葉の表面的な意味だけで考えると、「気をつけて生活することではないか」と思うかもしれません。それも大切なことですが、「沙門果」と言えるほどのことではありません。念と正知の実践こそが、超越した沙門果に達するためのアクセスポイントです。要するに、瞑想修行の始まりです。

　前段で、戒律の最高位にあたる六根の戒めを説明しました。眼・耳・鼻・舌・身・意は六根です。それらに触れる情報は色・声・香・味・触・法と言います。情報は身体に勝手に触れるものですから、管理はできません。そこで、情報が触れても、心が欲と怒りで汚れないように気をつけるのです。気をつけることを怠ると、すぐに心が汚れてしまいますから、常に感覚器官に気をつけなくてはならないのです。悪・汚れを抑える行為ですから、この戒めは戒律になります。

　次に出てくる問題は、人の意図的な行為・行動です。立ったり、歩いたり、座ったりすることは、人が意図的に、自分の意志で行う行為です。その行為によって、人は新しい情報を得たり考えたり、知識を発展させたりしますが、これらの意図的な行動も心が汚れます。ですから、悪になる行為として戒律で禁止しているのです。

念と正知で「生きること」を発見する

　出家は仕事などの経済活動はしませんし、在家修行者も修行中は一切の世俗的な行為をやめます。それでは、本当にやることがなくなりますね。残るのは、生きている上で必ず起こる基本的な行為だけです。

　たとえば、座ったり立ったりする。呼吸をする。手足を伸ばしたり引いたりする。大小便をする。服などを着たり、脱いだりする。──「生きている」と言っても、実際に生命が行っているのは、このようなシンプルな行為なのです。

　では、「仕事をしている」「研究開発している」などという場合は何か違うことでも行っているかと言えば、そうではありません。結局は、手足を伸ばしたり、引いたり、回したり、捻ったりなどのシンプルな行為の連続なのです。

　このように考えると、具体的に「生きる」という行為が見えてきますね。「生きるとは何か」を、この念と正知の実践で、客観的に、具体的に、合理的に発見できるようになるのです。命についての哲学・宗教・神話・思考などに頼らず、観察できるようになるのです。

　このポイントは何回でも繰り返し、強調しなくてはいけません。なぜなら、一般的に人は観念的なことに興味を持っているからです。たとえば、「魂とは何か」、「神はいるかいないか」、「天国はあるかないか」、「地獄はあるかないか」、「死後はあるかないか」、「魂は永遠か断滅か」、「命は創造されたものか、自然発生なのか、偶然か」などのことです。こういった思索は、思考のから回りで決して明確な結論に達することはできないものなのです。あれこれ限りなく考えてしまうということは、つまり具体的な、確かなデータがないということなのです。

　たとえば、私の目の前に犬が座っていたら、「ここに犬がいる」と難しく、力んで考える必要はありません。他人に「ここに犬が座っているのだ」と言っても問題になりませんし、相手は反論しようともしません。

しかし、その犬の誕生日をその場の誰も知らない場合は、犬の年齢は推測するしかないのです。「二歳ぐらいだと思う」「三、四歳かもしれません」「よく成長していますから歳は分かりません」などと、意見がたくさん出ます。どれも決め手はないのです。私の意見を相手に言っても、相手も賛成したり、反対したり、訂正したりするのです。もしかすると対立するかもしれません。いつまでも結論の出ない理由はというと、十分なデータがないことです。

概念による真理への到達は不可能です

　十分なデータもなく主観的であっても、我々は自分の意見に強く執着します。正当化しようとしたり、強引にでも成立させようとする。その一方で相手の意見を否定しようとします。
　それを続けていては、人間はいつまでたっても真理に達しません。無知なままなのです。争いや戦いが絶えなくなるのです。
　戦いに勝ちたいために、「預言者のことばです」「聖書のことばです」「超能力者のことばです」などの権威を作ってそれに依存する。すると、「あなたの引用する聖書は本物ではありません。私の信仰している聖書こそが本物です」という新たな争いも出てきます。
　また、人間は自分の感情や好みや希望で物事を考えることも、よくするのです。
「生きることは楽しいのだ」と生に執着する人は、「死後も生き続けられたら」という希望がありますから、死後永遠の魂、永遠の天国の逸話を考えます。それを納得できるように考えられない場合は、「死ですべて終わるから、生きている間は思う存分楽しまなくては損だ」と説く。生きることは苦しい、失敗ばかりだという経験がある人は、「この命は死で終わればよい」と希望して、死後の断滅を語ろうとするのです。
　このように、この世の中に思考だけは無制限にあるのです。勝ちも負

けもありませんし、誰の意見にも結論はありません。要するに、誰にも十分なデータがないのです。「私の前に犬がいる」と言うときのようには、明確に、具体的に語れないのです。

ブッダの最終結論は、今ここにある

　ブッダは一切の概念に対して最終的な答えがないかを観察しました。そこで「今、ここで私は生きている」と認識したり言ったりする場合には何を指すのでしょうか?

　具体的には、歩いたり、立ったり、食べたり、呼吸したり、大小便したりする、見たり、聞いたり、味わったり、感じたりする、とてもとてもシンプルな行為を指して言っているのです。

　それならば、「生きる」というシンプルで小さな行為を、主観・感情・希望を捨てて客観的に観察すればよいのではないか?　「生命の秘密」「命の秘密」「神の秘密」「創造の秘密」などと混乱していることに、答えが見つかるのではないか?　人のあらゆる疑問や将来に対する不安に、答えが見つかるのではないか?　このような解決の方向性が見えてくるのです。

　戒律の段階を合格した出家は、沙門果として大変な安らぎと平安を感じています。彼に今残っているのは「生きている」というシンプルな行為のみです。

　そこで、この言葉があるのです。

　　　進むにも退くにも、正知をもって行動する。
　　　abhikkante paṭikkante sampajāna kārī hoti

　　　真直ぐ見るにも、あちこち見るにも、正知をもって行動する。
　　　ālokite vilokite sampajāna kārī hoti

曲げるにも、伸ばすにも、正知をもって行動する。
sammiñjite pasārite sampajāna kārī hoti

大衣と衣鉢を保つにも、正知をもって行動する。
saṃghāṭi-patta-cīvara-dhāraṇe sampajāna kārī hoti

食べるにも、飲むにも、噛むにも、嘗めるにも、正知をもって行動する。
asite pite khāyite sāyite sampajāna kārī hoti

大便・小便をするにも、正知をもって行動する。
uccāra-passāva-kamme sampajāna kārī hoti

行くにも、立つにも、坐るにも、眠るにも、目覚めるにも、語るにも、黙するにも、正知をもって行動する。
gate ṭhite nisinne sutte jāgarite sampajāna kārī hoti

固定概念・先入観・主観・好み・希望などで頭が汚染されていなければ、「生きるとはこの程度のものだ」と理解できると思います。

「ありのままに知る」ための工夫

「止知（sampajāna kārī）」とは何か、というのが次の問題です。「ありのままに知っていること」と簡単に訳すことはできます。「ありのまま」とはデータを改ざんしたり、捏造しないことです。とても簡単でシンプルなことです。人間で言い換えれば、身体に触れるデータについて、考えないこと。妄想・想像・思索・論理立て・解釈・解説をしないことです。簡単だと思うでしょう。しかし、四六時中、妄想に明け暮

れている人間には難しい作業です。ですから、思考・妄想を停止させるために何かの工夫が必要になるのです。

　実践の方法を説明するときには、たとえば、手を伸ばすときは「伸ばします、伸ばします」。曲げるときは「曲げます、曲げます」。そして、座るときは「座ります、座ります」。歩くときは「足を運びます、運びます」と、言葉で確認するように、と我々はアドバイスしているのです。頭に、妄想する余裕、感情を引き起こす余裕を与えないようにするのです。強引なやり方ですが、仕方がありません。これが唯一の方法になるのです。

　お釈迦様は「言葉で確認しなさい」とおっしゃっているのでしょうか？　他の優れた方法はないのでしょうか？

　これは、簡単に答えられない疑問です。『念処経』（中部10、長部22）では、「長く出息するときは〈私は長く出息する〉と知り、あるいは、長く入息するときは〈私は長く入息する〉と知ります。また、短く出息するときは〈私は短く出息する〉と知り、……」とありますから、言葉で確認することには釈尊の認可があるのです。

　とはいえ、言語は不完全なものですから、どんなことに対しても単語が存在するわけではありません。また、英語・日本語・中国語など、国の言語によって使い方が変わったりもします。日本語では単語があっても英語にはない場合や、その逆もあります。ですから、「食べる」「嘗める」「大小便をする」などの場合は、釈尊は見事に「正知」という語だけにしています。行為につける単語が見つからない場合も問題はありません。そのときに使う言葉は「感じる、感じる」なのです。

　ただし、最初から「感じる、感じる」とだけラベリングしても、思考は止まってくれません。集中力も向上しないので、智慧は現れません。修行が進むと、物事がとても早く、瞬間的に、変化してゆくことに気づくのです。そのときにいちいち言葉で確認すると、時間的に間に合いません。現象の瞬間的な変化を感じられるところまで集中力が成長して、

初めて「感じる、感じる」という単語が適用できるのです。
「感じる」は vedanā(ヴェーダナー) です。感受することから、渇愛が起こるのです。Vedanā paccayā taṇhā です。それから、「因果法則」も「無常の真理」も発見して、悟りに達するという道順なのです。

satiの実践は正知をもって

　言葉で確認することは気づき（sati）の実践ですが、正知（sampajāna）も同時に必要です。正知とは、「余計なことを何も考えず、何が起きているかを知っていること」です。この条件が欠けると修行は進みません。最初は言葉で確認することだけでも精一杯ですが、言葉にも制限があることは覚えておかなくてはならないのです。

❖ 満足 ── 満足の実践

> また、大王よ、比丘はどのように満足しているのでしょうか。
> ここに大王よ、比丘は、身を保つだけの衣と腹を保つだけの托鉢食に満足し、出かける場合はそれだけをもって出かけます。
> 大王よ、それはたとえば、翼のある鳥が、飛ぶ場合に、翼だけをもって飛ぶようなものです。ちょうどそのように、大王よ、比丘は身を保つだけの衣と腹を保つだけの托鉢食に満足し、出かける場合はそれだけをもって出かけます。
> 大王よ、このように比丘は満足しています。

また、大王よ、比丘はどのように満足しているのでしょうか。
Kathañ ca mahā-rāja bhikkhu santuttho hoti?

Santuttha(サントゥッタ)という言葉は、日本語では「満足」となっていますが、世俗的に分かりやすい言葉では「ハッピー」という意味が近いでしょう。もっと厳密に英訳すれば、satisfaction あるいは contentment になります。満ち足りた気持ち、心の安らぎを意味する言葉ですね。不満がない状態を表す言葉です。

念と正知を実践している出家者は、次に santutthī(サントゥッティー)という実践に進まなくてはいけません。ですが、満足とは実践するものでしょうか？「なぜ不満がいけないか」を、まず説明する必要があります。

「不満があったほうが頑張れるのでは」と思うかもしれません。「『満たされていない』『頑張らなくちゃいけない』と思うからこそ、人は成長する」という考えもありますね。確かにその通りだと思います。しかし、不満を解消するために頑張って逆に失敗したり、精神的な問題を引き起こしたり、生きることになんの幸福も感じなくなる人も結構いるのです。

不満がある人は「満足」を目指して努力するのですから、「満足」という精神状態はよいに決まっています。つまり、「不満」は満足に達するための励みにはなっても、明確に理解しないと問題になる精神状態なのです。

人々が求めるのは物質的な満足です

　仏教は二種類の満足を考えます。一つは物質的な満足、もう一つは精神的な満足です。この両方とも人には必要です。
　まず、物質的な満足について考えてみましょう。仏教の立場で見ると、不満というのは病気です。ですから、苦しいし、幸福ではないのです。
　不満だから満足感を得られるように努力するとします。でも、それを満たしたところで新たな不満が生まれてきますし、その新たな不満を満たしたところで、別な不満が出てくる。終わらないのです。結局は不満の中に生きて、不満の中に死ぬことになるのです。幸福を感じることなく生きて、幸福を感じることがなく死ぬことになるのです。
　たとえばお金のない人は、一万円くらいあれば十分だと思って努力する。でも一万円を得たところで、必ず一万円では足りなくなるのです。では十万円にしようと努力しても、今度は十万円持ったところで、もっと足りなくなり、百万円にしなくてはと努力する。その連続で、死ぬときまで不満は尽きません。満足したのは一万円や十万円を得た一時だけなのです。
　では、一億円持っていれば満足できるかというと、それも違うのです。一億円あっても別に新たな不満がたくさん出てきて苦しむのです。苦しみは消えません。そして、苦しみがある限り心の落ち着きはありません。やはり、不満でいて不満で死んでしまいます。
　ですから外界から得る満足感では、心の幸せは得られません。結局は新たな不満につながっていくのです。おいしいものを食べて満足しよう

と思っても、美食すればするほど不満が生まれてくる。何か行動することで満足感を得ようとしても、やってもやっても先がある。不満という現象だけはなくならないのです。

人々はものを得ることで限りなく苦しむ

　人々は精神的な満足にはあまり興味を持たないのです。物質的な満足に達しようと努力して生きるのです。確かに生きるためにはものが必要です。人々はお金があればそれを得られると思うのですね。

　人は「あれもこれも必要だ」と思っていますが、生きるために必要なものは、突き詰めれば衣・食・住・薬という四つのものです。世間は、この四つの開発をして巨大化しているのです。我々も「ものには人を満足させて、幸福を与える魔力がある」と勘違いして、この四つを得ようと限りなく期待して、努力する。なんでもかんでもものを集めているのです。

　しかし、人の欲望に応じられるほど、ものは多くはありません。それで、奪い合い・競争・戦い・裏切り・落ち込み・弱肉強食主義などが現れてくるのです。この状況では、「満足だ。幸福だ」と言えるものではありませんね。

　つまり、財産やものを得ることで満足に達するのではなく、限りなく苦しむことになるのです。健康や長生きを祈願することも身体のことですから、物質的な要求です。これも、満足を得られない期待なのです。

満足は得られないという真理

　問題点は二つです。我々の欲望は無限に増えること、ものは期待するほど我々に満足を与えてくれないことです。

　ものというのは、無常で不完全なのです。それで、ものでは人が期待

するほどの充実感を得ることができないのです。完璧なご馳走や服装、財産などに万が一恵まれたとしても、それらは衰えてゆくし、使用する自分自身も衰えてゆくのです。でも期待だけは残りますね。健康や財産など、欲しいものがなくなっていくのもまた、苦しみなのです。ですから、物質的なもので満足を得ることは、喉が渇いたときに塩水を飲むようなものなのです。飲んでも渇きが増すばかりなのに、飲まずにいられないのです。

　では、どうすればよいのでしょうか？　ここでお釈迦様が、出家弟子たちに解決策を教えるのです。

比丘は最低限の生活を覚悟する

　生きるためには「衣・食・住・薬（四具）」が必要不可欠なのです。これらは「欲望が苦しみのもとだ、心が汚れるのは欲望が悪い」と言って、断つことはできないものです。

　ですから、出家は四具に対して、生きていく上での最低・最小のリミットを決めるのです。これくらいあればこの身体には十分だという必要最低限の着物、これくらいあればお腹に十分だという最低量の食べ物、最小限の住むところと最小限の薬を決めておくのです。そして「これで満足しよう」と自分の心で覚悟するのです。

　最小限の四具の内容も明確に説かれています。

①人々が捨てた布切れなどを集めて縫い合わせて衣をつくる。
②托鉢で人々が鉢の中に入れた食べ物を食べる。
③木の下、空き家、墓地などに住む。
④病気になったら牛の尿を飲む。

　これは、生活を維持するために必要な最低限で最小限です。ただし、

満足するべき量を決めているだけであって、このように厳しい生活で身体をいじめて苦行しなさいという意味ではありません。

　出家は在家から贅沢な食べ物を頂くことがあっても、決して「毎日このようなご馳走を食べたい」と思ってはいけないのです。ご飯にしても「一日に一匙、二匙もあれば十分だ」と覚悟していれば、たまたまお菓子やおいしいものをもらったなら、大満足と楽しみを感じることができるのです。

　衣の場合なら、捨ててある服などを拾ってきて、洗って余計なところを全部切り、縫い合わせて衣にしなさいと言うのです。身体を隠せれば十分なのです。

　縫い合わせるもとの服は色もまちまちですから、自分で一色に染めて着ます。昔は、染色用の特別の色が出る木の根や葉っぱを切って、煮出して染めたので、かなりきつく色がつきました。美しい色を出すために工夫するのではなくて、木の根や葉っぱなどと一緒に衣を煮るのです。汚い色、いわゆる壊色になるのですね。こうすれば、それ以上汚くなることはありませんから、比丘たちの満足リミットは下がりません。

　比丘戒を受ける儀式では、比丘に対してこれら衣・食・住・薬に関する戒律は、命令文体で言うのです。面と向かって立って、「これからあなたにはっきりと言っておきます」と、四つの文章を一つひとつ心に響くように唱えます。

満足の実践は戒律です

　スリランカで出家は一生のことですから、比丘戒を受ける儀式はとても重みがあります。特に、面と向かって立ち、衣・食・住・薬に関する戒律を命令文体で一つひとつ唱えるときは、心の中に刺さるような感じで怖くなるのですね。

　その戒律を紹介しましょう。

一番目は衣のことです。

「これからあなたの衣のことを言います。どこかで拾った服があるならば、それで満足しなさい。あなたが綿布や絹布をお布施でもらうかもしれません。それらは全部余分にもらったものだと思いなさい。これからあなたの人生は、糞掃衣(ふんぞうえ)で満足することをしっかりと覚悟しなさい」

二番目は食べるものです。

「食事は、何か食べるものを鉢に入れてもらったら、それで満足しなさい。信者さんから接待を受けたり、高価なものをもらったりするのはたまにあることで、余分に頂いたものだと思いなさい」

三番目は住居のことです。

「住むところは、木の下で寝られるくらいであるならば、それで比丘として十分です。もし屋根の中に入ることができるなら、余得だと思いなさい」

四番目は薬です。

「病気になった場合、牛の尿があれば、それがあなたの薬です。あなたがそれ以上、普通の薬をもらったり、お医者さんのお世話を受けたりすることができたならば、それは余分にもらったものだと思いなさい」

このように四つの基準を教えてくれるのです。

「比丘になった瞬間に満足の戒律を必ず教えてあげるように」と、お釈迦様がこれらを決めたのです。これで出家は、最低限のシンプルなもので、いとも簡単に満足することができるのです。「こんなに苦しい生活しているのに、どうして出家は在家よりも顔色が美しいのですか」と質問されたことも、経典に記録されています。

サンガはいつも十分満足していて、微笑みが消えない組織なのです。ですから日々の仕事や家族のことで苦しみ悩んでいる俗世間の人々は、出家比丘たちを見ただけでも安らぎを感じるのです。「自分たちも、物事にあまり執着せず、気持ちを楽にして生きるべきなのだ」と思えるのです。

国民は国の法律で管理されていますが、それほどうまくいかないのです。一方、比丘サンガは、釈尊が説かれた合理的な、実践的な、平等な戒律によって統括されています。国民に迷惑をかけたことは一度もありません。国に比丘サンガがあると、「そのおかげで国が平和なのだ」と人々はありがたく思うのです。逆にお坊さんたちがいなかったら、自分たちが徳を積むことができなくなるので、困ったりするのです。

托鉢のしきたり

出家は乞食（こつじき）で生活するのが基本です。しかし、托鉢は乞食（こじき）ではありません。両者の違うところは、社会に対する責任です。出家には、束縛はありませんが責任があるのです。出家が托鉢に出ても、布施をするのは在家の自由で、あげても、あげなくても構わないのです。出家は「在家は布施をするべきだ」と決して思ってはならないのです。そのことは社会と関わりがありません。

さらに出家には、社会が布施をしてもしなくても、人々に善悪を教えてあげる責任があるのです。人々の信仰を失うような態度をとってはなりません。そのために、お釈迦様が決めた托鉢のしきたりがあります。

托鉢の場合は、家の前にほんの一、二分間だけ立ち、待ちます。自分がいるのを知らせることになりますから、のどを鳴らしてはいけません。立っている自分を見て、家の人が席を立ったり、匙を取ったり、やっていた仕事をやめたならば、もう少し待って食べ物をもらい、次の家に行きます。

　ですから、「もらう」ということは決して心の中にないのです。もらえればいい、それだけです。本当はそれすらも思わずに、ただ次の家、次の家と回るだけです。その托鉢で自分一人が食べるなら、一人分もらってすぐ帰ります。もし、二人分必要なら二人分、三人分なら三人分になるまで托鉢して戻るのです。

　在家の人々は自分の自由でご飯をあげているのですから、お坊さんに「ご飯をあげたんだから、これからああしなさい、こうしなさい」と命令する権利はまったくありません。出家もそういう人からは最初からもらいません。そこは厳しいのです。

　だからといって、お坊さんたちが社会を無視することはできません。社会があるから自分が食べていられるし、修行もできるのです。ですから社会に対して、限りなく慈悲の行為をしなくてはいけません。人々が清らかな心になったり、悪行為を自粛するような模範的な生き方は、比丘たちこそがしなくてはならないのです。

出家と乞食の違い

　俗世間の乞食の場合は、もらうために工夫しますね。おねだりしたり、褒めたたえたり、ときには土下座もする。その立場はとても惨めなのです。そして、もらえるならいくらでももらいますし、何をもらうかも決めていない。もらったから社会に貢献しなくてはいけないという義務もありません。

　一方、托鉢の場合はあげる人が得をするのです。比丘は惨めではなく、

道徳的には在家より上ですから、あげる人にアドバイスすることもできます。社会が不幸に走らないように注意する責任も持っています。人々の悩み苦しみをなくすように協力しなくてはならないのです。お釈迦様は、比丘サンガが物乞いをするだけの生活を認めていません。

比丘サンガは、人々からもらうご飯とは比較にならないほど多くのことを、社会に返しています。その国自体を平和な国にしてあげる。国民をきちんと教育させて、文化的に立派な人間にしてあげる。国民がどれほどお金を払っても得られない徳が、いっぱいあるのです。お坊さんを見ただけでも人は罪を犯したくなくなってしまうのです。

在家の満足の実践

お釈迦様が出家に語った簡単に満足に達する方法は、在家の方々には関係のない話です。しかし、在家も満足して幸福に、楽に生きて悪いわけではありません。「在家は必ず悩まなくてはならない、苦しまなくてはならない」という決まりもないですし、苦しみはできれば避けたいものです。

『沙門果経』は出家の話で、在家の生き方については別な経典で語ってあります。でもここには、現代社会を生きる我々にも幸福になる、満足を得られるヒントがあります。

在家生活をする方々も、自分の最小限のリミットを決めておけばどうでしょうか?

「いくら儲かってもいい。大金持ちになるのだ」と大雑把に考えることは、とても大きな問題なのです。「これくらい儲かったら十分」と、一人ひとりが決めれば生き方は簡単で、明確になります。

妄想や夢に負けるのではなく、自分の能力に合わせて、実現できる程度の具体的にリミットを定めるのです。そうすれば、目的に達しないはずはありませんから、希望も叶うのです。

ただし、在家は、「何か食べるものがあれば十分だ」と出家のようにリミットを低く抑えるのはよくないのです。能力はいつも向上させなくてはなりませんから、可能な範囲で少々高めに設定したほうがよいのです。仕事ができて、開発すべき能力があるにもかかわらず、引きこもって何もせず、質素な生活をすることは、社会に対して親切な態度ではありません。自分の能力を向上させながら、社会の役に立つ、社会に貢献する生き方をするべきなのです。

　結果として大金持ちになってしまっても、限りのない欲望を満たすために行ったのではありませんから、悪行為ではありません。

限度知らずの現代人は自己破壊を招く

　現代社会では、誰もリミットという考えは持っていません。「いくら儲かっても構わない」という立場ですね。自分の商売で人類や生命にたくさん迷惑をかけ、地球を破壊することになっても気にしないのです。

　適切なリミットを設定して経済活動や開発などをすれば、人は幸福になれるのです。本当はすべての人々が、「この世の中でこれくらいあれば人間として十分だ」と限度を決めなくてはいけないのです。でも、誰も限度を決めていません。そこが問題なのです。

「冷房も暖房も冷蔵庫も使わず、テレビも見ない。食事はご飯と納豆だけ食べる」などという、現実的に無理なリミットを設けるべきだと言っているのではありません。罪を犯してまでも贅沢したくなる病気を治しましょう、と言っているのです。他人の恵みまで独り占めにしようという病的な感情をやめましょう。

　大事なポイントは「満足」です。満足したら楽しいし、幸福感を感じます。成功なのです。そのためには真面目に限度を決め、その限度に達するために努力もすることです。いとも簡単に達せられる限度ですから、いとも簡単に成功者になれて、心が明るくなります。その後も続けて努

力しますから、自分が決めた限度を超えて幸福になれるのです。「私は思ったよりも幸せな人間だ、満たしているというより溢れている人生だ」と言えるようになるのです。

　不満は、病気です。「いくらあってももっと欲しい」と思うのは病気なのです。そう思う心は暗く堅くなって、柔軟性がなくなります。自分より多く持っている人々に対して嫉妬、怒りが現われますから、社会全体を怨んだり、憎んだりする人間にもなってしまいます。このように、不満は人を自己破壊へ導く病気です。ただし、お釈迦様が教えた満足の実践で治る病気なのです。

　出家は不満の病気を治して、心を満足感で満たします。それから、精神向上に励みます。日常の生きることで満足していなければ、瞑想修行で、悟りまで上達することも不可能です。

精神的な満足追求は解脱するまで続ける

　ここまでは、物質的な不満と満足の話でした。では精神的な不満は、仏教でどう考えるのでしょうか。

　精神的な向上について、最後まで満足してはならないと、お釈迦様は言われています。少々安らぎを感じたり、少々集中力がついたり、少々心が清らかになっただけで満足してはならないのです。心が完全に清らかになるまで、完全に煩悩がなくなるまで、解脱に達するまで、自分の精神的な成長に満足しない方が正しいのです。

　つまり、「いくらあっても足りない。もっと欲しい」という気持ちは、物質的なものに対してではなく、精神的な向上に入れ替えることです。貪欲な人なら、ものに貪欲になるのではなく、煩悩を断つことに貪欲になりましょう。諦めず励むのです。

戒律は必修の瞑想実践

　これまで解説してきた戒というセクションでよく見える特色は、単にしきたりを守るというより、守ることで心を清らかにする方向に持っていくことです。ですから戒律を守ることは、必修の瞑想実践でもあるのです。前に詳しく説明した四種類の戒律を思い出してください。

　第一に、決まりや規則を守ることは一つの戒律で、パーリ原文では pātimokkha-saṃvara-sīla と言っているもので、日本では「波羅提木叉」と音訳されるものです。第二に、出家として品格のある正しい生活をするという生き方の戒律 ājīva-pārisuddhi-sīla がありました。「小戒」「中戒」「大戒」の中での「大戒」がそれに当たります。第三に感覚器官を管理して守るという感官の防護 indriya-saṃvara-sīla があり、第四に満足の実践 santuṭṭhī という戒めがありました。これも大変深い意味がある仏教の生き方です。

世俗とのかかわりから離れる

　昔の比丘はどういうふうに瞑想して修行したかという話に入ります。

> 　かれは、この聖なる戒蘊をそなえ、この聖なる感官の防護をそなえ、この聖なる念と正知をそなえ、この聖なる満足をそなえ、森、樹下、山、峡谷、洞窟、墓地、山林、露地、藁積みといった静寂の臥坐所に親しみます。かれは、食後、托鉢から戻ると、結跏趺坐を組み、身体を真直ぐに保ち、全面に念を現前させて、坐ります。

　簡単に書いていますが、瞑想に必要な専門的なことまで入っています。今まで説明したように、戒律を守り、感覚器官をちゃんと防護して、

物事をよく理解しながら sati を入れる正念正知と、何者に対しても不満を持ってはいけないという満足の実践をします。瞑想にはそれらを備えていることが必要なのです。

静寂の臥坐所に親しみます。
vivittaṃ senāsanaṃ bhajati.

　修行者は「離れたところ」に行きます。これは、ただ単にうるさい場所を離れるという意味ではありません。自分の家にいる場合を考えてみましょう。確かに家は静かかもしれません。それでも、いろいろな束縛があるのです。一緒に住んでいる家族が何か言ったらやらなくてはいけませんし、家族の一人が借金して困っていたら、心配しなくてはいけませんね。無関心でいることはできないのです。
　このような世俗的な社会とのかかわりが出てくるところを離れるということが、離れた場所に行くという意味なのです。ただ単に、森の中に逃げ込むという意味ではありません。

**　かれは、食後、托鉢から戻ると、結跏趺坐を組み、身体を真直ぐに保ち、全面に念を現前させて、坐ります。**

　そこで彼が、結跏趺坐して座ります。
　また、「全面に念を現前させて、坐ります」とあります。パーリ原文では「parimukhaṃ satiṃ upaṭṭhapetvā.」です。これは座ってからの心構えです。人の心は果てもなく走り回っているものです。「いま・ここ」に座っていても、別なところを思い出したり、過去や未来のことに走る。場所としても走り回っているということです。我々は、「いま・ここ」にいますが、それは身体という物体だけで、心はどこへ走っているのか分かったものではないのです。心というのは、いとも簡単に現実

から離れて、現実でない時空を走り回るのです。心が成長しない理由も、この現実離れにあります。心が汚れる理由もまた、この現実離れなのです。座った修行者は、自分の意識を果てもなく走り回らせることをやめて、自分の前に置いておくのです。意識は「いま・ここ」にある身体に集中させる、という意味なのです。

❖ 五つの障害——障害の除去

> 　かれは、世界に対する貪欲を捨て、貪欲の消え失せた心をもって住み、貪欲から心を浄めます。瞋恚(しんい)を捨て、害意のない心をもち、すべての生き物を益し、同情して住み、瞋恚から心を浄めます。沈鬱・眠気を捨て、沈鬱・眠気が消え失せ、光明想をそなえ、念と正知をそなえて住み、沈鬱・眠気から心を浄めます。浮つき・後悔を捨て、浮つき・後悔がなく、内に静まった心をもって住み、浮つき・後悔から心を浄めます。疑いを捨て、疑いを脱し、もろもろの善法に対して疑惑をもつことなく住み、疑いから心を浄めます。

　我々の頭はいろいろな妄想でいっぱいですから、座る瞑想でいきなり座っても、内なる世界に戻って心の観察をすることは、なかなかできないのです。しかし、これまで述べてきたようなたくさんの前準備を十分にして、ほとんど完全に社会の束縛やいろいろな関わりをカットした状態になり、社会に対してまったく未練も何も置かずに座っていると、自分の内に戻るのはいとも簡単なのです。妄想などでまったく邪魔されないようになるのです。

五蓋(ごがい)の意味

　とはいえ、心が落ち着いていて、瞑想の準備が完了であっても、心はそう簡単に次元を破って超越した状態には達しません。心に開花できないような障害があるからです。この障害を取り除けば、誰の心でもたちまち、次元を破り超越した認識次元であるサマーディ（samādhi）に達するのです。ですから、瞑想に入る人が学ばなくてはならないポイントは、心の成長を妨げる障害のことです。「心に蓋(ふた)をかけている、涅槃に

蓋をかけている」障害は五つある、という意味で「五蓋」といっています。

五蓋①――異常な欲

五つの障害のうち、一番目から見ていきましょう。

　貪欲から心を浄めます。
　abhijjhāya cittaṃ parisodheti.

　一番目の蓋に対して、一般的に使う語は kāmacchanda（愛欲・貪欲）です。『沙門果経』で使う語は、abhijjhā です。Abhijjhā は十悪の八番目の悪で、私なら「異常な欲」と訳するところです。
　Abhijjhā というのは「強い欲」、つまり「余計な欲」です。人というのは、今楽しくても、頭の中ではもっともっと楽しみたいと思うような、強烈な欲を持っています。自分が持っているものよりも、さらに多くのものを欲しがったりするのです。実現できるかは別として、欲だけは巨大です。一般的な社会ではそれをすごくいいことだと思っていますが、仏教では、それがよくないと言っているのです。
　分かりやすいたとえで言うならば、人が精一杯仕事をして月三十万円もらっているとします。それはその人の能力ぎりぎりのところかもしれません。でも人間というのは、月三十万円で満足しているかというと、そうではないのですね。月百万円でも二百万円でももらっても悪くないと思っているのです。そう思う人はサラリーマンを辞めて、商売に手を出すかもしれません。なぜ商売に手を出すかというと、どこまでも収入は増やせると思うからです。こういう人も abhijjhā という欲がなければ、なかなかそういうふうな仕事はできないのです。

◇「常識的な欲」と「異常な欲」

　欲というと二つの種類が考えられるでしょう。「常識的な欲」と「異常な欲」と分けておきましょう。お腹が空いたら食べたくなりますね。せっかく食べるなら、おいしいものがいいと思う。家族を持っている人は、家族を養うために収入が欲しくなる。お金に対しても、家族に対しても、欲がある。でもその程度の欲は常識的です。具体的ですし、叶わない欲ではありません。

　しかし、欲には残念ながら上限がないので、簡単に実現できるリミットを越えてしまうのです。月五十万円あれば家族を養えるのに、「一千万円あれば外車を買えるのに」と思ってしまうわけです。そこで一千万円欲しいという欲が現れます。でも、この人には一千万円を儲ける具体的な手段はないのです。あるなら、すでに儲かっているはずです。ですから、この人の場合は「一千万円が欲しい」という欲は、常識ではないのです。

　限りない欲は、すべての人にある精神病なのです。妄想はいくらでも可能なので、欲を中心にして妄想を回転させ、次から次へと異常欲を膨張させていくのです。言い換えれば、精神病がどんどん悪化していくのです。

　瞑想するというのは、心の普通の次元を破って、向上させることです。心が健康でなければ、修行して向上させることもできません。ですから、瞑想修行に入る人は、精神病である abhijjhā（異常欲）をなくさなくてはならないのです。

　そう言うと、見込みのない人々が必ず出す質問があります。「abhijjhā をなくすために、どうすればよいのですか？」という質問です。答えは、「欲は簡単になくせないので、欲を論理的・具体的なレベルでやめてください」です。すると、「欲を論理的なレベルでやめるためにはどうすればよいのか？」と聞く。それに「現実的になることだ」と答えると、次に、「どうすれば現実的になるのか？」と必ず質問してくるのです。

「今あるもので満足しなさい」と答えると、今度は「今あるもので満足するためにどうすればよいのか？」と来るのですね。それに「異常な欲をやめることです」と、答えなくてはならず、問答はまた堂々巡りになります。

　何か方法を探すのではなく、瞑想に入る人はまず、異常欲をやめるのです。観念的な妄想ですから、それはやめればいいのです。

　◇出家は軽々と余計な欲を抑えている
　在家生活をしている人々は、異常な欲が生まれると強引にその気持ちを抑えます。それはよいことですが、精神的な病気になる恐れもあります。でも、お坊さんたちの場合は、異常欲と欲がほとんど現れてきません。どうしてでしょうか。

　出家は、お釈迦様から世の中の見方を教えてもらっているので、いとも簡単に欲や怒りを抑えられるのです。世の中で何かを見ても、「あれもこれも欲しい、私にもあったらいい」と思ってはなりません。「それは世の中のことだ、自分には関係ないことだ」と、見た瞬間に決めるのです。そうすれば欲は生まれません。ほとんどの出家は男性ですから、きれいな女性を見た場合を例に出しましょう。「ああ、なんて美人なんだ」と感情で釘づけになることは禁止です。見えたものですから、客観的に「きれいな人だ」とは思うかもしれませんが、主観的に感情的にはならないのです。それでも、つい感情的になって欲が現れたとしましょう。そのときは、「この方は表面がきれいに見えたけれど、中はすべての人間と同じく三十二の不浄に値する臓器でできているものだ。人間は皆同じだ。欲を抱くのは無知な人の仕事だ」と不浄の念を起こすのです。

　俗世間では、それらを客観的に見ず、主観で見ているのです。きれいな人を見たら、「なんてきれいなんだ。私のタイプだ」「話したい」「つき合いたい」「ものにしたい」云々と、妄想が走る。当然、欲が生まれてきます。でも客観的にそこを見られれば、それほど大変なことにはな

りません。

　ですから、出家して戒律を守って時間が経つと、ほとんど心は汚れません。だからといって完全に解脱を得ているのかといえば、とんでもない話で、煩悩はあるのです。煩悩はあるけれど、活動していないだけです。活動している煩悩があると、なかなか瞑想の世界に入れません。誰にでも欲がありますが、欲が活動すると瞑想はできない。誰でも怒りますが、怒りが活動しているとやっぱり瞑想はできないのですね。

　潜在的な欲と怒りは、瞑想修行でなくすものです。そのためには先に、欲と怒りの活発な働きを停止してもらわなくてはならないのです。瞑想するためには、心がすごく落ち着いていて、清々しい状態に持っていかなければならないのです。

　　◇「欲」の定義を知らずに「欲」はなくせない
　ここで、欲とは何かを具体的に理解しなくてはいけません。たとえば「貪欲はよくない」とはよく言われますが、私たちはそれをはっきり分かっていないと思います。言葉を使う場合は意味をしっかり理解し、はっきり定義しないと、いつまでも曖昧で中途半端になり、修行がしっかりできないのです。修行だけではなく、人生そのものが曖昧で中途半端になるのです。不浄が何か分からない人に「不浄なものを捨てなさい」と言っても何を捨てればいいか分かりません。だから、欲を捨てるためには、「欲とは何か」というはっきりした理解が、当然必要になるのです。

　まず我々は一般的に「欲張り」というと、お金をたくさん欲しがっている人や食べ歩きをしまくる人などを思い浮かべるかもしれません。では、金銭欲、グルメ、夜遊びなどは、なぜ欲と言うのでしょうか？　お洒落に目がないことはなぜ欲なのでしょうか？

◇「金が欲しい」のひとことに潜む本当の姿

　我々は結局、体にある五つの感官――「眼」「耳」「鼻」「舌」「身体」を楽しませたいという欲求をもっています。触れることで身体を、音で耳を、香りで鼻を、味わうことで舌を、見ることで眼を楽しませたがっているのです。ですから、眼・耳・鼻・舌・身という五つの感官は、色・声・香・味・触という五つの対象を欲しがっているのです。この五感が刺激を欲することが欲なのです。

　欲の定義は、「対象による五感の刺激」です。世間では、欲というとお金ですね。確かにお金さえあれば何でもできると思うかもしれません。でも本当は、お金そのものにはなんの欲もないのです。おもちゃの代わりに子供にお金をあげても、面白くないと捨てるでしょう。お金が欲とされるのは、お金があれば五感を刺激させることができるからです。

　我々は眼できれいな対象を、耳で心地よい音を、鼻でいい香りを、舌でおいしい味、身体でいい感触を追いかけていくものです。でも、その調子では外の世間に束縛されたままです。ですから、心を超越する人にとっては、障害です。それを abhijjhā というのです。abhijjhā を抑えて、瞑想修行で意に起こる欲を絶つのです。

五蓋②――瞋恚(しんい)

　二番目の障害を説明します。

　　瞋恚(しんい)を捨て、害意のない心をもち、すべての生き物を益し、同情して住み、瞋恚から心を浄めます。

　まず「瞋恚(しんい)を捨て」とあります。
「瞋恚」という言葉は日本でも使われる仏教用語で、強く激しい怒り・恨み・憎しみを表す言葉です。現代の話し言葉ではあまり使いませんね。

パーリ原文では、瞑想の専門用語として、vyāpāda-padosa という語を使っています。十悪の九番目が vyāpāda です。「異常な怒り」という意味です。怒りも「普通の怒り」と「異常な怒り」の二種類あることが分かりますね。たとえ普通の怒りでもよくないのですが、心を育てる過程では、二つに分けておかないと実践的ではないのです。

◇怒りにはランクがある

「怒り」という言葉はややこしいのです。なぜかというと、「怒り」には、いくつかのランクがあるからです。たとえば「今日はちょっと暑くて嫌だなあ」と思うことや痛いと思うことも、かすかな怒りです。自分の家で誰かが大きい声でしゃべっていて、「ああ、うるさい」と思えば、それも怒りです。最小の怒りは、対象を嫌うことです。我が子は大好きでも、大きな声を出してはしゃいでいると、その声という対象が嫌になって「うるさい」と思いますね。これは怒りなのです。

この「嫌い」という気持ちは、人を殺してしまうほどにまで巨大化するのです。大量殺人にまで怒りは拡大します。また、怒りを引きずることも、相手の過ちを許す気にならないことも、物事に対して悲観的な態度を取ることも、さまざまなかたちの怒りです。一言で「怒り」と言ってもこのようにランクがあるので、程度に合わせて適切に言葉を変えなくてはいけないのです。

一番力強いランクには、vyāpāda という言葉を使います。たとえば「あなた、ちょっとうるさいんじゃない？」という程度では、vyāpāda は使いません。vyāpāda を使うのは、相手を殺したい、相手を害したい、嫌な対象を破壊したいという一番強い怒り、活発化している怒りの場合なのです。

◇「異常な怒り」と「常識的な怒り」

異常にまで達した怒りは、どんな人間にとってもいけないことです。

たとえば隣の家の人に対して腹が立つのはよくあることですが、家に火をつけてしまったら異常です。この異常な怒りはいけないと誰でも知っていますから、抑えるために法律までできているのです。でも、「隣の人はほんとに嫌だなあ」と思うだけの怒りは法律で裁けませんね。「異常な怒り」は、精神病です。放っておけば他人を破壊します。他人を破壊するほどの力がない場合は、自己破壊するのです。

これに対して普通の怒りは、「隣の人が自分の子供をからかった、馬鹿にした」「困ったときは金を借りに来たのに、返してくれない」など、それなりの理由があって生まれるのです。このような場合は、怒る理由があるので「普通の怒り」です。

この普通の怒りが過剰に走ると vyāpāda になります。こうなると危険です。たとえば子供が殺されたら激怒するのは仕方がないことですが、相手を殺そうという気持ちになると危険です。理由があって起こる怒りは、なんとか収める方法もありますが、収まらない場合は、もう vyāpāda になっているのです。明確に見出せる理由がなく怒る場合は「異常な怒り」です。ときどき、理由もないのに人を嫌うことがありますね。はじめて会った人なのに嫌な気持ちが生まれることや、学校や社会で見られるいじめ、これらも vyāpāda です。

これは、ほとんどの人々にある問題ですが、修行する人はまず先に異常な怒りを絶ちます。そして、次に常識的なことに対しても怒らない心を育てるのです。

◇「異常な怒り」を絶つ方法

「異常な怒り」を絶つことは、難しくありません。たとえば、「法律をしっかり守ることにする」、「自分が立派な人間として生きて行きたいとプライドを持つ」、「理由もなく怒ると精神病になるのだと恐怖心を持つ」などです。

「常識的な怒り」は、原因があるときのみ起こりますから、怒る原因が

ない場合、怒りは活動しません。一方、vyāpāda は原因と関係なく、頭の中で妄想することで限りなく膨張する怒りです。この経典にある vyāpāda-padosa というのは活動状態になっている怒りのことですね。怒りが表に出てくると、心の状態を混乱させて激しく活動するので、瞑想には障害なのです。

　瞑想を始める前に、他の存在に対する「壊したい、損をさせたい、消してしまいたい」という気持ちは絶たなくてはいけません。「仏道を修行する者として恥ずかしい」、「人々に対して慈しみの心を作らなくてはいけない」と理解すれば消えるのです。

　◇vyāpāda を管理するアドバイス
　出家には、vyāpāda が起こらないようにするために、お釈迦様からのアドバイスがあります。一番強烈なものが「ノコギリのたとえ」です。「悪人が来て、自分を逆さづりにしてノコギリで切っている場合でも、あなたがその悪人に対して嫌な気持ちを抱くならば、私の教えを守っていないのだ」という内容です。それさえ覚えておけば、何があっても怒れないでしょう。

　また、戒律もあります。「怒ってはいけません」という戒律はありませんが、「殴ってはいけません。手を上げて脅すことさえもいけません。言葉の暴力もいけません」という戒律があるのです。それを実践すれば vyāpāda は生まれなくなるのです。

　在家の人々の vyāpāda は、法律で管理するしかないようです。でも、法律で抑えるのは犯罪行為だけですから、完全に vyāpāda を抑えることにはなりません。vyāpāda は精神病ですから、大勢の人々がこの病で苦しんでいると言えるのです。解決策はブッダの教えを学ぶしかないのです。

◇慈悲の念で怒りを睡眠状態にする

次に出てくる方法は「害意のない心をもち（avyāpanna-citto viharati,)、すべての生き物を益し（sabba-pāṇa-bhūta-hitānukampī）」ということです。

これは、いわゆる慈悲の念を持って、生命に対してみんな幸福でありますようにと思うことです。

そう思うと、「殺してやりたい」という気持ちはまったく出てこなくなってしまいます。vyāpāda が現れなくなるのです。怒りそのものが睡眠状態になって、表面には出てこなくなります。ですからどうしても、瞑想を始める前には慈悲の心を作らなくてはいけないのです。

五蓋③──沈鬱・眠気

　　沈鬱・眠気を捨て、沈鬱・眠気が消え失せ、光明想をそなえ、念と正知をそなえて住み、沈鬱・眠気から心を浄めます。

次の言葉の「沈鬱・眠気」は、パーリ原文では thīna-middha（ティーナ ミッダ）です。沈鬱は物憂い感じ、ボーっとした感じ。ものすごく鈍くてシャープではなく、身体も動かなくて、心も活動しない状態です。それと眠気。この二つも智慧の障害になる大変な毒なのです。

修行する場合は、いつでも明るくて活発な状態でいなくてはいけません。修行というと、のろのろと黙々と生活するものと思うかもしれませんが、仏教の修行者は違うのです。道場に行ってみても分かりますが、みんな結構動くし、いろいろな活動をします。ただ、黙って座っているだけではないのです。埃を見つければきれいに払って片づけるし、人と話すときは明るくユーモアを持って話す。九十歳のお坊さんでも、かなり面白く説法しますよ。これは他宗教の人も認めていることですが、無常・苦・不浄・死などを修行として観察している割には、仏教徒は明る

い存在なのです。瞑想を始める場合も、心をすごく活発に、はつらつとさせる。それで、眠気が消えるようにするのです。

　「光明想をそなえ」はパーリ語で āloka-saññā と書いています。Āloka というのは光のことで、元気で明るい太陽のような心をつくることです。眠い、寝たいなどの暗くなる気持ちは、心に置かないのです。修行は「よし、これから瞑想するぞ」という明るい感じで始まるのです。面白いゲーム、あるいは好きなスポーツをやるように、人が趣味に没頭するように、瞑想する。そういう明るい気持ちで挑戦しなくてはいけないのです。

　いくら明るく振る舞っても、同じことを繰り返していると眠くなったり疲れたりするのは普通です。でも、それも絶たなくてはならないのです。正念と正知が出てくると、疲れることも眠気が出ることもなくなるのです。沈鬱も消えてしまいます。Sati（正念）と sampajāna（正知）の両者は、明るい思いの補助因といわれます。よく皆さんは、「鬱状態から抜けられない」とか、「どうしても元気になれない」とか、「仕事がうまくいかない」とか、具体的な問題を持ってきますが、そういう病気などは、ただ単に sati で気づくだけでほとんどきれいに治っていくのです。

　Sati は観察することです。いろいろな発見があるので、心が明るく活発になるのです。そして発見は知識になります。アリでも虫でも、ためしに観察してみてください。彼らの生き方を見ると、それを人間の生き方に置き換えてみたくなるのです。人間論を語る哲学者になった気分になれるのです。面白いと思いますよ。

　そのように、観察は大事ですが、瞑想する人がなんでもかんでも観察していてはきりがないのです。アリのことを勉強したところで自分の役には立ちませんから、瞑想する人は自分の生きることを観察するのです。具体的に言うと、歩くときは歩くこと、食べるときは食べること、座っているときは座っていることを観察してください。いつも自分が行っている行為に意識を入れて観察し続けると、智慧が生まれてくるのです。

観察することで、鬱や眠気などは消えてしまいます。鬱や眠気などもまた精神病の一種ですから、仏教の瞑想以外、治す方法はなさそうです。

五蓋④――浮つき・後悔

　浮つき・後悔を捨て、浮つき・後悔がなく、内に静まった心をもって住み、浮つき・後悔から心を浄めます。

　それから、心にある浮つきと後悔（uddhacca-kukkucca ウッダッチャ クックッチャ）を捨ててしまうのです。明るい心をつくるためには、後悔することは邪魔です。「何か間違ったことをしても、くよくよと後悔してはいけない。それよりも心清らかにしておけ」と言っています。たとえば昔いろいろ変なことをやったとしても、きれいさっぱり捨ててしまう。過去を思い出したり繰り返し考えたりすることも、もうしない。誰かが昔のことを話題にしても「ああ、そんなことやったっけ」と答えるくらいの感じで生活するのです。
　そのように、心がもう過去のことで後悔せず、浮つきもなく安定している状態をつくるのです。「自分は今しっかりしている、心は清らかだ」というふうな安定した心をつくります。後悔・浮つきもまた、精神病です。それがある限り心は成長しませんから、過ぎ去ったことは忘れて、明るい気持ちでしっかりした方がよいのです。

五蓋⑤――疑

　疑いを捨て、疑いを脱し、もろもろの善法に対して疑惑をもつことなく住み、疑いから心を浄めます。

　次に「疑いを捨てる」ということです。これはパーリ語では、

「Vicikicchaṃ pahāya tiṇṇa-vicikiccho viharati」です。この vicikicchā（疑い）とはなんでしょうか？
　これは、心の中で、はっきり物事を把握しようとしていない状態なのです。「ああかもしれないし、こうかもしれない。どうだろう」とか、「本当だろうか」など、心の中でどうしても明確に決められない状態があることを指しています。
　たとえば、善法（よいことをすること）に対しても、「よいことはよいのだからしたほうがいい」と決めたほうがいいのです。皆さんは瞑想することに疑いがあるかもしれません。でも瞑想は悪いことでしょうか？　混乱した頭で、怒りたい放題怒って、欲張りたい放題欲張ることと、瞑想して心が落ち着くのはどちらがいいでしょうか？　このように正反対のことを考えてみれば分かるのです。「怒りは収めたほうがいいから、よいことをやりましょう」と、はっきりするのです。自分が何をしているのか、その行動パターンをはっきりさせることです。
　そうはいっても、現実には、自分の行動がはっきりしないというのは、よくあることですね。酒を飲まないと決めても、友達に誘われると、「せっかくだから」とフラフラ行ってしまう。でも、それでは人間は成長しません。自分が何かやるなら、しっかりそうと決めてやらなくてはいけないのです。誰かが何かを言うたびに迷っているようでは、なかなかうまくいきません。これが、「疑」という悪い精神状態なのです。
　出家者は一切合切を捨てていますから、歩くときは気をつけて歩くとか、座るときは気をつけながら座るとか、それだけです。だから疑いはないでしょう。かなり落ち着いて疑いも消え、心はものすごく強くなるのです。
　瞑想を始める前に取り除いておかなければならない障害は、これらの五つなのです。Abhijjhā、vyāpāda-padosa、thīna-middha、uddhacca-kukkucca、vicikicchā です。この五つは、現代風に言えば「精神病」と言えるものですが、なくすのはそれほど難しくないものです。
　この五蓋が消えれば、禅定状態はすぐつくられます。サマーディとい

う状態はいとも簡単に生まれてくるのです。なぜ私たちが瞑想しているのに、サマーディが生まれないかといえば、我々の心が泥の中に旗竿を挿したように、五蓋のどこかに引っかかって、グニャグニャと揺れ動いているからなのです。

この五つが消えると、どのように心が楽になるのでしょうか？　お釈迦様はそれぞれに合わせた五種類のたとえを使って説かれています。

五蓋のたとえ

『沙門果経』の大きな特色は「たとえ」です。これは、仏教のことを何も知らない、もちろん修行もしていない王様に、仏教の中身がどれほどのものか説明する経典ですから、よりよく理解できるように、お釈迦様はたとえを使って話しているのです。

この段でも王様には、五蓋のそれぞれに相当するたとえを出すのです。そして「五つの障害がなくなると、人は安心して落ち着きます。たとえのように、心は軽くなり、満足した気持ちのよさを感じるのです。その心が満足して喜べる状態をつくりましょう」と勧めるのです。

　◇**負債者のたとえ**
「異常欲」の場合は、負債をたくさん抱えた人にたとえます。

> それは、人王よ、たとえば、ある男が負債をかかえて諸事業を営み、その諸事業が成功し、先の負債の元金を返済し終え、しかもかれに剰余があって妻を養うことができるようなものです。かれは『私は以前、負債をかかえて諸事業を営んだが、その諸事業に成功した。おかげで私は、先の負債の元金を返済し終え、しかも剰余があって妻を養うことができている』と、こう思うはずです。かれは、それによって満足

を得、喜びを味わうことができるのです。

　異常な欲がある人というのは、借金をいっぱい抱えた人のように心が落ち着かないのです。負債を抱えた人はせっせと仕事をしたり、いろいろな方法でなんとか金を手に入れたりして返済しますね。無事返済できると、イライラした神経質な状態はすぐ消えて、心が安らかになるのです。自分で頑張って返済して、まだ手元にたくさんお金が残れば、ホッとするだけでなく、すごく楽しいのです。皆さんは借金の経験はないかもしれませんが、負債がある大変さはなんとなく分かりますね。
「異常欲」がなくなった心の安らぎは「借金を返してさらにお金が残っている。それくらい気持ちのいいものだ」と、お釈迦様は話すのです。この負債者のたとえで、異常な欲が消えた状態がどんなものか、王様も分かったと思います。

　◇病気のたとえ
　二番目の「異常な怒り」の場合は、病気にたとえるのです。

> 　それはまた、大王よ、たとえば、ある男が病気になり、重病で苦しみ、食事を好まず、その身体に力もなくなるが、後に、その病気から脱し、食事を好み、その身体に力がついてくるようなものです。かれは『私は以前、病気になり、重病で苦しみ、食事を好まず、身体に力もなくなった。しかし今や私は、その病気から脱し、食事を好み、身体にも力がついている』と、こう思うはずです。かれは、それによって満足を得、喜びを味わうことができるのです。

　人がひどい病気にかかって、立って歩くことも、食べることもできないとします。他の人はおいしいご飯を食べていて、美味しそうな匂いは来るわ、楽しそうな音はするわという状態です。みんな元気にご飯を食

べて、終われば外に行って遊んだりもしますから、その人はとても悔しいのです。でも、ゆっくりと病気が治り、食欲もわいてきて元気を取り戻すと、どんどん楽になって喜びを感じるでしょう。そのように怒りがなくなると、心はものすごく元気になって、病気が治ったような喜びを感じるのだと言います。

　病気にかかると身体の力がなくなるように、異常な怒りがあると心の力がなくなるのです。病気の経験はどんな人間にもありますし、誰でも嫌なものですから、お釈迦様は「異常な怒り」を病気にたとえるのです。何か大きな病気を治療し終えて、お医者さんに、「きれいに治りましたよ。もう問題ありません」と言われると、自分でもそれを実感できるし、気持ちがいいのです。身体が元気になると、心もホッとするでしょう。病気の快癒は、異常な怒りが消えたことに対するたとえなのです。

　◇牢獄のたとえ
　三番目の「沈鬱と眠気」の場合は、刑務所にとらわれた人のたとえです。

> 　それはまた、大王よ、たとえば、ある男が牢獄につながれているが、後に、その牢獄から無事に安全に解かれ、しかもかれの財産は何ら失なわれていないようなものです。かれは『私は以前、牢獄につながれていた。しかし今や私は、その牢獄から無事に安全に解かれ、しかも財産は何ら失なわれていない』と、こう思うはずです。かれは、それによって満足を得、喜びを味わうことができるのです。

　刑務所にとらわれてしまうと、今までの生活をすべて失い、外界と遮断されてなんの自由もないのです。その人が、「あなたはもう自由ですよ、出ていっていいですよ」と言われたら、ものすごい喜びと楽しみを

感じるでしょう。これは眠気と沈鬱から脱出した状態をたとえて言っています。我々の心の中も、眠気と沈鬱があったら自由ではないのです。眠ってしまえば何一つも思うままにできませんし、沈鬱が出てきたら、ただいるだけで何も行動できない。自由は完全に失ってしまいます。ですから沈鬱と眠気がなくなった状態は、牢獄から無事に解放されたような感じ、つまり何も失わずに自由を獲得したような感じになるのだと言うのです。

◇奴隷のたとえ

それから、奴隷のたとえは「浮つきと後悔」に使っています。

> それはまた、大王よ、たとえば、ある男が奴隷として、自由がなく、他に隷属し、欲するままに行くことができないが、後に、その奴隷状態から解放され、自由になり、他に隷属せず、独立し、欲するままに行くことができるようなものです。かれは『私は以前、奴隷として、自由がなく、他に隷属し、欲するままに行くことができなかった。しかし今や私は、その奴隷状態から解放され、自由になり、他に隷属せず、独立し、欲するままに行くことができる』と、こう思うはずです。かれはそれによって満足を得、喜びを味わうことができるのです。

今の我々は奴隷のことは知りませんが、ちょっと想像してみましょう。奴隷というのは家畜扱いです。牛や馬と同じところに寝かされるし、まるで餌のような食べ物をもらって、朝から晩まで給料もなく仕事をしなくてはなりません。着ている服がボロボロになったところで、もう一つ同じような服をもらうだけという、大変悲惨な状態なのです。独立した人間として扱われることは決してありません。

その奴隷が、「なんでこんな嫌なことをしなきゃいけないんだ」と思

っても、逃げることはできません。たとえ逃げてもまたつかまってしまいます。昔、奴隷制度があったときには、誰かがその奴隷を解放してあげたら、その人もまた罪を犯したことになりました。だから他人の力でも、自由の身になるのは不可能なのです。自由と言えるものは何一つありません。

　そんな奴隷が、「もう奴隷じゃない、あなたは自由だ」と言われたら、途方もなく楽を感じるでしょう。浮つきと後悔から離れた心を、奴隷が解放されて自由になり、喜びを味わう状態にたとえるのです。

◇荒野の道のたとえ
「疑い」の場合は荒野の道にたとえています。

> 　それはまた、大王よ、たとえば、ある財宝をもち財物をもつ男が、食べ物もない恐ろしい荒野の道を進むが、後に荒野を通り抜け、無事に、恐れのない、平穏な村の辺に到着するようなものです。かれは『私は以前、財宝をもち財物をもち、食べ物もない恐ろしい荒野の道を進んだ。しかし今や私は、その荒野を通り抜け、無事に、恐れのない、平穏な村の辺に到着している』と、こう思うはずです。かれは、それによって満足を得、喜びを味わうことができるのです。

　大金を持っている人が、盗賊や人食い虎の出没する恐ろしい道を歩いているとします。かなり心配ですね。今の時代でも、たとえば皆さんが、何千万円もの現金をアタッシュケースに入れて、怪しい道を通ることになったら、持っている間中落ち着かないでしょう？　安全な銀行のカウンターに渡したところで、やっとホッとするのです。

　それぐらい「疑」を払ったら、心はほっとするのだと言うのです。別に本当に盗まれたわけではないのです。でもやっぱり「盗まれるかもし

れない」と心配で、落ち着かない。このたとえのように、どうと言うことはないかもしれませんが、「疑」がある限りは、心は不安定なのです。

> このように、大王よ、比丘は、まだ捨てられていないこれら五種の障害を、ちょうど負債のように、病気のように、牢獄のように、奴隷状態のように、荒野の道のように、自己の中に観るのです。
> また、大王よ、比丘は、すでに捨てられたこれら五種の障害を、ちょうど無債のように、無病のように、出獄のように、独立のように、平穏の地のように、自己の中に観るのです。
> すでに捨てられたこれら五種の障害を自己の中に観るものには満足が生じ、満足するものには喜びが生じ、喜びの心がある者には身体が軽やかになり、軽やかな身体は楽を感じ、楽のある心は統一を得ます。

　この五種の障害を自分の中に見て、それがなくなったと分かったら、大変な満足感が生まれてくるのです。そして満足感が生まれるとすごい喜びが湧いてきます。それは、残念ながら在家として世の中で生活する人にはまったく味わえない、大変な楽しみなのです。家庭や仕事を持っていたりすると、いつも心配して苦労しながら生活しますから、捨てることで得られる楽しみを味わうことは難しいのです。

　この五種の障害を捨てたら、どれほど楽しいか、どれほど楽かを説明しましょう。自分に問題がある人間と問題のない人間を比べてみるのです。重病で倒れてしまった人と、病気が何もなく元気な人を比べてみると、元気な人はどれほど楽しんでいるか、分かるでしょう。自分が病気になって、お医者さんが決めたものを一つ二つ食べるだけの状態になったと思ってもいいですね。他の家族が好きなものを食べたい放題食べていたら、自分の苦しみが見えてしまうのです。

　ですから、五蓋から心を清らかにすると、世俗の人にとっては味わえ

ない、ものすごく大きな楽しみが、何もないところから生まれるのだと言っているのです。

　たまに人が、「大金を投資して、えらく儲けた」などと話してくれることがあります。本人は「儲かった」と嬉しそうにしているのですが、私から見ると、喜んでいながらも、イライラして落ち着きがなく、せわしないと感じてしまうのです。そうすると「お金のない私はちゃんとご飯を食べて、ゆっくり楽にしている、たとえお金があってもなんのことはないんじゃないか」と思えてしまうのです。

❖ 第一禅定

第一禅定は強烈な喜悦感

　ここからは禅定状態、統一状態の説明に入ります。
　その状態は決して暗いものではなく、徹底的に楽しいことです。それを体験するためには、はじめから基本的に楽しい状態をつくっておかなくてはいけません。イライラして、神経をピリピリさせながら瞑想しても、禅定に達するのは不可能です。それはお釈迦様が明言されているのですね。ですから瞑想を始める前にも、十分リラックスして、気持ちよくニコニコと「楽しいことだ、遊びみたいなものなんだ」という気持ちでやらなくてはいけないのです。それで私も、瞑想実践会に来る人には「楽しんで、リラックスしてやってください」と、とことん言っているのです。

> 　かれは、もろもろの欲を確かに離れ、もろもろの不善の法を離れ、大まかな考察のある、細かな考察のある、遠離から生じる喜びと楽のある、第一の禅(ぜん)に達して住みます。かれは、この身体を、遠離から生じる喜びと楽によって潤し、あまねく浸し、あまねく満たし、あまねく行きわたらせるのです。その身体にはどこも、遠離から生じる喜びと楽の触れないところはありません。

　最初から見ていきましょう。

　　もろもろの欲を確かに離れ

　五蓋（異常な欲・異常な怒り・浮つきと後悔・沈鬱と眠気・疑）が心

から消えてしまうと、いとも簡単に第一禅定が生まれるのです。自分が異常な欲から離れているし、異常な怒りはないし、心は生き生きして明るいし、疑いもないし後悔も浮つきもない。そうすると「ああ、楽しいなあ、楽だなあ」という感じになるのです。そういう心で瞑想すると、いきなり身体中が喜びで覆われて、全体が喜び一色になってしまう。その、身体も心も芯から明るく軽く楽な状態が「第一禅定」なのです。

　日本でも「禅定」という言葉が瞑想の世界で使われますが、どういう状況か明確ではありません。ですから、ここでまず「禅定とは何か」をよく理解した方がよいと思います。人はそれぞれ、自分の信仰している宗教の教えに合わせて禅定を定義するのですが、やはり、「心理学的に見て、禅定とは心のどのような状態をいうのか」を知ったほうが客観性を保てます。

　お釈迦様は宗教体験・神秘体験であった瞑想を、客観的・心理学的に解き明かすのです。仏教の最終目的である涅槃に対する説明は、仏教信仰に基づいても構わないのに、あえて客観的・心理学的に解き明かすのです。

「第一禅定」というのは並々ならぬ喜悦感を感じる状態です。限りない喜びで、ものすごく楽しく気持ちよく感じるのです。同時に身体も健康で元気になるのです。ですから身体も心も大変明るくて喜びに満ち溢れている状態のことです。

　なぜそんなに喜びに溢れるのでしょうか。その人が欲を休止状態にしているからです。人の心は欲によって、「欲しい、欲しい」「頑張らなくては」「獲得しなくては」「これぐは駄目だ」などの気持ちが生まれて山火事のように燃えている。その炎がいったん休止になったのです。また、悪いことを何もしていないだけでなく、したいという気持ちも休止になったので、心におびえや恐怖感、後悔などはないのです。このようにしか説明できないのです。

遠離の楽

「欲から離れる楽」とは不思議ですね。何かを得ること、何かがあることが「楽」ではないかと世間では考えますから、みんな必死でそれを得ようと苦労しつづけるのです。ただし、その「楽」は、その希望が叶ったならの話ですから、なかなか実現しないのです。一方で、欲に用がないという状態は本当に幸福です。それが、欲から離れるという「遠離の楽」なのです。

たとえで言いますと、人の足の骨が折れたとしましょう。痛くて苦しいですが、歩かなくてはならない。そこでその人はギプスをつけ、松葉杖に支えられて歩きます。それで楽だという。それから、折った骨が治ってギプスも松葉杖もいらなくなると、また楽だという。この二つではどちらがよいでしょうか？ やはり、足が治って自由に歩ける楽のほうがよいでしょう。何かがあって、何かに頼って得た楽ではなく、何かに頼る必要なく得る楽。遠離の楽、欲から離れる楽はこのようなものです。

人々は財産・権力・仲間などに依存して生きることは楽だと考えますが、これらは悩みや苦しみ・争い・精神病など、人のほとんどの問題の原因でもあります。また、財産などが与えてくれる楽にはリミットがあります。お金をもらうことも喜びですが、百万円もらって生まれるのは百万円分くらいの喜びで、一千万円分の喜びは生まれません。その人は持っているお金の範囲でしか楽な生活はできません。一日で百万円を使って派手に喜ぶことも、毎日二、三千円程度にしておいて長く喜ぶこともできます。それでも、喜びの総量はそれほど変わらないと思います。

つまり、ものを得て喜ぶ場合には、喜びは制限されて小さくなるのです。でも、離れることを喜ぶなら、その喜びはどこまでも大きくなるのです。ですからお釈迦様は「得るのではなく、離れるところで喜びを見つけなさい。その喜びは際限がありません」というのです。

悪いことをしないことから無制限の楽しみを得る

　もろもろの不善の法を離れ

　瞑想実践で禅定に達することを目指す人は、まず悪を犯さないという決まりを守るので、戒律に忠実に従うことになります。これだけでも、生き方が楽になると同時に心が落ち着きます。禅定の場合は、罪を犯したいという衝動も心に現れなくなってしまうのです。
　禅定に達する前は、その衝動があっても、戒律を守るから罪を犯さなかっただけです。ですから、心の中には「悪いことをしたくなったけど、戒を守っているのだからやってはダメだ。罪は犯さないぞ」という葛藤が生じます。でも、禅定に達するとその葛藤すら休止するのです。
　善い楽しみは二つに分けられます。

①善い行いをして楽しむ。
②悪い行いをしないことで楽しむ。

「善い行いをして楽しむ」方が、「悪い行いをしないことで楽しむ」より優れているのでは、と思うでしょう。しかし、人にできる善行はある程度決まっていますから、善行為をしたくてもチャンスがない場合もあります。そうなると限りがあるのですね。でも、悪いことを犯さないという善行為の場合は、リミットが生じません。二十四時間でもできますし、死ぬまででもできます。そうすると、心が悪から離れたという楽にもリミットがないのです。
　ただし、禅定の楽は無制限で無限だとは理解しないでください。便宜上、無限だと説明しただけで本当はリミットがあります。プールでも海でも泳ぎはできますが、プールと海を比較すれば、海での楽しみ方にはリミットがないと仮に言えますね？　俗世間の楽しみはプールで泳ぐこ

と、禅定の楽しみは海で遊ぶこと、と考えてください。

喜悦感の落とし穴

　大まかな考察のある、細かな考察のある、遠離から生じる喜びと楽のある、第一の禅(ぜん)に達して住みます。かれは、この身体を、遠離から生じる喜びと楽によって潤し、あまねく浸し、あまねく満たし、あまねく行きわたらせるのです。その身体にはどこも、遠離から生じる喜びと楽の触れないところはありません。

　第一禅定には、「大まかな考察のある、細かな考察のある」と書いてあります。パーリ語では、savitakkaṃ savicāraṃ です。第一禅定に入ったからといって、無念無想になるわけではないのです。心の中には言葉と考えがあります。第一禅定は、思考はあっても、身体中に喜びがある状態です。瞑想している最中に、いきなり心と身体が歓喜で溢れてしまう特別の状態なのです。仏道を実践していれば、日常生活は楽しくて当たり前です。そこでさらに瞑想を始めて、執着に基づいて何かを得ようとする行為をしないことにすると、いきなり身体中爆発したような感じで歓喜が行き渡ってしまうのです。

　ただし、禅定はそれほど長い時間続くことはなく、消えたりもします。その状態で歩いたりしゃべったりすることもできません。それでも、禅定の力が心にある限り、心が悪に染まることはなく、落ち着いているのです。もし不注意で悪思考が生まれたならば、禅定の力がなくなるのです。

　ヴィパッサナーで第一段階の悟りの境地に達した場合、その心はおのずと第一禅定状態にもなるのです。有身見(うしんけん)・疑(ぎ)・戒禁取(かいごんじゅ)の三つの煩悩は休止するのではなく、終止符が打たれるのです。ですから、心の落ち着いた状態が堕落することはないのです。

次に「その身体にはどこも、遠離から生じる喜びと楽の触れないところはありません」と書いてあります。身体全体が爆発したような感じ、というか、液体が身体中にまんべんなく広がったような感じで、楽を感じるのです。最初に禅定を経験するときは、その強烈な刺激にショックを受けて混乱状態になるかもしれません。それから、禅定を自慢したくなるのです。でも、そうすると心が汚れて、禅定の力がなくなる恐れが大きいですから、何回も繰り返し、同じ禅定状態に入らなくてはなりません。簡単に禅定状態に入れるように、能力の向上もしなくてはならないのです。繰り返し入れるようになると、禅定に対して徹底的に落ち着いていることができるので、せっかく達した禅定の力を失わずに、長く守ることができるのです。

サマーディ瞑想とヴィパッサナー瞑想の違い

　ヴィパッサナー瞑想の sati と比較してみましょう。結論から言うと、sati を実践することで第一禅定に達したならば、その能力は消えません。しかし、sati の実践は、禅定をつくるためではなく悟りに達する目的で行うので、サマーディ瞑想ほど楽には禅定をつくれないのです。一方、サマーディ瞑想は心を統一させるだけの働きですから、禅定に入れても智慧が現れることはありません。ヴィパッサナー瞑想では、心を統一することを後回しにして、最初から現象をありのままに観察しようと、智慧に挑戦するものです。智慧が現れると、おのずと心の統一性が現れるのです。そしてその統一は、なかなか消えるものでもありません。一日でつくった建物は、すぐ壊れる。何年もかけて丹念につくった建物は、何百年も続く。サマーディ瞑想とヴィパッサナー瞑想の差はこのように理解しておきましょう。
　ここでは「第一禅定に達する人は、身体全体で喜びと楽を感じるのだ」と、強調しているのです。喜びと楽を感じないところは、身体の中

にどこにもないのだと言っています。

　ここでヴィパッサナー瞑想と比較したのは、ヴィパッサナー実践をする人々が「自分の修行はとても苦しくてやりづらいのではないか」と思ってしまう恐れがあるからです。ヴィパッサナー瞑想は、純粋な仏説（お釈迦様が説いた教え）で、悟りに達する瞑想です。とても優れているのです。サマーディ瞑想は、喜びと楽を目指す瞑想で、解脱を目指すものではありません。ですから、人は、ヴィパッサナー瞑想に興味を持つべきなのです。

> 　それは、大王よ、たとえば、熟練した沐浴業者かその弟子が銅の容器に洗粉をふりまき、水を注ぎ注ぎしてこねるならば、その洗粉の塊(かたまり)に染み行き、染み込み、内も外も染み透り、しかも漏れることがないようなものです。
> 　このように大王よ、比丘は、この身体を、遠離から生じる喜びと楽によって潤し、あまねく浸し、あまねく満たし、あまねく行きわたらせるのです。その身体にはどこも、遠離から生じる喜びと楽の触れないところはありません。
> 　大王よ、これもまた、先のもろもろの目に見える沙門の果報よりさらに優れ、さらに勝ったものであります。

　このたとえは、第一禅定の喜びと楽はどのような経験か説明するものです。昔は沐浴する場合、専門の業者がいて、いろいろな粉を水で練ってクリーム状にし、身体に塗ったのです。熟練したプロが薬の粉をたらいに入れて丹念に煉り、身体中にクリームのようにきれいに広がるようにつくりました。その場合、粉の中に水が入っていないところは少しもありません。そのように修行者の身体中に、この喜びが染み渡るというたとえです。その体験が第一禅定だというのです。

禅定は徹底的な脳のリラックス状態

　先のもろもろの目に見える沙門の果報よりさらに優れ、さらに勝ったものであります。

　出家の人は、このような第一禅定という喜びを感じることができます。つまり、お釈迦様は言外に、「禅定の喜びと楽を得るのは、在家の人にはどうやっても無理ですよ」と王様に教えてあげるのです。
　いろいろな種類の瞑想があるので、人々は自分の瞑想体験を他人に話すことがあります。「光が見えた」「神の言葉が聞こえた」「想像を絶する音楽が聞こえた」「自分の身体が消えた」「大宇宙と一体になった」「空になった」「神に出会った」などと、いろいろ言うのです。瞑想修行する人は、他の人々のこんな経験談に左右されてしまいます。でもその経験は、本格的な禅定体験なのか、単なる幻覚なのか、区別がつかないのです。
　もし単なる妄想か幻覚なら、その経験を目指して修行してはなりません。脳は簡単に幻覚をつくるので、瞑想中に幻覚に等しい経験は起こるのです。この脳のカラクリを「超越した修行体験」として扱うのは、おかしいと思います。
　ですから、お釈迦様は、客観的な心理学としての禅定世界を解説します。第一禅定は徹底した具体的な喜びの体験だと説くのです。光が見えるなどの幻覚には、ぜんぜん触れていません。そのような経験は、あくまでも個人的なものだからです。禅定で明確に経験する喜びと楽は、遠離から生まれなければなりません。欲だらけの高慢な気持ちで自己主張するために瞑想する場合は出てこないものです。その場合、頑張っても出てくるのは幻覚だけでしょう。幻覚は瞑想中に現れる可能性が高いものですが、仏教の場合はきちんと「幻覚」として認識するのです。
　大げさに言えば、第一禅定の喜びはつま先から髪の毛までサッと散ら

ばってしまうのです。現代風に言えば、これは一つの脳の働きによるものだと思います。怒りも欲もなく、脳が徹底的にリラックスして満足していますから、限りなく喜びのホルモンを出すのでしょう。

　脳にとって喜びはとても必要なものです。みんないつでも「喜びたい、喜びたい」と苦労していますね。ですから、間違っている方向で罪を犯して喜ぶのではなく、何もいらない、何にも依存しない状態をつくって、そこで喜びを見出すのです。そのほうが簡単に喜びを得られます。何かを得て喜ぶと、脳には悩み苦しみがあります。依存しないことで喜ぶ場合は、脳細胞は困ることは何もないのだから、幸福を感じるホルモンを楽に出すのです。

　仏教では「悲しむな、悩むな」とは言っても「喜ぶな」とは言っていません。禅定で喜悦感が生まれたら、それは修行の結果なのですから、その喜びを冷静に感じればよいのです。しかし、禅定で得たその喜びと楽も、無常なものと理解して、さらに心を向上するために精進しなくてはならないのです。

❖ 第二禅定

第二禅定は安定した喜び

　瞑想によって、心が普通の人間の認識レベルを破り、高次元の認識レベルに入ることを禅定といいます。禅定は「眼・耳・鼻・舌・身・意」にはめられている通常の人間の認識次元を破った、高いレベルなのです。そのレベルになると、物事を考えたりすることはあまりできません。

　さらにまた、大王よ、比丘は、大まかな考察・細かな考察が消え、内心が清浄の、心の統一された、大まかな考察・細かな考察のない、心の安定より生じる喜びと楽のある、第二の禅に達して住みます。かれは、この身体を、心の安定より生じる喜びと楽によって潤し、あまねく浸し、あまねく満たし、あまねく行きわたらせるのです。その身体にはどこも、心の安定より生じる喜びと楽の触れないところはありません。

　大まかな考察・細やかな考察が消え
　vitakka-vicāraṃ vūpasamā

　漢訳仏典では vitakka-vicāra に「尋伺」という訳語を入れています。尋伺がどういう意味か、はっきり分かっていないようですが、パーリ語の vitakka-vicāra という言葉は一般的に「考える」ことを意味します。第一禅定に入っても心は活動しているのです。大変楽しく楽な状態ですが、認識はしていますから、瞑想の対象くらいは考えることができるのです。

　ところが、第二禅定に入ると、大まかにも細かくも考えることが消え

てしまう。何も考えません。だから、vitakka-vicāra はなくなってしまうのです。

　内心が清浄（しょうじょう）の、心の統一された
　ajjhattaṃ sampasādana

考えることもなくなったのですから、心が安定するのですね。心が中から大変清らかになってきたような感じがして、この第二番目からサマーディ（samādhi）が生まれるのです。第一番目では、単に統一（vivekajena　遠離の楽）といっているだけで、経典では「samādhi」という言葉は使っていません。第二禅定であるサマーディ状態に入ると、また喜びと楽が生まれるのです。

　喜びと楽のある、第二の禅に達して住みます。
　samādhijaṃ pūtisukhaṃ dutiyajjhānaṃ upasampajja viharati

　この身体が、大変な喜びと楽で溢れてしまうのです。日本訳では、「あまねく浸し、あまねく満たし、あまねく行きわたらせる」とありますから、並の楽しさではないのです。身体の中から、ものすごく強烈な楽しみが湧いてきて湧いてきて、身体中に広がって広がっていくのです。身体はどこも喜びに満ちて、感動しない部分がなくなってしまう。それで考えることもなくなってしまいます。強烈な楽しみがあるときは、考えることもある程度、邪魔なのですね。
　ここで得られる楽と楽しみは、世の中の楽しみとはまったく比較にならないものです。人間の楽しみというのは、どんなものでも身体の一部だけです。一部は楽しんでいても、他の一部では大変苦しく悩んでいたりするのです。
　たとえばスポーツをして「楽しい、気持ちいい」と思っても、身体が

疲れたりするし、おいしいご飯を食べて楽しもうと思っても、かえって胃腸が疲れたりします。頭からつま先まで、細胞全体が喜びで溢れる体験は、一般の社会ではどうしても味わうことができません。ほとんど不可能なことなのです。

　欲の世界から離れて瞑想して、第二禅定などに入ったら、こういうふうな強烈な喜悦感、楽しみがどんどん出てくるのです。楽と楽しみが出てくるだけで何も考えない状態。そこまできめ細かい楽しみが生まれてきます。

　お釈迦様は、王様にもきめ細かい禅定の喜悦感がいくらか理解できるように、ここでもたとえを使っています。

　それはまた、大王よ、たとえば、水の湧き出る深い湖があって、その東方にも水の流入口はなく、南方にも水の流入口はなく、西方にも水の流入口はなく、北方にも水の流入口はなく、しかも雲がときどき定期的に雨をもたらすことがない場合に、そのとき、その湖から冷たい水の流れが湧き出し、その湖を冷たい水で潤し、あまねく浸し、あまねく満たし、あまねく行きわたらせるならば、その湖にはどこも、冷たい水の触れないところがないようなものです。

　このように大王よ、比丘は、この身体を、心の安定より生じる喜びと楽によって潤し、あまねく浸し、あまねく満たし、あまねく行きわたらせるのです。その身体にはどこも、心の安定より生じる喜びと楽の触れないところはありません。

　大王よ、これもまた、先のもろもろの目に見える沙門の果報より、さらに優れ、さらに勝ったものであります。

　二番目の禅定を、お釈迦様は水の湧き出る深い湖にたとえるのです。この湖は、東西南北のどこからも水が流れ込まず、また定期的に雨が降

って新しい水が入るわけでもない。普通は川の水があちこちから流れ込んだりして、湖の中でも温度差があるのですが、この湖はそういうことはなく、地底から湧き水が溜まっていって、湖全体が完全に同じレベルで一様に冷たくて涼しいと言っています。

　ここでお釈迦様が言いたいポイントは、水の冷たさがどこも一定だということです。第二禅定はこの湖のたとえのように、身体中が一定の喜びと楽で安定しているのです。私たちの身体とは違いますね。普通は身体の一部が楽になると、他のところが苦になったりする。たとえばかゆくなるとき、実際にかゆみがあるのは身体の一、二カ所なのです。他のところは普通ですね。身体全体が一定した感覚であることは、普通の生活では経験できないものです。禅定状態では身体全体同じく喜びが湧いてくる、お釈迦様は、「それも大変ありがたい沙門の果報ですよ」と王様に言うのです。私たちにはお釈迦様のたとえを理解することで第一禅定と第二禅定の喜びの差を知ることができます。第一禅定の場合は洗粉を水で練ってペーストにしたたとえです。このペーストの中に水がしみ込んでないところはありません。水は修行者が感じる喜びになります。第二禅定は湖にたとえています。湖の水はまんべんなく涼しいことが修行者が感じる喜びです。第二番目の場合は、第一禅定より喜びの量がはるかに多いと理解できると思います。

❖ 第三禅定

> さらにまた、大王よ、比丘は、喜びが消えていることから、平静にして、念をそなえ、正知をそなえて住み、楽を身体で感じ、聖者たちが『平静にして、念をそなえ、楽に住む』と語る、第三の禅に達して住みます。かれは、この身体を、喜びのない楽によって潤し、あまねく浸し、あまねく満たし、あまねく行きわたらせるのです。その身体にはどこも、喜びのない楽の触れないところはありません。

　禅定が進むに従い、どんどん次元が変わっていきます。第一禅定では楽しいけれど考えが残っています。ですからその分、禅定の楽しみがちょっと劣っているのです。我々から考えればとてつもない楽しみですが、それでも思考が働いている分だけ、ややこしいということになります。

　第二禅定になると、思考も消えて、サマーディ状態、統一状態が現れてくるので、何も考えることがない。ただいるだけの存在になります。それでものすごく喜びが湧いてきて、身体中が喜びで溢れています。

　第三禅定になると喜びの波が出てきますが、それも少しだけややこしいということになります。「喜び」は pīti（ピーティ）と sukha（スカ）の二種類に分けているのです。日本語では pīti を「喜び」と訳していますが、英語で言うと happiness というような意味で、ちょっと喜びの波が荒いのです。Sukha は日本語では「楽」という意味になるのでしょうか。英語で言っても happiness ですが、喜びの波が細かいのですね。仏教の瞑想では、楽を表すにも pīti と sukha の二つにきめ細かく分けているのです。「楽しいけれども低次元の派手な喜びではない」というニュアンスで理解すればよいと思います。

それはまた、大王よ、たとえば、青蓮華(しょうれんげ)の池か、紅蓮華(ぐれんげ)の池か、白蓮華(びゃくれんげ)の池かにおいて、ある青蓮華か、紅蓮華か、白蓮華かが、水中に生じ、水中に生育し、水面に現われず、水面下に沈んだまま育つならば、それらが先端から根もとまで冷たい水で潤され、あまねく浸され、あまねく満たされ、あまねく行きわたらされ、青蓮華であれ、紅蓮華であれ、白蓮華であれ、そのどこにも冷たい水の触れないところがないようなものです。

　このように大王よ、比丘は、この身体を、喜びのない楽によって潤し、あまねく浸し、あまねく満たし、あまねく行きわたらせるのです。その身体にはどこも、喜びのない楽の触れないところはありません。

　大王よ、これもまた、先のもろもろの目に見える沙門の果報より、さらに優れ、さらに勝ったものであります。

　第三禅定に入った人の場合は、この強烈な喜びという波が消えていってしまうのですね。ただ楽にいる。それは前よりレベルが上なのです。先ほどのたとえで見ると、湖の状態ではなくて、湖の中に育った蓮の花のようなものです。蓮の花は巨大な湖の中にいて、水に触れていないところはないのです。ですから、第二禅定では身体の中から喜びが出てきて、身体中喜びが湧き上がっている状態ですが、第三禅定ではそうではなくて、巨大な喜びがあって、自分がその中にいるということになるのです。ですから自分という存在感も超えて、巨大な喜びに囲まれているのです。

　ヨガの世界でも、瞑想の神秘体験を説明する場合に、「自分の中にある光の玉（魂）が、外に行って神の魂と一緒になりました」と言うことがあります。それは人が中心から喜びを感じたということなのです。第二禅定に少し似ていますね。さらに、「光の玉（魂）が、自分の身体の中に入ってきた」とか「巨大な光に自分が包まれて溶けてしまった」と

いう神秘体験を語る人もいるのです。この場合は第三禅定に似ています。ほとんどの人は、サマーディ状態を光として認識するのです。中から光が外へ出ても、外から来た光に包まれても、修行者は並々ならぬ喜びを感じるのです。お釈迦様がサマーディについて語る場合は、「光」という現象にほとんど触れません。もっと具体的で心理学的に心が感じる喜び、楽などの精神的な経験について語るのです。その理由は、サマーディに達するすべての人々が、光という現象を必ずつくらなくてはいけないわけではないからです。ただの現象なので、人によって変わるのは当然です。大事なのは普遍的な心理の説明なのです。

禅定は因縁によって現れる無常なるもの

ヨガの世界では、サマーディ経験を「魂の経験」として説明します。でも「魂」という概念は、単なる推測です。推測で「ある」と言っているだけの魂が、変化しないものだと魂論者たちは言うのです。しかし、サマーディ状態も、サマーディから現れる喜・楽なども、原因や条件次第で現れるもので、本来あるとは言えません。また、少々の不注意で壊れてしまうのです。ですからサマーディも、因縁によって現れる無常たるもので、魂にはなりません。ヒンドゥー教では「アートマンは sat-citt-ānanda、リアリティであって、心であって、喜び幸福である、至福である」と言います。「魂にそのような特色があって、永遠不滅だ」と言うのですね。でもそれらは、彼らの哲学です。頭の働きでつくったもので、真理ではないのです。ですから仏教では、はじめから「考えるな」とよく言っています。

その人々の神秘体験は、嘘ではありません。実際に瞑想して禅定に入り、究極の喜びを感じているのです。一般人には針ほども、そういう喜びは感じることはできませんから、彼らがその神秘体験について語る場合には、頭を働かせて語っているのです。思考で語る場合は、たとえ神

秘体験がある人であっても、自分の気持ちに基づいて固定概念と先入観を入れて語ってしまうのです。

　そこは修行者がものすごく気をつけなければいけないところですから、お釈迦様は禅定の状態をきめ細かく区別します。禅定があるという証拠はありますが、それが魂であるという証拠はないのです。

❖ 第四禅定

> 　さらにまた、大王よ、比丘は、楽を断ち、苦を断ち、以前にすでに喜びと憂いが消滅していることから、苦もなく楽もない、平静による念の清浄のある、第四の禅に達して住みます。かれは、この身体を、清浄で純白な心によって満たし、坐るのです。その身体にはどこも、清浄で純白な心の触れないところはありません。
> 　それはまた、大王よ、たとえば、人が白い布を頭から覆って坐るならば、その身体にはどこも、白い布の触れないところがないようなものです。
> 　このように大王よ、比丘は、この身体を、清浄で純白な心によって満たし、坐るのです。その身体にはどこも、清浄で純白な心の触れないところはありません。
> 　大王よ、これもまた、先のもろもろの目に見える沙門の果報より、さらに優れ、さらに勝ったものであります。

ニュートラル状態を感じる第四禅定

　瞑想はさらに進んでいきます。禅定の一番高いレベルは「第四禅定」です。禅定が高いレベルに進んでいくと、喜びの波も消えていってしまいます。喜んでいるということは、一つの激しい体験だからです。第四禅定では喜びの波も消えて upekhā（捨）という統一状態、半静な感じが生まれてきます。安定していて落ち着いている。激しく苦しいものはもともとまったくないし、楽も喜びもまたないのです。でもすごく気持ちがいい状態なのです。

　　苦もなく楽もない、平静による念の清浄のある、第四の禅に達して

住みます。

upekhā-sati-pārisuddhiṃ catutthajjhānaṃ upasampajja viharati.

瞑想には sati が必要ですから、ここでも sati が入ります。ただ sati というのは、この場合には言葉を使うことではありません。言葉は第二禅定ですでに消えていますから「ただ知っている」状態なのです。自分の身体中、何も感じないような、ほとんど一直線になったような感じで、ただ感じているだけなのです。存在しているだけで言葉も使わない。「ただ感じている」状態ですが、その場合も身体中で明確に感じているのです。

このたとえで言っているのは、白い布で身体を全部覆って座ったら身体に白い布の触れていないところはないように、落ち着いている状態になるということです。身体全体に感じるということは、第四禅定までのポイントですから、それを覚えてほしいのです。さらに優れた状態に進むとまた少々変わりますが、禅定というのはすべて、身体で感じるものなのです。

仏教の upekhā は「不苦不楽」と訳することもあります。第四禅定はニュートラル状態ですが、それを感じるのです。普通、ニュートラル状態を感じることは、なかなか難しいのです。ニュートラル状態になると、ないように感じてしまうのですね。たとえば我々はどこかが痛いときは自分の身体を認識できますが、どこも痛くない場合は、あるかないか、ぜんぜん感じないのです。それがニュートラル状態です。苦でもなく楽でもない感受性。それを身体中で感じるのです。言葉は働いていない、つまり言葉を使わない状態ですが、身体が存在していることは、はっきりした実感があるのです。

これは心理学的な分析ですから、個人的な実践面では強弱があります。禅定の場合はその人の使うエネルギーによって、感じる楽の強弱と大きさが変わるのです。ですから、ここで科学的に分析したように、みんな

が同じ体験をするわけではないのです。十人が第一禅定のレベルに入ったら、体験は十種類になります。瞑想の世界で、みんなバラバラなことを言っているのは、そういうわけなのです。お釈迦様が禅定を科学的に分析して詳しく説明したのは、修行者が勝手にバラバラなことを言っていた瞑想を、どんなものか理解してほしかったからです。ですから第一〜第四禅定の分析は仏教だけの話で、他の宗教のどこにもないのです。

禅定を重ねて神秘体験への執着を手放す

　仏教では「同じ禅定に繰り返し繰り返し入って、いとも簡単に入れるようになりなさい」と言います。また、禅定の領域を延ばすという訓練もあるのです。回数を重ねて、同じ禅定にサッと入れるように訓練するのです。一度入っただけで、二度と入ることはできない人もいるかもしれません。その場合に残るのは「いいことを経験した」という充実感だけです。ほとんどの人は、一回でもその禅定に入ったら、その充実感でほぼ一生過ごせます。たった一回だけでも禅定経験があれば、一生それを忘れないのです。禅定の経験はそれくらい強烈な喜びなのです。

　仏教では、そこで終わらないように、親切に注意するのです。強烈な経験を得た人が、死ぬまでそれを忘れられない気持ちは分かります。禅定の経験は強烈なだけではなく、喜・楽などに満たされることで心は清らかになるのです。でも日常生活に戻ればいろいろな苦しみや問題があり、あの喜悦感はあとかたもなく消えることにもなります。それはつまり「禅定がなくなった」ということです。しかし、経験を得た人は、「かつてすごい経験を得た」「喜悦感を感じた」と自慢の気持ちを抱くだけで、今の心が汚れていることに疑問を抱かないという状態に陥りがちです。禅定を光などの現象で説明せず、喜・楽などの心理要素で説かれているのは、修行者が禅定を壊すことなく、持ち続けられるようにという配慮からなのです。お釈迦様は禅定状態にいつでも繰り返し入れるよ

うに能力を向上することを勧めていますが、そのようにすれば、禅定状態そのものにもそれほど執着はなくなります。そこで初めて、解脱に挑戦できるようになるのです。

　この世界に広まっている宗教では、誰かがある一つの神秘体験をすると、一回だけの体験を膨大に膨張させて説明して新しい宗教をつくって「みんなに教えてあげよう」と、張り切ってしまうのですね。確かに本人は何か精神的な優れた経験があったかもしれませんが、それは一回きりで、その後はまた、ありとあらゆる苦しみや愛欲が生まれてくるのです。やっぱりお金が欲しくなるし、車も欲しくなるし、お世話してもらうためのすごい美人まで欲しくなる。仏教ではそういうはめにならないために、回数を重ねて重ねて同じ体験に入らなくてはいけないと言っているのです。そうすれば、お金がなくても何がなくても満足していられる。「すごいから他の人に教えてやろう」という大胆な気持ちも出てこなくなります。また、回数を重ねれば、入るたびに禅定の中身について、心所（心の中身・心の成分）の強弱について、理解できます。自分の心がどれほどエネルギーを持っているかも分かるのです。

統一状態と禅定の違い

　瞑想していて、気がついたら何時間も経っていたとします。すると、「これが禅定状態ではないか」と思うかもしれません。でも、禅定状態は、欲界の五欲に依存して生きる次元を破って、はじめて起こるものなのです。禅定に達すると、五蓋がないのです。ある何かに没頭すると時間の感覚が消えてしまうことはあります。それも、心の統一状態ではあります。

　仏教では、心の次元を破って超越した次元に達することを、大きく二つに分けています。一つはサマーディ瞑想から得られる禅定の次元。これは lokiya jhāna（ローキヤ ジャーナ）（世間禅定）です。もう一つはヴィパッサナー瞑想か

ら達する悟りの境地。それは lokuttara jhāna（出世間禅定）です。
　心の次元は、「欲界」「色界」「無色界」という三つに分けています。色界と無色界という次元は「世間禅定」と言います。同じ禅定に達した行者であっても、悟りの四段階の一つにでも達しているならば、その行者の禅定は「出世間禅定」と言われるのです。
　私たちが何かに集中して仕事をするとします。それが夢中になるほど楽しかったら、時間の感覚がまったく消えてしまうことは度々ありますね。時間という感覚が、苦しみによって生じることは知っていますか？
　「まだ終わらないのか、まだあるのか」という苦しみの感覚で何かを行っていると、時間が気になるのです。一分でもずいぶん長く感じるものです。逆に苦しみがなければ、時間が気になる感覚も消えてしまう。ですから瞑想していて、一時間も経ったことをまったく気づかなかったというなら、その人は六十分間の中でそれほど苦しみを感じず、楽しかったということです。

五欲の誘惑を捨てる

　ですから、瞑想を実践しても、一般常識の次元を破って禅定という高いレベルに達するのは、それほど簡単だと思わないほうがよいのです。何かよいことを始めると、予想外の邪魔が入るのはよくあることです。よいことをやり遂げるためには、さまざまな壁を破らなくてはいけません。この問題は、瞑想する場合にはもっと厳しく現れます。「瞑想を早く終了して、本を読みたい、テレビを見たい、皆と話したい、料理を作って何か食べたい」など、瞑想をやめてしまいたいと思わせるさまざまな思いが現れるのです。それらは瞑想より楽しいように思えるのですが、これは五欲の誘惑なのです。この誘惑には、ほとんどの修行者が負けます。では「瞑想も大事、世間のことも大事」と思うことは、バランスを整えたと褒められることでしょうか。そうではありません。これも五欲

の誘惑に負けています。瞑想をしても、五欲を捨てる気持ちにまだなっていないということなのです。

　それでも自分の心と戦いながら修行を進めると、脳はかなり疲れるのです。そうすると現象が現れ始めます。ものが見えたり、音が聞こえたり、身体の感覚が消えたりするのです。修行者はびっくりしますが、これを「まさに神秘体験だ。瞑想を成功した。サマーディに達した」などと思うと、また五欲の誘惑の勝ちなのです。瞑想が、日常行っている、歯を磨く、ご飯を食べる、本を読む、仕事をする、などの行為と異質なのは明らかですね。違うことをして違う経験が現れるのは当然なのです。少々常識を外れた認識体験が起きても、驚いたり、執着したり、おびえたりしてはいけません。また、舞い上がることも自慢することもなく、冷静に修行を続けなくてはいけないのです。そのように修行を続けると、パーっと五欲の次元が破れてしまう瞬間があります。そのときは強烈な喜びが湧いてくるのです。俗世間の次元では、この喜びは決して出てこないものです。それをいったん体験したら、その人の心の中では、五蓋（異常な欲・異常な怒り・浮つきと後悔・沈鬱と眠気・疑）は働かなくなってしまうのです。

　自分が超越した純粋な喜びの境地を体験したことで、たくさんの苦しみの中にわずかに混じっている俗世間の楽しみには未練がなくなるのです。ですから、欲を離さないと禅定は生まれません。たとえ十年も瞑想を続けている人でも、おいしいものを食べたり、カラオケで歌ったりして「楽しい」と感じるならば、まだ第一禅定にも至っていないということです。別にケチをつけているのではなく、仏教の分析によるとそうなるのです。第一禅定に入ってしまうと、その人はそれまで楽しかったことも、ぴたっとやめてしまうのです。

心のエネルギーを強くする

　禅定に達するためには、何か一つの対象を認識して、念じ続けるのです。本当は認識し続けるだけでもよいのですが、我々の心はそう簡単には落ち着きません。ですから念じ続けるのです。念じ続けることで、認識し続けることになるのです。一つの対象を念じると、心は、その対象を目指して行動し始めます。それで心が力強くなっていくのです。

　普通の生活の場合はどうでしょうか。たとえば今、何かを聞くとします。耳に入る音を認識し、それに集中しようという気持ちはあります。しかし、同時に、そのとき目に入るものも見ているし、何か匂いが漂ってきたらそれも認識するし、身体の感覚も感じるし、口に飴でも入れてなめながら聴いているのです。それだけで終わらず、他のことを考えたりもするのです。それが普通の世界です。こうして、心のエネルギー（集中力）を散らかしているのですね。心のエネルギーを認識可能なすべてのところにばらまいているのですから、それぞれの認識は当然、弱いのです。何を聞いたかはっきりしない認識になるのです。

　瞑想というのは、五根に無作為にばらまいているこの集中力を、一つの対象に絞ることです。成功すれば、五根に限られた欲界の認識次元はサッと破れてしまいます。そのための瞑想方法は一つではありません。自分が選ぶ瞑想方法はなんであっても、心理学的には一つの対象に集中すればいいのです。たとえで言えば、阿弥陀様を念じても、真言を念じても、キリスト教の神様やマリア様を念じても、オームと唱えても、呼吸に集中しても、心理学的な条件さえそろえば、禅定に達する可能性はあります。だからといってその禅定経験が、「阿弥陀様が実在する」「神様が実在する」「呪文に魔力がある」ということの証拠にはなりません。

　人間は根拠もなく、たくさんの信仰を持っているのです。絶対的唯一神を信じるという人はたくさんいますが、そもそもこの世には「唯一絶対の神」が何人もいるのです。神を信じる方々が話し合ってそれを一つ

にまとめてくれればありがたいのですが、それはしませんね。それどころか「相手が信じる神は正しくない」と言わんばかりです。実在するものだけではなく、人間には観念・概念・幻想なども認識することが可能です。ですから瞑想するために必要なのは、さまざまな対象の中を果てしなく走り回ってくたびれている心が、一つの対象を認識することです。

仏教が勧めるサマーディ瞑想法

　神秘体験や禅定体験では、神の存在も、阿弥陀様や不動様、観音様の存在も、その他の存在も立証することは不可能です。しかし、それらを念じる対象に取った人には、実際あるかのように認識が起こるのです。はっきり言えば、真理を発見しようとする人にとっては、越え難い邪魔になるのです。
　仏教は「瞑想の対象は実在するものではなく、一つの認識に過ぎない」という立場をとっています。それでも、禅定は評価するのです。そこで、この問題を解決するために、禅定をつくる修行者に適切な四十種類の瞑想対象を推薦しています。その中で、念仏・念法・念僧以外の対象は宗教と関係ない客観的な事実です。その中でも、呼吸瞑想はよく実践されている方法です。
　禅定をつくる瞑想の条件は、いっぺんに長い時間、瞑想を続けることです。毎日三十分程度ではおそらく無理でしょう。できれば三十分を三時間にでも四時間にでも延ばして続けて修行してほしいのです。それでも、苦しくてたまらない、苛立つ、落ち着かないなどの問題がある場合は、身体を張って我慢しているだけになってしまうのです。そういう問題も徐々に乗り越えて、自然に長い時間、瞑想できるようになれば結構です。
　禅定だけつくろうと思うと、時間がかかります。ときには何年もかかるかもしれません。長い時間、瞑想だけに費やすためには、もしかする

と世間から離れて、森や道場などに隠棲する必要も出てくるかもしれません。瞑想は素晴らしい喜悦感・幸福感を感じる道ですが、時間がかかるというネックもあります。

　一方、解脱に達する観察瞑想は、お釈迦様によって発見された仏教特有のものです。お釈迦様が偉大なる師、天人師と言われる理由の一つは、現代人にでも短い時間で悟りに達せられるように教えられたことです。

❖ 禅定から智慧の瞑想へ——真理を発見する智

> このようにして、心が、安定し、清浄となり、純白となり、汚れなく、付随煩悩を離れ、柔軟になり、行動に適し、確固不動のものになると、かれは、智見に心を傾注し、向けます。そしてかれは『私のこの身体は色があり、四大要素から成り、母と父から生まれ、米飯と麦菓子で養われたもの、無常の、除滅の、摩滅の、破滅の、壊滅の性質のものである。しかも、私のこの意識は、ここに依存し、ここに付属している』と、このように知るのです。

　この経典では、禅定が終わると仏教の智慧の段階に入ります。インドでは一般的に目指すものとされていた禅定の世界を乗り越えて、さらに本格的な悟り・解脱への方向に進化させてしまうのです。禅定に入って超次元の認識レベルに達しても、それは集中力の頂点であって、智慧が生まれたわけではありません。我々が遊園地に行って、ジェットコースターに乗ったような感じですね。乗ったと思ったら降りなくてはいけませんから、刺激的で楽しかったけれど、ジェットコースターがどんなもので、なぜそんな楽しみが生まれるかを見ることはできませんね。

　禅定も似たようなものです。何か出来事が起きたら、せっかくの超越した集中力が壊れる可能性もあります。禅定が壊れないまま死を迎えられた修行者は、梵天に生まれ変わります。そこでは気が狂うほど長い時間、喜悦感のみに溢れた存在になりますが、そのエネルギーが消えれば、やはりまた輪廻転生の世界に戻るのです。ですから、サマーディ瞑想で禅定に達した修行者は、輪廻転生を乗り越えて解脱に達するために、智慧の開発に挑戦する観察瞑想に入るのです。

　その場合は第四禅定が役に立つのです。第四禅定に達してから、普通の心に戻るとします。その場合は、禅定が壊れたわけではありません。

普通の心も大変清らかなのです。心の中には欲も怒りも眠気も何もなく、濁りがありません。我々と同じように見たり聞いたり話したりはしますが、非常に柔軟な澄みきった心なのです。その心で、智慧を開発するためのヴィパッサナー瞑想の世界に入るのです。

名色分離智

　修行者は禅定から出たあとの柔軟で優れた心で、自分の身体を観察します。そこで、一般的にヴィパッサナー瞑想として知られている方法で、「名色分離(みょうしきぶんり)」という智慧の開発に進むのです。その場合、修行者の心は清らかで濁りのない状態にあるので、強烈に nāma(ナーマ)(名(みょう)) と rūpa(ルーパ)(色(しき)) を別々に認識することが楽にできるのです。この経典ではヴィパッサナー瞑想の仕方は入れていないのですが、いくらか触れています。

　　私のこの身体は色があり、四大要素から成り、母と父から生まれ、
　　米飯と麦菓子で養われたもの

　澄み切った心で観察すると、この身体が四大要素、いわゆる「地水火風」で成り立っていることが見えます。また、父と母から生まれたものに、いろいろな食べ物を入れて大きくなったことも見えます。たとえばご飯を食べても、ご飯は地・水・火・風で成り立ったものですし、ミルクを飲んでも、それは地・水・火・風でできていますね。ですから「自分の身体は地・水・火・風のかたまりに、次々と地・水・火・風を入れて大きくしたものだ」と分かるのです。それは色なのです。

　　無常の、除滅の、摩滅の、破滅の、壊滅の性質のものである。

　それだけではなく、「身体というものが、植物を育てるように、毎日

いろいろ手入れしたりをしていないと壊れるものだ」ということも見えるのです。だから身体というのは、洗ったり拭いたり、手入れをします。それぐらいは我々も気づきます。しかし、この肉体は地・水・火・風ですね。なぜ水を飲んだりご飯を食べたりして、地・水・火・風を入れるかというと、肉体を構成している地・水・火・風が、絶えず逃げて行くからです。逃げていく地・水・火・風を新しい地・水・火・風で補わなくては、ものの見事にこの身体は壊れてしまうのです。

「人は一日に三食食べるものだ」という考えがあります。実はこの身体は、一瞬たりとも止まることなく、地・水・火・風を入れているのです。身体が物質の交換をしない瞬間はないのです。それはつまり、身体が瞬間瞬間に壊れていくものである、ということです。

「無常の」というのは「生まれた瞬間から身体が変化してゆく」という意味です。身体の変化は停止したり休止したりする瞬間はありません。絶えず変化するのです。Ucchādana を「除滅の」と訳していますが、ここは解説を変えたいですね。壊れていく身体には薬油などを塗って支える必要があります。常に手を入れ続けなければいけないのです。Parimaddana は「摩滅の」と訳しています。マッサージや運動をしたりして、維持することを意味しているのです。それでも、「破滅の（bhedana）」肉体なのです。何をしても、いくら手入れをしても、あちこちから壊れてゆく。「壊滅の（viddhaṁsana）」も同じ意味です。こちらは、どちらかというと、修復不可能に壊れることです。骨が折れたときは修復できますから、「破滅の（bhedana）」ですね。でも、事故で足が切断されたら修復は不可能ですから、それは「壊滅の（viddhaṁsana）」になるのです。これはたとえで、身体は事故などがなくても、修復不可能な状態まで壊れていくのです。

　身体というのはそういうものであると、ありのままに、よく理解するのです。そうすれば、自分の身体が物体として、一つの生きる組織として見えるのですね。尊い、ありがたい、この上もない価値があるなどと

いう、根拠のない信仰に基づいては観察しないのです。物体であって、いつでも変化するものだと発見するのです。

　しかも、私のこの意識は、ここに依存し、ここに付属している

　次に意識を見るのです。私の意識というのはこの物体に依存し、付属しています。そして身体のあちこちで、いろいろな行動をしていますが、その行動は、意識によって起こるのです。それは名色の名です。このように身体と意識を別々に区別して認識できるのが、nāma と rūpa の分離智慧なのです。

宝石のたとえ

　それはまた、大王よ、たとえば、美しい、純種の、八面体の、よく磨かれ、なめらかな、澄んだ、濁りのない、あらゆるすぐれた相のある瑠璃の宝石があり、そこに青か、黄か、赤か、白か、淡黄色かの糸が通されているとし、それを眼のよい人が手にして『これは、美しい、純種の、八面体の、よく磨かれ、なめらかな、澄んだ、濁りのない、あらゆるすぐれた相のある瑠璃の宝石である。そこにこの青か、黄か、赤か、白か、淡黄色の糸が通されている』と、観察するようなものです。

　このたとえは簡単です。この人は我々とは桁外れの認識能力で物事を観察して、身体と心のことを、はっきりと区別して知っているのです。禅定の体験から得た集中力があるから、nāma と rūpa とはどんなものか、明確に分かるのですね。
　何も濁りのない水晶のような宝石の中に糸が通っていれば、白であれ

赤であれ、どんな色の糸が通っているか、よく見えますね。宝石と糸もはっきりと区別できるでしょう。修行者の身体と心を区別する認識能力も、このように明瞭なもので、推測などではないのです。

　我々も、心と身体が違うということは知っているでしょう。しかし、かすかに知っているだけでは、智慧は浅すぎます。知識的に浅いレベルで身体と心の区別を知ることは、仏教の国々の人々にとっては日常茶飯事の常識です。子供のときから親にとことん教えられているからです。一つの宗教的知識である、と言っても構いません。でも仏教の知識のない人にとっては、この程度の nāma と rūpa の区別認識さえも、大変理解しがたく難しいものです。普通の人々は、自分というのは身体と心、という二つの働きで合成されている一時的なものではなく、「どこまででも私がいるのだ」という「我見」で生きているのです。

❖心は身体を創造する──意からなる智

　このようにして、心が、安定し、清浄となり、純白となり、汚れなく、付随煩悩を離れ、柔軟になり、行動に適し、確固不動のものになると、かれは、意から成る身体の創造に心を傾注し、向けます。かれは、この身体から、別の、色のある、意から成る、大小すべての四肢のある、欠けるところのない感官をそなえた身体を創造するのです。
　それはまた、大王よ、たとえば、人がムンジャ草の茎を茎衣（はかま）から引き抜き、『これはムンジャ草の茎である。これは茎衣である。ムンジャ草の茎と茎衣は別のものである。しかし、ムンジャ草の茎は茎衣から引き抜かれたのだ』と、このように考えるようなものです。
　あるいはまた、大王よ、たとえば、人が剣を鞘から抜き、『これは剣である。これは鞘である。剣と鞘は別のものである。しかし、剣は鞘から抜かれたのだ』と、このように考えるようなものです。
　あるいはまた、大王よ、たとえば、人が蛇を脱殻から引き出し、『これは蛇である。これは脱殻である。蛇と脱殻は別のものである。しかし、蛇は脱殻から引き出されたのだ』と、このように考えるようなものです。

　この段は、仏教はどれだけすごいか、王様を驚かせているところです。分かりやすく言えば、自分の身体のコピーをつくってみせるのです。
　心と身体の働きが別々であることを知った修行者は、次に身体をコピーしてみようと思います。別に深い意味はなく、一種の実験なのです。心と身体を区別して発見すると、肉体という物体の指導者・管理者・支配者・維持している者は、当然、心・意識になるのです。だとしたら、「意識にその気さえあれば、自由に肉体の管理ができるはずだ」という仮説が成り立ちますね。それを実験してみるのです。まったく煩悩は働

いていませんし、すごく心が優れていますから、自分の心を意のままに管理することもできるのです。もう一つの身体をつくってみようと思ったら、見事に自分の肉体のコピーが現れるのです。

　コピーですから、身体は完全に自分の身体と同じです。しかし、心はもとの身体の中で働いているのです。この意味は、剣と鞘のたとえで説明されています。身体のコピーは何体でもつくることができますが、このようなものは、悟りに対して影響はありません。ただし修行者は「心を成長させればここまでできるのだ」と自分で納得いくのです。それから、「肉体とは私でもなく、私の我でもなく、コピーさえつくることができる単純な物体である」という智慧・経験に達するのです。

創造身は完璧な身体を持つ

　ここは一般常識を乗り越えた境地の話ですから、現代知識人にとっては分かりにくいかもしれません。心は身体の一部に働いているものではなく、全体に働くのです。その心のエネルギーを区別して、別の働きにしてしまえば、身体のコピーは何体でもできる、ということです。意識が創造する身体ですから、一種の幻像だとも言えます。それでも、他人が触りたいと思えば触ることも可能です。コピーに話しかけると返事もしますが、実際に返事するのは本人なのです。

　心の働きを試す変化身（へんげしん）という実験もあります。この場合は自分の身体のコピーではなくて、自分自身が別な形に変身するか、別な形の幻像をそこに投影します。

　このような神通力の話が経典に出てくるのには、わけがあります。インドにあった宗教では「魂は完全である」と言うのです。たとえば、「足がないとか、目が見えないとか、人にはいろいろ欠陥があるけれど、霊の世界に行ったら、すべてのものがちゃんとついていて、障害は一つもない。完璧な身体を持っていて、それこそが魂本来の姿だ」という宗

教がたくさんあったのです。

　お釈迦様がここで説明しているのは、「他宗教で言っている宗教哲学が信憑性に欠けている」ということです。第四禅定に心が進めば、自分の身体をコピーできる。本人の身体に欠陥があっても、そのコピーに欠陥は出てこないのです。これは精神の問題です。精神がイメージする身体は、完全なものだからです。

　実際、肥満体の人は、肉体にコンプレックスを持ちます。足が切断された人の場合も、もう存在もしない足が痛くなったりする。たとえば八十歳の人に心の中にある自分のイメージを聞けば、お爺ちゃん・お婆ちゃんではないのです。五歳の子供でも、自分の身体に対して完全なイメージを持っているのです。つまり、何もろくにできない、今ある実際の自分の身体に対して、不満を感じているのです。

　いくらでもイメージをつくれる心が「どうせつくるなら」と、完全なイメージをつくることにするのです。心には欲があるのです。というわけで、超越した能力を得て、自分の身体の完全な形のコピーを現実につくっても、宗教で言う完全たる姿の「我」とは言えないのです。それもデータを都合に合わせて捏造することです。

　この人が創造するのは、自分が妄想した自画像です。妄想ですから、完璧できれいで何も欠けているところがないのは当たり前なのです。でも、他宗教の世界では「それが魂本来の姿だ」というのです。ここは「仏教ではそれは魂などではなく、瞑想して神秘体験がある人がつくっている単なるイリュージョンに過ぎない」と説くところなのです。当時のこのような他宗教の背景があったために、解脱に直接関係のない実験をしたのではないでしょうか。

　この身体のコピーは、何体でもつくりたいだけつくることができます。送りたい場所に送ることもできます。たとえば近くの木の上にと思ったらそこに一体、屋根の上にと思ったらそこに一体、とつくって送ることができるのです。ここは後のヒンドゥー教文化で「魂は偏在している」

と言っているところです。「魂は偏在しているものだ」とか「究極的な幸福感があるものだ」とか、膨大なウパニシャッド哲学がありますね。現代の人々にもすごい人気です。

　仏教では、瞑想修行をして禅定に達する人は、皆そのような現象を経験できるのです。しかし、それは「永遠の魂がある」ことの証拠ではなく、あくまで「心の働きである」と論理的に説明したかったのですね。

　本当はそのようなことができなくても悟れますが、当時はこういうことをしないと説得力がなく、社会に受け入れられなかったのです。そこで「これくらいのことは仏教でもできる」と堂々と証明してみせたのです。これで神秘家たちは、仏教に文句を言うことができなくなりました。

　昔は、誰でもこのフルコースを全部やったのです。仏教が定着して他宗教の影響を気にしなくてもよくなってからは、余計なものは全部省いて、悟りの道だけやるようになったのです。こんにちの仏教では、このフルコースはほとんどやりません。そうなると、また神秘主義者たちが余計なことを言いますが、超能力を目指す努力は寄り道ばかりですから、悟るまでに大変な手間がかかるのです。

❖ さまざまな神通の智

　このようにして、心が、安定し、清浄となり、純白となり、汚れなく、付随煩悩を離れ、柔軟になり、行動に適し、確固不動のものになると、かれは、さまざまな神通に心を傾注し、向けます。そしてかれは、種々のさまざまな神通を体験します。すなわち、

　一つになり、また多になります。

　多になり、また一つになります。

　現われます。

　隠れます。

　壁を越え、垣を越え、山を越え、空中におけるように　障害なく行きます。

　大地においても、水中におけるように出没します。

　水上においても、沈むことなく、大地におけるように　行きます。

　空中においても足を組み、まるで翼のある鳥のように　進みます。

　あのように大神力があり、あのように大威力がある、　あの月と太陽にも手で触れたり撫でたりします。

　梵天界までも身をもって自在力を行使します。

　それは、大王よ、たとえば、熟練した陶工かその弟子が、よく調えられた土で、望みどおりの陶器のみを作り、完成するようなものです。

　あるいはまた、大王よ、たとえば、熟練した象牙師かその弟子が、よく調えられた象牙で、望みどおりの象牙細工のみを作り、完成するようなものです。

　あるいはまた、大王よ、たとえば、熟練した金細工師かその弟子が、よく調えられた金で、望みどおりの金細工のみを作り、完成するようなものです。

この段では、瞑想が進むとついてくる iddhi-vidhā という、いろいろな超能力について書いています。世の中には、瞑想していなくても超能力的なことをやっている人がいますが、この経典で書いているような驚異的な能力はなかなか見つからないのです。こちらに書いてあるのは、超能力の中でも最高位の能力についてです。仏教で瞑想実践する修行者が、その方向に向かって努力すれば、この経典で書かれている能力のいくつかは体得できます。とはいえ、具体的な実践方法は経典になく、注釈書に記してあるだけなのです。実際に実践してみると、かなりややこしいのです。
　どういうことかというと、この人間の心というのは、いつでもさまざまな概念に阻害されているので、自由に活動できないのです。概念というのは心にとってサビのような、不純物のようなものです。その不純物のような概念に、我々はどうしてもとらわれているのですね。人は概念をとことん否定するとすごく嫌がりますし、逆に知識的に話せば話すほどありがたがるのです。しかし、知識というのは概念の世界であって、真理という本当の存在のあり方は、知識では何一つつかめません。

心のサビを落として常識の次元を破る

　人間の持っている知識の欠点は、眼・耳・鼻・舌・身・意から入る情報を解釈して概念にしていることです。耳にエネルギーが入ると、ありのままに認識せずに「車の音だ」「人の声だ」と思ったりする。これが情報の概念化です。ヴィパッサナー実践では、この概念化の過程をストップしようとするのです。概念化を停止できれば、情報をありのままに知ることができます。理論的には簡単ですが、その能力を得ることは難しいようです。
　普通、我々は言葉の意味だけで、すぐに物事を把握しようとします。「あの人はちょっと信頼できませんよ」と言われた途端、「あの人」に対

して信頼できないイメージをつくります。でも、それはまったく真実ではありません。そこでヴィパッサナーでは、耳に音が入る場合「音」、あるいは「聞こえている」のどちらかにしなさいと言うのです。いろいろな音が入っても、自分で解釈も処理もしないで、「音」としてカットするのです。その方法で、かなりの概念をストップさせることを身につけられるのです。

　人間の知る世界は、肉体という一つの次元・枠の中に入るものに限られているのです。その認識次元の枠を破らない限り、超越した認識レベルに達することはできません。その枠が、瞑想を続けているとどんどん薄くなって、ついには破れるのです。耳に入った音を「人の声だ」「鳥のさえずりだ」などの概念に変えると、好き嫌いなどの感情が現れる。欲・怒り・嫉妬・落ち込みなどの感情も生まれますが、これらは煩悩というものです。煩悩は心のサビです。

　ところが、瞑想実践で「音」として認識し続けると、概念化機能が弱くなっていって、煩悩も働かなくなるのです。消えるわけではありませんが、煩悩が現れる原因を抑えられるのです。瞑想で煩悩が抑えられていくと、心に柔軟性が出てきて、どんなものも受け取れるような状態になるのです。眼・耳・鼻・舌・身に入る情報に頼ることは、肉体に依存することです。肉体に依存することは、超越能力に挑戦する修行者にとって、一番目の障害なのです。

　では修行者が肉体（眼・耳・鼻・舌・身）に依存するという壁を破ったとしましょう。それができるのは、概念化することをやめたとき、つまり煩悩が起きない状況をつくったときです。「音」を認識するために、耳に頼らない、状態になったということです。

　耳で「音」を認識するためには条件があります。耳に「音」というエネルギーが適量触れること、鼓膜を振動させる範囲の音に限ることです。範囲外の高音と低音が耳に触れても、鼓膜が振動しないので聞こえません。耳に届かない距離にある音も、聞こえません。次元を破って耳に頼

る必要がなくなった人には、その条件がなくなるのです。言い換えれば、人間に聞こえない音も、離れたところにある音も、直接認識できるのです。「天耳」と呼ばれる神通は、ここで起きているのです。さらにその能力を磨くと、認識できる音の範囲も広がっていくのです。

　ここまでは「音」を例に出し、超越能力について説明しました。主な超越能力は、聴覚と視覚の二つです。味覚・嗅覚・触覚の能力を超越する方法は書いていないのです。これらはおそらく育てられないと思います。

　現代知識では、視覚も聴覚も脳の中に起きる現象です。脳が認識する情報は、耳や目を通して入るものです。耳と目という厚い壁を通ると、もとの情報がかなり変質してしまいますし、脳も好き勝手に判断して認識しますから、決して「ありのまま」にはならないのです。そこで仏教は「情報を心で直接認識しなさい」と言うのです。視覚も聴覚も、肉体に依存している場合は、肉体という厚い壁を通らなくてはなりませんから、変質は避けられません。次元を破った人は、その壁を破っているのです。情報はそのまま、心が受け取るのです。変質はありません。ですから、たとえば耳を媒介しないで音を聞く場合は、その聴覚は、かなり強烈で明確なものになるのです。

　この世で幻聴に悩んでいる人もいます。彼らには超能力があるのでしょうか？　ないのです。なぜなら、「肉体に依存する」という壁を破る実践をしていないからです。むしろ肉体に徹底的に執着しているのです。幻聴の人の場合は、脳の機能に何か問題がある、ということになります。幻聴には信頼性がないのです。修行して肉体に依存する壁を破った人が耳に頼らず聞いているのは、幻聴ではなく、実際の音の波動なのです。天耳という能力がある人は、本当の音を聞いているのです。視覚の壁を破った人は、壁に向こうにあるものも山の向こうにあるものも、今自分がいる場所にいながら、肉眼で見たよりも明確に見ることができるのです。超越能力を体得する条件は、肉体に依存するという障害（欲蓋）を

はじめとした五蓋を破ることです。

　サマーディ瞑想でも五蓋を一時停止できます。サマーディに達するということは、五蓋が機能しない状態、休止状態になったということです。瞑想する修行者は、瞑想対象として地・水・火・風という四大元素、光、赤・青などの色、呼吸などの対象を一つ選び、肉体を媒介せずにその対象を認識できるところまで、集中力を高めるのです。それで五蓋が休止になるのです。地・水・火・風の四大元素を直観できた人に、水の上を歩く、陸でも水のように沈むなどの iddhi-vidhā（種々の神変）ができるのです。

「確固不動」とは心の自立

　心が柔軟になって、行動に適するようになると、次はどうなるのでしょうか？

　　確固不動のものになる
　　kammaniye ṭhite

「心が頑固で硬くなった」という意味ではありません。そのような心は、修行せず、肉体に依存している一般の人々の心です。肉体に依存している心は、いとも簡単に揺らぐし、弱い。一定しないのです。集中して本を読もうとしていても、何か音がしたら、心はそちらに飛びます。蚊にでも刺されたら、その瞬間に本のことなど忘れてしまうのです。この揺らぎは、修行者にはなくなっていて、集中した対象から離れません。心に十分エネルギーがあるのです。心が揺らがず力強いということは、決まった作業ができるのです。Kammaniye ṭhite の直訳は、「作業可能」という意味です。「確固不動」という訳は誤解しやすいのですが、「最適化」が正しい意訳になると思います。

我々の心は、瞑想の世界から見ると、ものすごくもろくて弱いものだというのです。心だけではまったく何もできません。なんでもかんでも身体を使用しているのですね。ものは目で見て、音は耳で聞いて、香りは鼻で嗅いで、どこかに行きたければ身体で行こうとするのです。ですから、心は身体に抑えられているのです。見たいものがあっても目がその情報を受け取らないと見えないのです。だから心は、身体を王様扱いして、家来のように身体に仕えているのです。超越能力なんかはありえないと思っているのです。でもそれは、「最適化」していないということなのです。

　普通の世界は、「身体至上主義」の立場です。俗世間から離れて森や山に隠れている修行者が悲観主義で、世間の楽しみを否定していると思っていて、軽視したがる傾向があります。しかし、修行者にとって肉体は障害なのです。苦しみをもたらし、楽しみを阻害するものです。肉体のために生きることはやめて、肉体の次元を乗り越えることに挑戦しているのです。肉体の次元を乗り越えることができたら、その能力をさらに磨きあげて、希望通りに使えるように「最適化」するのです。

　　かれは、さまざまな神通に心を傾注し、向けます。

　心は自由自在に行動できる状態に達していますから、修行者は興味のままに、さまざまな神通力を試してみようとするのです。でもそれも「必ず試しなさい」ということではありません。「神通の方に興味があれば、それを試すことができる段階に達した」というだけのことです。たとえば、「空を飛びたい」と思ったら、空を飛ぶ能力を体得できるように心を向けます。修行者たちが試してみる神通はいろいろです。

　　一つになり、また多になります。
　　多になり、また一つになります。

自分の身体が一つであることは当たり前です。その同じ身体をたくさんつくってしまう。身体のコピーをすると理解してください。身体のコピーは何体でもできるのです。「クローン人間」の概念の場合は、物質の身体のことを考えているのですが、修行者は身体のコピーを心のエネルギーでつくるのです。心が決めた時間内で、物質的な身体として見たり触ったりすることはできますが、その時間が過ぎたら消えるのです。

現われます。隠れます。

座って瞑想していても、自分の身体を自由に現したり隠したりすることができるのです。

それぞれの神通にそれぞれの瞑想法

問題は、「一つになり多になる瞑想法」と「現れたり消えたりする瞑想法」が違うことです。禅定に達したからといって、神通が何でもできるということではないのです。悔しいかもしれませんが、仕方ありません。

たとえば、自分の身体が見えないようにしたければ、その種類のサマーディ瞑想があり、神通のレベルまで持ってこなくてはいけません。肉体のコピーを複数つくりたい場合も、また別の瞑想があり、神通のレベルまで成長させなくてはいけません。ですから一人の仙人に、すべての神通は体得できないのです。

朗報もあります。何かの瞑想で第四禅定まで達したならば、五蓋は休止状態です。そこに別な対象を取って瞑想して、第四禅定まで達しようと思えば、最初からやるのに比べてとても速いのです。ただし、いかなる対象でも第四禅定まで達するとは限りません。やはり人には得意なものと苦手なものがある、ということを忘れてはなりません。

地・水・火・風の四つのエレメントを操る

　壁を越え、垣を越え、山を越え、空中におけるように障害なく行きます。

　歩く場合は壁があろうが山があろうが、どんな障害があろうが関係なく、歩いてしまいます。他の人からは、壁も建物を通りぬけて行くように見えてしまいます。
　神通の能力を身につけるためには、四種類の能力を瞑想実践によって育てる必要があります。それは四神足と言われるものです。

①意欲（やる気）の強化
②心の強化
③精進の強化
④観察能力の強化（智慧）

　第四禅定に楽に達することができるようになった修行者に、この四神足も備わっていれば、俗に言う超能力を試すことができるのです。
　では、壁をどのように通るのでしょうか？　禅定をつくる修行者は、壁、山などの現象を認識しません。現象をつくっている地・水・火・風という元素に集中するのです。ですから、修行者は壁を見ても、山を見ても、湖を見ても、我々に見えるような現象ではなく、地・水・火・風のエネルギーの波を認識します。禅定状態に入ってから、通りたい壁があれば、その壁の中に空間が開くようにと集中した意志で念じる。すると念力で壁に穴が開くのです。修行者はその穴を通るのですが、集中力のない人には現象しか認識できないので、壁に穴があることは分からないのです。
　問題は「念力で物質を変えられるのか」ということですが、結論から

言えば変えられます。すべての物質的な現象を地・水・火・風として認識でき、しかも意欲を強化した人にはできます。このような、俗世間には知られていない事実があるのです。我々の心は、瞬間瞬間、変化していきます。瞬間瞬間に、心は地・水・火・風をつくり出すのです。人の体調が気持ちによって変化することぐらいは、誰でも経験があると思います。気持ちが明るいときは身体が軽くなり、楽に動かせるでしょう。逆に、気持ちが暗いときは身体も硬く、重くなる。動くことも難しいですね。でも、瞑想修行をしていない人には、心のこの機能を自由自在に操ることができません。地・水・火・風の波動は、ものではなく波なので、波と波とのつながりは自然なことです。電波の干渉という働きも知っていますね。瞑想の達人には、物質的な現象の地・水・火・風の波の干渉を引き起こすことができる、ということです。

　何かの障害を通りたいと思えば、地水火風の波をよけて、空間を開けます。この世にあるすべてのものは、元素でぴったりはまっているわけではなく、分子と分子の間には隙間があるのです。分かりやすい例は、スポンジや発泡スチロールなどですが、鉄の中にも、どんなものにも隙間はあります。瞑想の達人は地・水・火・風を移動させて、その隙間を大きくするのです。

　水の上を歩いて通る必要がある場合、瞑想の達人は、水という現象を構成している地・水・火・風の中で、地の波を合わせるのです。そうすると、水の上に歩けるような硬い道が現れます。また、この神通は逆にもできるのです。自分の身体を構成している地・水・火・風の組み合わせを、水の上に浮くように再編成するのです。その場合は、瞑想の達人の心がつくる地・水・火・風の中で、地の波が現れないように控えれば十分です。

　このような説明を読んでも、よく理解できないかもしれません。ここでは、普通の常識では理解不可能な神通においても、それなりの法則があることを理解していただきたいのです。要するに、神通は仏教が語る

物質論と心の法則に一致したものです。現代の科学知識では理解できないと言われても、それはどうすることもできないのです。

身体の比重を自在にコントロールする

　大地においても、水中におけるように出没します。

　注釈書によると、心は身体を管理できるのですから、その力で身体の体重もコントロールできるのです。地面の上に立っているということは、地面に対して我々の比重のほうが軽いということです。自分の身体の比重をずっと重くしたら、地中に沈んでしまいますね。それが一つの方法です。もう一つの方法は密度を薄くすること。そうすると、油のように入り込めますから、この方法でも地中に沈むのです。

　水上においても、沈むことなく、大地におけるように行きます。

　ここでは身体の重さをなくしてしまいます。身体を瓜のように軽くすれば水に浮くでしょう。浮いても自分の意志の身体ですから、自由に歩けるのです。その人はごく普通に歩いていますが、水の上ですから、一般の人は驚くのです。こうやって、心の力で体重をどんなふうにもコントロールするのです。
　心で物質を変化させる方法は、このように決まっているのです。自分の身体を何体もつくる神通もありました。その場合は、その神通はプロジェクション（投影）として書いてあります。神通などは一般人にとっては興味深いところでしょう。信じる人もまったく信じない人も、誰かがデモンストレーションをしてくれるならば、本当かどうか調べたいとは思うはずです。
　しかし、俗世間の低次元的な興味をわざと引き起こすことは、お釈迦

様にしてみればとても品のない行為です。修行者たちが厳しい訓練によって物質の本当の姿、心の本当の力を発見したのに、それが市井の人々を騒然とさせるようなことがあってはならないのです。

　科学者も新しいものを発見したら、ワイドショーではなく、学術論文として学会で発表するでしょう。それを読んで理解するのは同じレベルの能力ある科学者たちなのです。それが品格にふさわしい行為というものです。

　ですからお釈迦様も「神通はそれなりの能力ある同志の間では使ってもよいが、一般人に見せるものではない」としました。また、神通力があっても、仏教修行の目的である解脱に達することには、まったくというほど影響がありません。心に偉大なる力があるという証明になるだけです。神通力は道草を食うようなものですから、お釈迦様の入滅後、神通力にはほとんど挑戦しないようになったのです。それで、神通力開発の方法や伝統はテキストに残るのみになりました。

ウルヴェーラの神変の真相

　お釈迦様が悟りをひらかれて間もない頃、マガダ国のウルヴェーラという地では、結髪行者のカッサパという三人兄弟が知られていました。十大弟子の一人、マハーカッサパ尊者とはまた別人です。

　こちらのカッサパ兄弟は、合わせて千人もの弟子たちがいた有名な宗教家でした。お釈迦様はウルヴェーラに出向いて行き、カッサパ兄弟にまず自分の神通力を見せたのです。というのも、カッサパ兄弟は名の知れた大宗教家ですから、そう簡単には若い修行者の話を聞こうとしません。そこでお釈迦様は、手っ取り早く自分のすごさを見せつけるために、百以上の神通力を使ったのです。現代の新興宗教の人々のように、ちょっと神通力でも見せて驚かそうとしたのですね。ところが、カッサパ三兄弟はまったく無関心で、一つも通用しませんでした。お釈迦様の作戦

は失敗したのです。

　これは有名な話で、お釈迦様の生涯でもとても重要な出来事としてパーリ三蔵中の律蔵に記録してあります。パーリ聖典では事実をそのまま記録しているのですが、それによれば、若いお釈迦様は百以上の神通力を見せましたが、ウルヴェーラ・カッサパ師は、「ああ、すごい大威力があるんですねぇ、大沙門には」と言う程度で、相手にされなかったのです。カッサパ師はすでに老人でお釈迦様よりかなり年上でしたし、自分が阿羅漢だと思っていましたから、本当に「若者の勇み足」という感じで見ていたのです。

　もう少し詳しくその記録を説明しましょう。まず、お釈迦様がウルヴェーラ・カッサパ師に一晩泊めてほしいと頼み、火堂（サウナ）に宿をとることになりました。他宗教の人ですから、ちょっとお釈迦様を試してやろうという狙いもあったのでしょう。お釈迦様が泊まった火堂には猛毒のあるコブラが住み着いていて、自分たちもなかなか入れない状態でしたから、お釈迦様も夜は恐怖で眠れないだろうと思ったのですね。その晩、お釈迦様は火界に入る神通力を使ったと伝えられています。火堂に住む毒蛇が怒って毒を振りかけ始めたら、お釈迦様は身体から炎を発して蛇を脅したのです。その様子は、あたかも火堂が燃え上がるようだったと記録されています。

　朝になると、お釈迦様はつかまえた毒蛇を、自分の鉢の中に入れて出てきたのです。みんなが怖がっていた蛇を素手でつかんでいました。蛇は鉢の中で、まったくおとなしくなっていました。

　とはいえ、動物の扱いが上手な人やプロもいますから、それだけでは神通力だとは解釈できません。「お釈迦様もなかなかやるもんだ」ということで終わってしまったのです。

　そこでお釈迦様は、次から次へと神通力を見せました。彼らの宗教では護摩供養をするのですが、そのためにたくさん薪が必要なので、弟子たちが薪割りを始めたのです。お釈迦様は神通力を使って、割った薪が

すぐ元に戻るようにしておきました。みんな、なかなか薪割りが終わらず疲れ果てて困っていたときに、お釈迦様が「薪が割れた方がよろしいでしょうか」と聞きました。彼らが「はい。割れてほしい」と答えると同時に、薪が全部サーッと割れてしまったのです。でも彼らは、それでも「お釈迦様にはすごい力がある」と感心しただけでした。

　この一連の話の中で、神通力とはっきりと認められたのは、ウルヴェーラが洪水になったときのことです。カッサパ師は高台に住まいがあったのですが、お釈迦様が泊まっていたのは低地でした。その付近が大洪水に見舞われてしまったのです。そこで、カッサパ師はボートに乗って、お釈迦様を助けに向かったのです。

　そこでは、あたり一面が水につかっていましたが、お釈迦様の周囲だけはぜんぜん濡れていなかった。周りが水の壁でできた井戸の底にいるように、お釈迦様は経行して楽にいたのです。カッサパ師はボートに乗っていて、それを上からのぞくかたちでした。お釈迦様は助けが来たのを知ると、地面から飛び上がってボートに乗り移り、カッサパ師の部屋に行きました。さすがにこれは、神通力でなければできない仕業なのです。

　カッサパ師もお釈迦様の力のすごさには驚いたのです。しかし、カッサパ師は自分が阿羅漢に悟っていると思っていましたから、「若者はくだらないことに力を入れていないで、もっと心を清らかにすることをしたらどうか」というふうに見ていたでしょう。それで、お釈迦様に「神通力があっても意味がない、やはり阿羅漢に悟らなくてはいけません」と、説教したのです。

　超能力にみんなが興味津々な時代であっても「そんな能力はくだらない」と思っていたのですから、カッサパ師は、ずいぶん現代的な考えを持っていらっしゃったのです。その点はお釈迦様の読みが外れたのですね。神通力にぜんぜん効き目がないと分かったお釈迦さまは、直接、カッサパ師に語ることにしました。

第三部　ブッダの話

「私は心を完全に清らかにしているのだ。煩悩をなくし、解脱に達している。ところが、カッサパ師は阿羅漢になっていないだけではなく、阿羅漢になる道さえも知らないでおられる」と説いたのです。そこで初めて、カッサパ師は対話に応じました。お釈迦様に教えを乞い、修行して悟りをひらいたのです。

　お釈迦様も伝道の初期段階では神通力をよく使っていましたが、うまくはいかなかったのです。それからは、一度も人に神通力を見せて仏教の教えに興味を抱かせることはしませんでした。確かに、手品みたいなものを見て、それに惹かれて来るような人には、仏教を理解する能力が欠けていることも事実です。お釈迦様が直接語れば、理性のある人は簡単に理解することが分かったのです。ですから、「すべての神通力よりも法の力（説法して人を解脱に導くこと）は偉大なり」（ādesanā pāṭihāriya）と説いたのです。

神通力のようなブッダの言葉の威力

　お釈迦様の場合は神通力を使わなくても、一般人から見るとすごい神通力を使ったように見える場合があります。デーヴァダッタがナーラーギリという一頭の暴れ象をけしかけ、お釈迦様を殺そうとした事件がありました。このときには、お釈迦様が声をかけただけで、凶暴な象が飼い猫のようにおとなしくなりました。これには神通力を使っていないのです。

　お釈迦様は、心がつねに落ち着いているし、恐怖心はまったくありません。そして、子供のときから象の上に乗っていましたから、象の扱いは犬猫を扱うように知っていました。象はとても頭がいい動物ですから、お釈迦様が特に神通力を使わなくても、声をかけただけでちゃんと分かるのです。「なぜお前は大騒ぎしているんですか。おとなしくしなさいよ。格好悪いじゃないか」というお釈迦様の言葉を聞いたとたん、狂っ

た暴れ象は、おとなしくなってしまったのです。お釈迦様が象にかけた言葉は、美しい偈文で経典に記されています。

　このように、お釈迦様のように悟った方が一言語ったなら、その言葉は神通力を越える威力を持っているのです。悟りに達した方に何か言われたら、誰もが素直にそれに従う気持ちになってしまって、逆らうことができないのです。悟っている人の心には、常に集中力があるのです。真理を発見したために、智慧があるのです。集中力と智慧というのは、巨大な力です。体力ではなく精神力なのです。ですから、混乱状態に陥って暴れまわっている人であっても、悟りに達した方が一言かけると、落ち着いてしまうのです。これを神秘的な力だと誤解する必要はありません。私たちの間でも、日常的に起きている出来事です。物事をよく知っている人が何か言うと、私たちは素直に聞いてしまうものですね。

　たとえば、「大学の研究所で、我々がいつも食べている○○に発がん性物質が入っていることが発見されました」というニュースを聞いただけで、みんな急に食べる気がなくなってしまうのです。

　悟りに達した方が持つ集中力と智慧の力が、お釈迦様の場合は最大なのです。ですから、お釈迦様の言葉には「魔法」だと非難を受けるほど、影響力があったのです。その上、語る言葉はすべて完全ですから、どうしても抗えません。この能力は、普通の神通より優れた神通であると、説かれているのです。

　　あのように大神力があり、あのように大威力がある、あの月と太陽
　　にも手で触れたり撫でたりします。

　この節で言っているのは「あれほど威力のある太陽も月も、自分の手で触ることができるのだ」ということです。現代では月は触れますが、どうやって太陽を触ったのか私に聞かれても、「ぜんぜん分からない」という答えになります。注釈書などでは、その現象を説明しようと努力

はしていますが、それを書いた大長老方の根拠とする宇宙観はインドの宇宙観そのものだったからです。お釈迦様が原始時代の宇宙観をそのまま信じていなかったことを証明できる経典の言葉は結構ありますが、当時の人にとってはおそらく、太陽というのはボールぐらいの大きさで、強烈な光を出しているものだったでしょう。月もその程度の大きさだから手で触れることができるだろうと思っていたでしょうね。それが本当であれば、神通力で手を伸ばして触ることはありえる。でも、現代の知識から考えると、月はともかく太陽を触るということは、ありえない話になるのです。

では、この節は「嘘だ、間違いだ」と切り捨てられるでしょうか。後から挿入したものならそう言えますが、今までとても厳密に具体的に語り続けてきましたから、安易に処理することはできません。この節では、このままで太陽を触れる神通があると説かれていますから、その話を聞いていたアジャータサットゥ王は驚いたでしょう。しかし、神通能力を身につけることは大変ですし、それをデモンストレーションすることも、大変です。タネや仕掛けで人の目をだますマジシャンのトリックとはまったく違うことです。うかつに神通を見せたらまじない師だと批判されますから、釈尊は「一般人に神通を見せてはならない」とストップをかけたのです。

その他の経典と注釈書にある説明の中から、現代の我々に理解できるように説明してみましょう。神通とは物質の変化より心が引き起こす現象ですから、ある面で幻像だというのは仏教で認めています。幻像といっても、それが幻像だと知らない人にとっては、まぎれもない「実像」ですね。知っているのは神通で幻像をつくった人だけです。ですから、人間として高いレベルの品格を要求する仏教においては、神通は一般人に見せるものではないのです。詐欺師が飛びついてやりたがるような品のない行為なのです。

余談ですが、神通について別のエピソードを紹介します。これは昔、スリランカのアヌラーダプラという古都にある道場で起きたことです。

ある長老が、瞑想して神通に達するまで成長していました。出家した時点から、その長老の心の中には欲や怒りなどが生まれたことはありませんでした。サマーディに達していて、煩悩が睡眠状態になっていたからです。それで、本人は自分が阿羅漢果に達していると思ってしまったのです。彼は大長老ですから、たくさんの弟子たちに指導し、彼らはそれぞれ悟りに達して出ていきました。あるとき、若い弟子の一人が、自分の師匠の心の状態はどのようなものかと、自分の神通力で調べてみました。そうすると、師匠がまだ悟りに達していないことを発見してしまったのです。弟子は大変心配して、助けてあげることにしました。

弟子は師たる長老に会って礼をして、「悟りに達して何年経っているのですか？」と尋ねました。長老は、「三十年ぐらいでしょう」と答えました。「では神通ができるのですか？」と聞くと、「それもよくできる」という答えが返ってきたのです。次に弟子は、「では先生、象をつくってください」と頼みました。長老は、すぐ象の幻像をつくってみせました。その能力を褒めた弟子は続けて、「先生、この象が鼻をあげ、大きく雄叫びをあげて襲いかかっているようにつくってください」と頼みました。弟子のリクエストに応えて、長老は恐ろしい象の幻像をつくりました。ところが、その象が長老に向かって襲いかかろうとしたのです。思わず逃げようとする師の手をつかんだ弟子は、こう聞ねました。「先生、阿羅漢はおびえますか？」と。

師匠はその瞬間、自分の過ちに気づいて、弟子に手を合わせて指導を懇願したのです。弟子の指導通りに瞑想して、その長老は阿羅漢果に達しました。このエピソードを紹介したのは、神通でつくるものは幻像である、ということを言うためです。

話を戻しましょう。太陽を触っているような幻像をつくったとすれば

経典が嘘だという疑いは晴れますが、まだ問題があります。「自分の手で触る」と記しているのです。これでは幻像では無理ですね。

ひとつ、方法があります。禅定に入って、神通で自分の身体のコピーをつくるのです。それは心がつくったものですから、物質的なもの、実体のあるものではありません。その身体に太陽を触らせれば、焼かれてしまうこともなく、太陽に結跏趺坐して座っていることもできます。でもそれを、地上にいる我々一般人に見えるようにするためには、かなり大型のコピーをつくらなくてはいけません。でも、これは神通で行うことですから、計算する必要はありません。「肉眼で見えるような身体をつくる」と決めるだけです。その力は四神足の中で意欲神足と言うのです。

ブッダにしかできない神通力

梵天界までも身をもって自在力を行使します。

自分を消す神通力はすごく難しいことのようです。それをお釈迦様はたまに、梵天界の神様に見せたのです。

梵天の神様であるブラフマンは、どんな神々よりも長生きでした。あまりにも長生きだったため、自分が世界の創造神だと思い込んでいたのです。そこでお釈迦様は、「長生きしすぎて、過去を忘れているだけですよ。そんなに何でも知っていると言うなら、どちらに力があるか比べましょう」と、梵天に神通力比べを挑みます。

ブラフマンは姿を消すことができましたから、隠れてしまいます。でも、彼の心がどこで活動しているか、お釈迦様にはすぐ分かってしまいます。姿は消しても、存在は隠せないのです。次にお釈迦様が隠れます。「どうですか、見つけてください」と言って、いろいろ説法までしたのです。しかし、声は聞こえるのに、ブラフマン神には釈尊がいる場所を特定することができなかった。負けを認めたブラフマン神は、自分が創

造神であるという邪見を捨てたのです。

　欲界の神々よりもはるかに高次元の梵天たちと、神通の力比べをするためには、相当なレベルの神通力が必要です。でも、お釈迦様は軽々とやってみせました。自分の姿を隠して見えないようにすることは、普通の神通でできますが、存在まで隠すことは不可能です。それで、梵天の神々はいとも簡単に心が波動をつくっていることを見つけられてしまうのです。梵天の神にも分からないように身を隠す場合は、彼らに認識できない波長で、心を動かさなくてはならないのです。他の阿羅漢たちが梵天の神々とかくれんぼをしたエピソードは経典にはありませんから、おそらく、お釈迦様にしかできなかったのでしょう。

　このように、神通を身につければ、自分の存在を相手よりも威力に溢れた存在として、梵天の神々にさえ見せつけることができるのです。

　　それは、大王よ、たとえば、熟練した陶工かその弟子が、よく調えられた土で、望みどおりの陶器のみを作り、完成するようなものです。
　　あるいはまた、大王よ、たとえば、熟練した象牙師かその弟子が、よく調えられた象牙で、望みどおりの象牙細工のみを作り、完成するようなものです。
　　あるいはまた、大王よ、たとえば、熟練した金細工師かその弟子が、よく調えられた金で、望みどおりの金細工のみを作り、完成するようなものです。

　このたとえで、神通のありさまを簡単に理解できます。身体とは、地・水・火・風という物質で構成されているものです。陶芸師が、土という材料を自由自在にいじって作品をつくる。象牙細工師が、あの堅い象牙を粘土のようにいじって、作品をつくる。そのように、神通力がある修行者は自分の身体を構成する地・水・火・風を、自由自在にいじることができるのだ、という意味です。

❖ 天耳の智

> このようにして、心が、安定し、清浄となり、純白となり、汚れなく、付随煩悩を離れ、柔軟になり、行動に適し、確固不動のものになると、かれは、天の耳に心を傾注し、向けます。かれは、清浄にして超人的な天の耳によって、遠くのものであれ、近くのものであれ、天の声、人間の声を、ともに聞きます。
>
> それはまた、大王よ、たとえば、大道を行く人が、大鼓の音も、小鼓の音も、法螺貝・シンバル・銅鑼の音も聞いて、『これは大鼓の音だ』とも、『これは小鼓の音だ』とも、『これは法螺貝・シンバル・銅鑼の音だ』とも、このように考えるようなものです。
>
> このように、大王よ、こうして心が、安定し、清浄となり、純白となり、汚れなく、付随煩悩を離れ、柔軟になり、行動に適し、確固不動のものになると、比丘は、天の耳に心を傾注し、向けます。そしてかれは、清浄にして超人的な、天の耳によって、遠くのものであれ、近くのものであれ、天の声、人間の声を、ともに聞きます。
>
> 大王よ、これもまた、先のもろもろの目に見える沙門の果報より、さらに優れ、さらに勝ったものであります。

空間を超えた声を聴く

　天耳とは、耳という感覚器官で受け取ることが不可能な音まで認識できる能力のことです。耳という感覚器官に認識できる帯域はみんな知っていますし、音がしているからと言って、なんでも聞こえるわけではないとも知っています。音が小さすぎる場合は、耳の神経は反応しません。たくさん音があるときは、その中の一つ二つを選んで、それだけを聞く場合もあります。このように感覚器官に頼っている限りは、聞こえる音

に制限がつくのです。

　天耳の場合は、耳という感覚器官を通しませんから、「聞こえる範囲」というリミットがなくなります。聞きたければ聞こえる、ということになりますね。

　我々が知っている音波は物質的な波ですが、それを心で直接受け取れるものでしょうか。脳の立場から考えると、音を聞くだけではなんの役にも立ちません。私がしゃべって、誰かがそれを聞いている。この場合大事なのは、私が何かのアイデアを、音を媒体にして発したことです。相手は、聞いたことを音波という媒体を通して認識し、私が何を言ったか理解する。大事なのはこのコミュニケーションです。

　コミュニケーションという言葉は使っていませんが、仏教は「理解する」ということを大事にします。相手が言いたいことを完全に理解するということは、理論的に言えば、相手の心に起きている衝動または波を、そのまま自分の心にもつくることです。しかし、言語のように音を媒体にすると、「完全理解」は成り立たないのです。言う人は、自分の気持ちに完全に合致する言葉を選べるでしょうか？　選べたとしても、相手がそれを理解してくれるでしょうか？　同じ単語であっても、一人ひとり自分特有の意味を持たせているのです。ですから、言葉（音）を通した場合、完全理解ということはほとんど無理です。

　とはいえ、天耳のおかげで、近くの音も遠くの音も全部聞こえたら、耐えがたいほどうるさいでしょう。まったくありがたくはありません。そんな無駄なことをお釈迦様が推薦するはずもないのです。

　天耳で起こるのは、おそらくこのようなことです。ある生命に伝えたいアイデアがあるとします。そのエネルギーは音として発し、伝えたいことを受け取るほうの心の中にも、音として記録されるのが普通ですね。一方、天耳力がある人は、そのアイデアを自分の心でそのまま受け取るのです。このような「直接起こるコミュニケーション」が天耳だと思います。この場合は、「完全理解」が起こると言いたいところですが、そ

う簡単ではないのです。相手のアイデアを自分の心でそのまま受け取っても、それをさらに分析したり、比較したりして理解する場合は、その人の理解能力によって変わる可能性があるからです。

❖ 他心を知る智

人の心の波動と強弱を知る智慧

　このようにして、心が、安定し、清浄となり、純白となり、汚れなく、付随煩悩を離れ、柔軟になり、行動に適し、確固不動のものになると、かれは、他心智に心を傾注し、向けます。かれは、他の生けるものたち、他の人々の心を、心によって掴み、知ります。すなわち、
　　貪りのある心を、貪りのある心であると知ります。あるいは、
　　貪りを離れた心を、貪りを離れた心であると知ります。あるいはまた、
　　怒りのある心を、怒りのある心であると知ります。あるいは、
　　怒りを離れた心を、怒りを離れた心であると知ります。あるいはまた、
　　愚痴のある心を、愚痴のある心であると知ります。あるいは、
　　愚痴を離れた心を、愚痴を離れた心であると知ります。あるいはまた、
　　萎縮(いしゅく)した心を、萎縮した心であると知ります。あるいは、
　　散乱した心を、散乱した心であると知ります。あるいはまた、
　　大なる心を、大なる心であると知ります。
　　大ならざる心を、大ならざる心であると知ります。あるいはまた、
　　有上(うじょう)の心を、有上の心であると知ります。あるいは、
　　無上の心を、無上の心であると知ります。あるいはまた、
　　安定した心を、安定した心であると知ります。あるいは、
　　安定していない心を、安定していない心であると知ります。あるいはまた、
　　解脱した心を、解脱した心であると知ります。あるいは、

解脱していない心を、解脱していない心であると知ります。

　他心智というと、我々は人の思考・概念などを読むことだと思っています。しかし、仏教の他心智は、人の心を読む読心術のようなものとは違います。読心術で相手の思考や概念を読み取る場合は、読む側の推測や解釈がかなり入ります。ですから当然、当たることも外れることもあるのです。

　一方、仏教の他心智は相手の概念ではなく、心そのものをピックアップするのです。つまり相手の出している心の波動を直接受け取って、心の周波数とエネルギーの量を知るのです。

　そのために、自分の心は何もない状態に持っていきます。善悪判断も何もせず、自分と他人という区別もない。ただ心のみあるという状態にするのです。

　心というのは一つのエネルギーフィールドですから、他の人の心も同じフィールドのレベルで波動しています。自我も何もない状態になるとこちらの波が出なくなるため、自分の心に相手の波動が入ります。つまり、自分の心がダイレクトに相手の心の状態になるのです。だから、ときには相手以上に、その人の波動が分かってしまいます。

　このように、他心智とは、明確に心を読めることです。それは、「今この人は何を考えているのだろうか」というように、思考や概念を当てることではありません。その人の心がどのような状況かを知ることです。

　でも、ここで疑問が生じます。たとえば相手がドイツ人で自分が日本人の場合、相手がドイツ語で考えることが読めるのでしょうか？　読めるとしたら何語でしょうか？　自分が相手のドイツ語を日本語に翻訳しているのでしょうか？　もし翻訳したとして、ドイツ語が分からない自分の翻訳はあてになるのでしょうか？　このような疑問です。

　しかし、人は何語で何を考えても、その思考を生み出す心の土台はみ

んな同じです。他心智とは、その土台を読むことなのです。我々がよくやる、ただの「当てっこゲーム」ではないのです。知る内容はしっかりとこの経典に書いてあります。

貪りのある心を、貪りのある心であると知ります。
sarāgaṃ vā cittaṃ 'sarāgaṃ cittan' ti pajānāti,

　たとえば人の心に「貪り」という心所が生まれたら、それなりの振動を起こします。他心智の心は、何も振動を起こさないレベルですから、すぐそれを感知して「これは貪りの振動だ」と分かってしまいます。その人がたとえ言葉で何を言っても、「この人は今、貪りの心でいる」と読めるのです。
　たとえば、「あれは嫌い」とか「壊してやりたい」などと、怒りの言葉をしゃべっている人がいるとします。普通の人なら「この人は怒っている」と思うでしょう。他心智の人ならば、その言葉に操られるのではなく、心の状況を感じ取るのです。みんなともっと一緒にふざけて笑いたくて、その怒りの言葉を発しているとしましょう。その場合は、発している言葉が何であっても、その人の心は、貪りの心なのです。
　深層の心は生命全部に共通です。たとえば、貪りの心は動物であろうが誰であろうが、強弱はありますが同じ種類の波動を出すのです。怒りの波動も同様に、生命に皆共通なのです。
　他心智は自分の心を見る瞑想をしないと身につきません。ヴィパッサナー瞑想は四念処（身・受・心・法）の観察ですが、その三番目は心を見ることです。その瞑想でまず自分の心を見るのですね。貪りがあるときは「あ、今、貪りの心だ」、怒りがあるときは「今、怒りの心だ」と確認していくと、怒りの波と貪りの波の差が見えてきます。どんどん確認を続けていくと、どんどん煩悩が消えていき、自分の心が波を立てない状態に成長するのです。そのように心がきれいになると、他の人の心

の波が自分に写ってしまいます。写ったら、もう自分の過去の心の状態を全部知っていますから、「これは貪りの心だ」「これは怒りの心だ」と手に取るように分かってしまうのです。

　たとえば真っ白な紙は、どんな色で書いても、書いたものがよく見えるでしょう。薄い色でも濃い色でも見えるのです。でもその紙が赤や青などの色紙だったら、その上に描く色は明確になりません。もし赤い紙の上に赤い色で描いたら、明確でないどころか見えなくなるのです。青い色で描けば、汚れた色で見えるのです。

　つまり、自分の心の中に何もなくなれば、他の生命の心の状態は簡単に知ることができます。心が汚れている人には相手の心は読めません。貪りや怒りの心が自分にある場合は、自分の自我や主観で相手を判断しますが、それは心を読めたとはいえません。人の心を読めるようになった人には、自我意識がないのです。ですから自分の心が読まれたからといって、その人に対して不親切な態度を取れないのです。「馬鹿にされる」とか「心を操られる」ということは絶対ありえないことなのです。「他心智によって洗脳されるのではないか」とか、「何を考えてもすぐ読まれてしまうのではないか」と心配になるかもしれませんが、人を支配したがるような人の心は汚れているので、そもそも他人の心は読めません。欲や怒りに弱い人間の心理を利用して、人々を洗脳したり支配したりしようとする人もいますが、本人の心が欲と怒りで汚れていますから、心の支配はできません。この世の中では洗脳されてしまった話がかなりありますが、それは洗脳する側が他人の心を読んで操っているというよりは、受ける側の心が弱いということなのです。

心のラベリングと感情のラベリング

　ヴィパッサナー瞑想の実践では、他心智が生まれる可能性があります。この瞑想では、最初は言葉で確認しながら身体と感覚の変化を観察して

いきます。次に心の変化も「怒りの心、欲の心」などの言葉で確認していく。集中力が高まると、恐ろしい速さで現象が変化してゆくことを発見できますから、言葉に頼る暇もなく、確認作業を続けることになります。この状態まで進むと、心が怒りに変わったり、欲に変わったり、無知に変わったり、不貪になったりする時の波動を感じ始めるのです。それをよく理解しておくと、他の人々の心の中にも起こる、似たような波動を発見できるのです。

分かりやすい例を挙げましょう。ペットの猫がこちらに入ってきたとします。するとみんなは「ああ、かわいい」などと言いますね。このとき、人々がどんな心の波動を出しているか見えるので、「これくらいの波動にみんながかわいいという言葉を使うんだな」と分かるのです。この場合は当然「貪りの心」なのです。その読み方はもう百パーセント正しくて、「貪り」という字を入れてしまえば、相手の心はもうピッタリ読まれたことになります。

でも、「あの人の心に『かわいい』という気持ちがある」と理解する場合は、百パーセント合っているわけではありません。かわいいという概念はそれぞれ異なりますね。サルでも可愛いと言うことはありますし、ヘビやトカゲを見ても、かわいいと言う人もいます。多くの人にとって気持ち悪いと思われるものも、かわいいと感じる人はいるのです。ですから、「かわいい」と言えばさまざまですが、そう思う人の心に、欲があることだけは確かです。

他心智は心の深層を読む

他心智で心を読むことと、世の中の人々が考えている心を読むことの違いを、例を挙げてお話ししましょう。

私も皆さんも、お腹がすいているとします。そうすると「食べたい」というエネルギーが生まれてきますね。たまには怒りの心になる人もい

ますが、これは貪りの心です。

　そこで偉そうに「あなたは寿司が食べたいでしょう」と言ったら、ハズレです。たとえば、お腹がすいて寿司を食べたいと思っている人が、私の心を読んで「同じ波動だから寿司を食べたがっている」と思うと大ハズレなのですね。なぜなら、私は外国人ですから、お腹がすいているときでも、「寿司がいいな」とは思わないのです。自分でいちばんおいしいと感じる食べ物が思い浮かぶから、外れるのです。

　ですから、私も皆さんも、「食べたいと思っているのだ」とだけ言えば、当たりです。間違いないのです。しかし、何を食べたがっているのか当ててみなさいと言われると、いろいろ推測しなくてはいけません。推測で言うことにはアタリもハズレもあるのです。ルーレットの数字を当てるようなもので、確かではないのです。

　また、我々は「あなたは寿司を食べたがっているでしょう」と当てられると、プライバシー侵害だと感じますし、怖くなるのです。しかし、「今何かを食べたい気持ちでしょう」と当てられれば、「そうです」と答えるだけなのです。他心智では、心の状況を手に取るように理解するので、貪瞋痴などはとくにプライバシーとして隠せません。でも、概念や考えることなどは、その本人が言わない限り百パーセントの確実性はないのです。

　その人が何を勉強しているのか、どこに住んでいるか、お金をどれくらい持っているか、借金がどれくらいあるかとか、そういうことは知りません。でも、そんなことは本来の存在に関わるものではありません。どこに住んでいても、生きていることだけは確かな事実ですね。他心智では、現象的な心の変化ではなく、心の共通している状況を捉えるのです。

十六種類の心の随観

　経典には他心智で読める心の状態がちゃんと書いてあります。
「愚痴のある心（samohaṃ cittaṃ）」とは、疑いも浮つきもある心です。
「萎縮した心（saṃkhittaṃ cittaṃ）」とは、沈鬱と眠気に陥っている心です。
「散乱した心（vikkhittaṃ cittaṃ）」とは、浮つきをともなった心です。
「大なる心（mahaggataṃ cittaṃ）」とは、エネルギーをとことん集中した禅定レベルの次元の心です。普通、我々の心はとても弱いのですが、瞑想によって力強くなります。そのことを大きい心だと言っているのです。
「有上の心（sauttaraṃ cittaṃ）」とは、世間の心です。たとえばどんな神通力があっても、悟っていない場合は有上の心です。
　悟った人の場合は「無上の心（anuttaraṃ cittaṃ）」で、この心は悟りを体験しているといいます。一方、注釈書では色界心は sauttaraṃ cittaṃ で、無色界心は anuttaraṃ cittaṃ になると書かれています。
「安定した心（samāhitaṃ cittaṃ）」、「安定していない心（asamāhita cittaṃ）」。安定した心とはサマーディ状態の心なのですね。心がサマーディに入ると、サマーディの心の波動だと簡単に読み取れる状態になります。
「解脱した心（vimuttaṃ cittaṃ）」も「解脱していない心（avimuttaṃ cittaṃ）」も読めるのです。解脱していない人には、解脱した人の心は読めません。それでも、いくらか感知することはできると思います。たとえば解脱体験はしていなくても、修行によって心の汚れがない状態になってきたところに解脱した人の波動が写ると、そのレベルの高さは分かると思います。ただし、自分の基本的波動よりすごいことは分かりますが、どこまでレベルが高いかは分からないかもしれません。
　この中の「大なる心（mahaggataṃ cittaṃ）」と「無上の心（anuttaraṃ

cittaṃ)」はどう違うかというと、実はそれほど違わないのです。Mahaggataṃ cittaṃ というのは「我々の欲界を超えた」という意味で、欲界を超えた心は大雑把に mahaggataṃ cittaṃ というのです。一方、「無上の心（anuttaraṃ cittaṃ）」と「有上の心（sauttaraṃ cittaṃ）」の場合は、欲界を超えた心を、さらに色界と無色界に区別しているだけです。

　ここでは項目に分けて、具体的にどのような尺度で心を知るのかが語られています。他心智はブッダだけの特別能力ではなく、普遍的に、誰にでもその能力がつくように説かれてあるのです。瞑想実践をする人々は、この項目を重視すれば、自分にもその能力を育てることができます。

　では、解脱を経験するために他心智は必要でしょうか？　一切の現象の本性を知ることで解脱にしますから、自分の心を知るだけで真理を知ったことにはなりません。自分の心は基礎にはなりますが、「己の心を知る」のではなく「普遍的に心を知る」のが智慧なのです。また、瞑想実践でも普遍的な真理を知ることは欠かせません。無常・苦・無我なども、普遍的な真理なのです。たとえば、「私が無常だ」あるいは、「あの人は無常だ」と分かっても、悟りには達しない。「一切の現象は無常だ」と発見しなくてはならないのです。

❖ 過去の生存を想起する智慧

現代のヴィパッサナー瞑想

　ヴィパッサナー瞑想を実践している方々は、「自分の修行と『沙門果経』に直々に説かれているものとの間に差があるのではないか」と不安に思われることでしょう。

　お釈迦様は、仏教の真理を知らず邪見に陥った当時の社会の人々や、超能力や神通が魂の本来の姿であると勘違いしていた行者たちに対して、語られたのです。その行者たちは、超能力や神通などをありがたいと思ってはいましたが、達することもできませんでした。ですから、釈尊には神通のことや、それを得る方法を話す必要があったのです。実際にたくさんの行者たちが、その方法で神通を得ました。

　そこまでしてから、「仏教の目的は、神通でなく解脱である」ということを強調します。神通にはそれほど価値はなく、究極的な価値があるのは解脱です。分かりやすい言葉でいえば、「他宗教が目的にしている、だが達することは夢の話である神通などは、仏教においては日常茶飯事である。ただし、それは仏道の目的ではない。仏教の解脱は、それよりはるかに優れていて、苦しみを完全に乗り越える道である」ということです。

　今や、仏教は世に広がって、仏教の国々まで現れています。そういう国々の人は、物心つく前から仏教徒なのですから、生まれてから少しも邪見や迷信に悩まされることはありません。無常・苦・無我は当たり前の真理です。人の運命は、神が定めることではなく、各々の行為の結果であることを知っているのです。

　そういう人々に今さら「神通を見せつけて驚かせ、仏教に興味を抱いてもらおう」と考えても仕方がありません。だから最初から解脱に挑戦するのです。修行でも省略できるところはぎりぎりまで省略して、短期

間で解脱に達するために励みます。

　現在、皆さんが実践しているヴィパッサナー瞑想はこの効率的な方法です。心配する必要はありません。「輪廻」「業の働き」「因果法則」「心の法則」などは、勉強して、比較して、理解して、納得していけば、サマーディ瞑想で神通を得て、輪廻と業の働きなどを自分で確かめる煩わしさと時間を省略できます。神通を得るだけでも、かなり時間がかかるのですから。

　それではなぜこの経典で、解脱に直接関係ないサマーディ瞑想で得られる神通力について詳しく説明するのかといえば、アジャータサットゥ王の「沙門の果報はありますか」という質問に答えるために、果報と呼べるものをすべて言い尽くしたかったからです。また、「アジャータサットゥ王が仏教に興味を抱くことで、悪の道から離れてほしい」という釈尊の憐れみが働いていました。

　インドで当時の修行者が目指していた「究極の境地」は、サマーディ瞑想で得られる最高の心境のことでした。「梵我一如」「永遠の魂」「究極の喜び」などと他宗教で言っているのも、このサマーディ瞑想で得られた体験です。かなりレベルが高い瞑想で、これを体験できたのは修行者の中でもごく一部の仙人（Sādhu-sammatā）といわれた人たちです。お釈迦様は、それをとびきりの究極体験としてではなく、修行で得られる一つの過程として整理してしまうのです。

　神通力は、サマーディ瞑想で集中力を高めないと挑戦できません。しかし、禅定の経験のある仏弟子が、その気になって訓練すれば得られます。ですから、沙門に得られる果報の一つになるのです。世間の常識では神がかりか魔法のように見えてしまう神通力も、「心の法則」にのっとって行えば、神秘的で不可思議なことではなく現実に得られるのだと、お釈迦様はここで説かれたのです。

　仏教では、神通力や究極の体験を「光」「神」「梵我一如」などの神秘主義の表現で説明することを否定しました。その代わりに、「喜び」

「楽」「喜悦感」「集中力」「平静」などの心理用語で説明しています。そして同じ禅定に簡単に入れるように回数を重ねて訓練することを勧めます。それで終わらず、禅定の領域を延ばすという訓練もさせるのです。このように訓練しておけば、その禅定状態に対してもそれほど執着はなくなって、さらに超越した智慧である「解脱」にヴィパッサナー瞑想で挑戦できるようになるからです。

　当時はこのように、サマーディ瞑想で禅定に達した修行者が、輪廻転生を乗り越えて解脱に達するためにヴィパッサナー（観察）瞑想に入ったのです。現代ではそのような回り道はしないで、最初からヴィパッサナー瞑想を実践しています。ヴィパッサナー瞑想だけで、集中力やさまざまな智慧など、解脱に必要な条件はそろうのです。

四つのエネルギーへの気づき

　ヴィパッサナー瞑想では、気づきと集中力がある程度身につくと、最初に物質の存在を発見します。俗世間で知られている物質論とは違い、物質のエネルギーを心で経験するのです。

　そのエネルギーとは、地・水・火・風の四つです。これは、全員が必ずその四つを体験しなくてはいけないということではありません。一つか二つで十分ということもあるのです。一つのエネルギーを体験して、「それが無常で無価値だ」という智慧に達すれば、瞑想は自然と次のステップに進むのです。逆に、地・水・火・風のエネルギーを体験しても、驚いたり執着を抱いたり、「自分の修行はうまく進んでいるのだ」などと慢心したりすると、次のステップには進めません。そのような修行者たちは、時間をかけて地・水・火・風のエネルギーを何回も何回も体験しなくてはいけないのです。

　「地」のエネルギーを感じるときは、硬さ・重さを感じます。身体が想像できないほど重くなったり硬くなったりし、ふだん軽く動かしている

手足も重すぎて動かしづらくなるのです。もしも「そんな経験は嫌だなぁ」と思っても、自分の好みで変えることはできないのです。

「水」のエネルギーは、引き締めるエネルギーとして感じるのが普通です。極端にいえば自分の身体を革紐で引き締めている感じですね。身体を流れているエネルギーのように感じる場合もあります。ですから、「自分の身体がずっと流れていくのにまだ身体がある」ということに驚く可能性もあります。

「火」のエネルギーは単純に熱さ・熱を感じます。人によっては身体が炎のように燃えている感じがすることもあるでしょう。とても分かりやすいものですから、感じたからといって次のステップに進めるか分からない場合もあります。

「風」のエネルギーは動きとして感じます。瞑想の世界では、実践は風のエネルギーからスタートするのです。たとえば、呼吸は風のエネルギーですね。「ふくらみ、ちぢみ……」と実況するときも、動きを実況しているのです。それも、風のエネルギーです。

　個人の好みで言うならば、風のエネルギーを感じることは、嫌になりません。楽になるので修行がしやすくなるのです。集中力が上がってくると「身体が風船のように浮いて動いてしまうのではないか」と心配するほどになります。ときどき、修行者たちが、身体が浮き上がってしまったら困るという感じで、少し歩くときでも手すりなどをしっかり握る姿が、道場などでは見受けられます。

　このように地・水・火・風のエネルギーを体験するようになると、みんなが失敗しがちなところがあります。俗世間の知識や自分が学んだ学識などを駆使して、理解しようとするのです。そうすると修行はそこで中止することになります。感じたものは、「感じた」で終わらなくてはいけないのです。たとえば修行者が、身体が浮かないよう手すりにつかまっているかもしれません。でも他人には、「こんな重い物体が浮くわけがない」「物理法則に反しているのだ」などと言う必要もありません。

何が起きているのかと言うと、修行者の心が、地・水・火・風の「風」のエネルギーを純粋に明確に体感しているのです。他の地・水・火のエネルギーが消えたわけではなく、修行者がそれを認識していないのです。

　修行をしてもしなくても、人がよく感じるエネルギーは「地」です。誰でも、身体を実際より重く硬く痛く感じるのです。事実であっても、「重い、硬い、痛い」という感じしかないのでは、精進する気にならないでしょう。修行しない人も感じるエネルギーですから、修行している人が感じることは自然なのです。しかし、実践的に言えば、風のエネルギーを感じるようになった方が、楽ではないかと思います。

　自分の意識が地のエネルギーに向くか、風のエネルギーに向くかは、satiがどこに入るかによるのです。一般的にsatiを入れるときに最も気づきやすいところは「地」のエネルギーです。ですからほとんどの人々は瞑想をきついと感じながらやっているのですね。

　私は瞑想指導をするときは、いつも風のエネルギーのほうにいけるようにしています。そのためにいろいろな方便も使ったりするのです。たとえば「手を上げてください」というのは硬さではなく、風（動き）を感じてもらいたいのですが、最初はなかなかうまくいかないようです。

過去世を見る能力は心の自由から

　このようにして、心が、安定し、清浄となり、純白となり、汚れなく、付随煩悩を離れ、柔軟になり、行動に適し、確固不動のものになると、かれは、過去の生存を想起する智に心を傾注し、向けます。かれは、種々の過去における生存を、たとえば、一生でも、二生でも、三生でも、四生でも、五生でも、十生でも、二十生でも、三十生でも、四十生でも、五十生でも、百生でも、千生でも、十万生でも、また数多(あまた)の破壊の劫(こう)でも、数多の創造の劫でも、数多の破壊と創造の劫で

も、つぎつぎ思い出します。『そこでは、これこれの名があり、これこれの姓があり、これこれの色があり、これこれの食べ物があり、これこれの楽と苦を経験し、これこれの寿命があった。その私は、そこから死んで、あそこに生まれた。そこでも、これこれの名があり、これこれの姓があり、これこれの色があり、これこれの食べ物があり、これこれの楽と苦を経験し、これこれの寿命があった。その私は、そこから死んで、ここに生まれ変わっているのである』と、このように具体的に、明瞭に、種々の過去における生存を、つぎつぎ思い出します。

　それは、大王よ、たとえば、人が、自分の村から他の村へ行き、その村から自分の村へと戻って来て、『私は、自分の村からあの村へ行った。そこでは、このように立った。このように坐った。このように語った。このように沈黙した。また、その村からかの村へ行った。そこでも、このように立った。このように坐った。このように語った。このように沈黙した。そして私は、その村から自分の村へと戻って来ている』と、このように考えるようなものです。

　最後に、「大王よ、これもまた、先のもろもろの目に見える沙門の果報より、さらに優れ、さらに勝ったものであります」という文章で、この部分は終わります。

　この部分では、過去世を見られる超越した能力のことを話しています。

　普通は、どんな人にも自分の過去を見ることはできません。これは、ありとあらゆる煩悩で、心の純粋な活動がものすごく妨げられていることが原因です。仏教では「知る機能」が心だとしています。つまり、心は魂と呼べるような「変わらない実体」ではなく、ただのエネルギーであり、「知る機能」なのです。煩悩のせいで心が汚れて、物質しか知ることができないところまで能力が低下し、自由に活動できないのです。

ですから、我々がかなり努力して修行して、心の柔軟性や強さを妨げている煩悩をなんとか排除すれば、心は自由に活動し始めてしまいます。

エネルギーはいろいろな働きをしますが、心のエネルギーと物質のエネルギーとでは、その働きがだいぶ異なります。心の働きは「知る」ことです。

時間と空間の関係も心と物質では違います。物質的なエネルギーには時空関係がありますが、心にはほとんどないのです。我々が考える時間というのは、実は物質の経過です。物質が変化していくのを見て時間といっているのです。

たとえば、「一年、二年、三年」と我々が言っているのは物質の変化です。現代風に言えば、太陽の変化や地球の変化などを見て、我々は「一年、二年、三年」と言いますが、「知る」だけの心にはそのような時間の経過は関係ありません。

「過去、現在、未来」というのも、物質を見て我々が「過去、現在、未来」というラベルをつけることです。たとえば本の奥付を見ると、いつ発行したか分かります。時計を見て時間の経過を知ることもできるのです。このように、我々は物質の変化に頼って、過去・現在・未来があると推理するのです。ですから、過去・現在・未来という概念は、物質と心の関わりによって現れるものだと理解しなくてはいけません。しかし、「知る」機能そのもの（心）は、時空に束縛されるものではないのです。

ですから、時間という概念にも、心の活動は妨げられているのです。もし、心が自由に活動し始めたら、ありとあらゆる物理現象に定着している我々の概念は雲散霧消してしまいます。

たとえば、アメリカは遠くにあると思っているでしょう？　「アメリカに行くにはジェット機で十二時間かかるけれど、速度を倍にしたら六時間で行けるのではないか」と速度を計算したりする。そういうふうに思うのは、我々が物質で考えているからなのです。

でも、電波でアメリカまで行くなら、一秒もかかりません。すぐに着

いてしまいます。ですから、電波自体は物質ですが、基準にする物質によって空間と時間というものが変わってしまうのですね。本当のところは人間がつくる電波でさえ、あまりに速すぎて、我々の脳の力では把握できないのです。

　ところが、心は電波よりも速く働くものです。心の汚れを落として、物質に定着することも超えたところまでいけば、楽に過去世の現象を認識することができます。ですから、この経典に記録されている過去世を得る智慧は、決しておとぎ話ではないのです。

　過去世を見る智慧について、経典ではどのように見ているのかというと、「経験」として詳しく説明しているのです。「単純な幻覚でもなく、思いこみでも推測でもない、はっきりした経験なのだ」と強調しています。そのため、次のようなたとえを使っているのです。

『私は、自分の村からあの村へ行った。そこでは、このように立った。このように坐った。このように語った。このように沈黙した。また、その村からかの村へ行った。そこでも、このように立った。このように坐った。このように語った。このように沈黙した。そして私は、その村から自分の村へと戻って来ている』

　これまでこの経典で説明してきた神通の話というのは、イベントのようなものです。空を飛んで見せたり地下に沈んでみせたりすることなどは、仏教ではそれほど褒めていないのです。修行で得られる智慧の一種ではありますが、それほど解脱の役には立たないからです。もしかしたら役に立つことがあるかもしれませんが、修行してできればの話で、できるかできないかは個人の能力と好み次第なのです。それに対して、この過去世を見る智慧は、人間が解脱するのに役に立ちます。ですから、得るために努力したほうがいいのです。

　これから経典は、三明という仏教の三つの智慧の説明に入るのです。

過去世を見る智慧、生けるものの死と再生を知る智慧、煩悩を滅する智慧です。この三つの智慧で、完全たる解脱の智慧を完成するのです。

　かれは、種々の過去における生存を、たとえば、一生でも、二生でも、三生でも、四生でも、五生でも、十生でも、二十生でも、三十生でも、四十生でも、五十生でも、百生でも、千生でも、十万生でも、また数多の破壊の劫でも、数多の創造の劫でも、数多の破壊と創造の劫でも、つぎつぎ思い出します。

心を柔軟にした修行者は、次に過去を見ることに挑戦します。その方法はというと、過去を見ることに心を傾けて、徐々に徐々に見えるように訓練するのです。自分は今、ここに生まれている。ではその前はどこに生まれていたのかと、過去に遡って見る。どんどん遡ることを繰り返し練習して、ものすごく上手になるまで訓練しなくてはいけません。どれほど過去世を見られるかは、どの程度心が強く、しっかりしているかによるのです。

　ある人は一生二生を見られるかもしれません。またある人は三十生も四十生も見られるかもしれませんし、ある人は一万生、二万〜三万生まで自分の過去を見ることができるかもしれません。訓練次第なのです。

劫という時間の長さ

この経典では以下のような記述もあります。

　数多の破壊の劫でも、数多の創造の劫でも、数多の破壊と創造の劫でも、つぎつぎ思い出します。

つまり、遡れる限りの過去まで言及しているのです。

「劫」はカッパといって、太陽系の寿命ほどの時間だと言われています。数字ではなかなか言い表しにくいので、経典ではいろいろなたとえを使って表現しています。

たとえば、三十二由旬*四方の巨大な岩の塊を百年に一回、天衣のような柔らかい絹布で一回拭いて、巨岩が磨り減ってなくなってもまだ足りないほどの長い時間を一劫年などとします。そういうふうな計算なので、はっきりした数字ではなかなか理解しにくい。でも、他のいろいろな経典に出てくる内容から推測すると、一劫年というのは、太陽系の寿命くらいだと思っても間違いではないのです。

我々が今、科学的に想像している宇宙とは、何もない状態から恒星や惑星が現われ出てきたものです。宇宙空間に星の素が生まれてきて、しっかり安定するまでには想像を絶する時間がかかります。我々生命が生存している太陽系も、もとはガス状態から出現したものですね。それがあらゆる変化をして、膨大な時間をかけて太陽系といわれる安定した状態になったのです。仏教ではそれを「創造の劫」といっています。安定期に入ると、かなり長い間その状態を保ちますが、これを「住の劫」という。それから衰えてどんどん死滅していき、最後はまた何もない状態に戻ってしまう。それが「破壊の劫」です。仏教ではこの三つをまとめて一劫年といったり、それぞれを一劫として全体で三劫年といったりする場合もあります。いずれにしても、「劫とはよほど長い時間のことだ」と理解しておけば十分です。

この段では、「修行者が自分の過去を見る智慧を磨いていくと、一生二生ではなく、幾多の劫年単位でも自分の過去を見ることができる」という話をしています。

たとえば、我々の住む地球・太陽系を含む銀河系で、自分が過去、どこで生まれていたかかを探していくと、数え切れないほどあちこちでみつかるかもしれません。でもそれでやめないで、どんどん遡っていって、この宇宙が現れる前の状態、それよりもっと前の状態を見ようとすると、

---

* [由旬] yojana。古代インドの距離の一単位。約7km、15kmなど諸説がある。

どこまででも見られるのだそうです。

　ここではっきりしているのは、普通の常識を超越した能力だということです。「前世を見ることができる」と言って、「この人は過去世で大名だった」「あの人はお姫様だった」などと、過去世の物語をまことしやかに語る宗教グループもあります。それは人気を得るために文献で得た情報を無作為にまとめただけの話で、本当の過去世を見る能力が少しでもあって言っているわけではないのです。

　それに対して仏教の過去を見る智慧は、でっち上げの妄想ではありません。ですから、修行者が過去世を知る場合は、自分がどこで生まれてどんな名前だったか、どんな性格で何をして生活していたか、どれくらいの寿命だったかなどの事柄を明確に知っているのです。そのように過去を見るのです。

　なぜこれが仏教に役立つ智慧なのかというと、心を邪見から解放してくれるからです。過去を見ることができると、どこまで過去に遡っても自分が渇愛によって輪廻転生したこと、苦しみながら生きて生に未練を残しながら死んでいったことを発見できるのです。そして、生に未練がある限りそれが終わらないことも発見できます。修行者は、無始なる過去から、無限に無量に転生で苦しんだこと、渇愛がある限り、先も同じことになる恐れがあることを発見するのです。

　また、他宗教では生命に対してさまざまな起源論がありますね。「生命はある日突然現れて、輪廻転生を始めたものだ」とか、「過去世はまったくなく、今世で突然現れて、今世できれいさっぱり消えるのだ」などです。しかし、自分が修行して過去世を発見すると、行為によって輪廻転生することが見えます。同時に、起源論などは狭い範囲のデータを拡大することで達した、偏見的な結論であることも分かるのです。

心の常識を破る

　過去を見るのに必要なのは、心のこだわりをなくすことです。我々は身体に依存して、時空関係にものすごく束縛されています。そして、それこそが真実だとも思っているのですね。我々は眼を通してしか見ることができないし、耳を通してしか聞くことができません。だから目に映るものが見えることだと思っているし、耳に響く音で聞こえると思っているのです。我々は身体という檻の中にはめ込まれているのですから、それはどうしようもないことです。でも、心のこだわりを、なんとか修行で破らなくてはいけないのです。

　たとえばいろいろな宗教で、断食行という修行方法があります。それを一週間か二週間行うと、自分の神秘体験を語る人が出てきます。その人が神秘体験を語るには、わけがあるのです。断食は我々の常識と反対のことをやりますね。我々の心の常識は「よく食べなさい」ということですし、身体も同じです。なのに、これに反して断食で食べないようにする。苦しいし辛いし、身体も弱るのですが、気にしないでひたすら断食を続けます。そうすると、あまりにきつくて、身体が耐えることができなくなってしまうのですね。そうなった瞬間、心が「この身体に頼っていることはやめようかな」、つまり「死のうかな」という状態になるのです。心は身体が壊れても、認識し続けますから、普通の知識次元と異なるさまざまな認識が、心に生まれ始めてしまいます。我々はこの認識を、神秘体験や超越体験などといろいろな言葉で語っているのです。

　ですから、断食行に限らず、我々の常識的な認識の次元を破ることをすればいいのです。決まった修行法があるわけではありません。まず必要なのは、認識の常識的な次元を突破することです。

　常識の次元を破るには、どうしたらいいのでしょうか？　たとえば、壁には目に見えない穴が無数にあいています。でも私が「壁の穴が見えますか？」と聞けば、皆さんは「壁に穴があるわけない」と思うでしょ

う。ところが、ナノレベルで壁を見たら、物質よりもはるかに空間の方が多いことを発見できるのです。壁の面積の大半が空間で、物質で覆われている面積は少ないということであれば、普通の目で見ても、壁は隙間だらけの網のように見えるはずです。しかし、壁が網のように見えることは常識ではないのです。常識がある限り、壁に実際にある穴は見えないことになるでしょう。でも、壁をつくっている分子と分子の間には、それぞれの分子よりも大きな隙間があります。誰かがその大きな隙間を見ようとすれば、その人には壁ではなくて隙間が見えるでしょう。テニスコートにネットを張ってあっても、ネットの向こう側に立っている選手やその人の動きが見られるのと同じことです。このたとえ話は気楽に考えてみてください。「認識レベルの常識を超えたら、今まで知ることができなかったことを知ることができる」という論理的な可能性だけでも理解していただければ結構です。

物事の因果関係を見る

　ここでは、過去世を見るためにどのように心を傾注するか、そのポイントだけ教えます。
　物事や現象には、一つの現象が消えるともう一つ現象が現れるという、ちょっとした法則、因果関係があるのです。それを探して見つけてほしいのです。
　因果関係の例を挙げてみましょう。たとえば今こちらに炊き立てのご飯があるとします。そうすると、「その四十五分前に水につけた米があり、そのまた十分前には乾いた米があった」と想像できるのですね。そのように、どんな物事にも順番があるのです。
　今ある現象は、その前にあった現象が消えたからあるのです。それが分かったら、現象の生滅の関係、つまり、一つの現象が現れるとその前の現象が消えるという関係が見つかるのです。それは複雑ですから、あ

りとあらゆる訓練や自習をしなくてはいけないのです。

　もっと分かりやすい例を出しましょう。私が新宿に行ってきて、今帰ったとしますね。その場合は、この場所から新宿に行って帰るまでのルートを、きめ細かく何回も何回も思い出すのです。すると、「あの地点で道路を渡ったのはこういうわけで、ここで右に曲がったのはこういうわけだ」と、ある法則が分かってきます。たとえば私が道路の右側を歩き始めたとします。左側からも歩けるのに右側から歩いたのは単なる偶然ではないのです。普通は意識しないものかもしれません。でも、今思い出すと、なぜ右側を歩いたかという理由が見えるのです。また、横断歩道はいくつかありましたが、ある一個所で渡った。それにも理由があるのです。人間はなんとなく無意識にやっていますが、やっていることにはいつでもわけがあるのです。

　ですから日常生活の中でも、無意識にやっていることの理由を探す能力をつけると、因果関係を見る能力というのは現れやすいのです。でも、これは普通の人にはなかなかできません。ある人は音楽に興味があって、ある人は将棋に興味があって、ある人は建築に興味があって……と、興味の対象はみんな違います。しかも、それも上手下手があったりして千差万別だからです。だから絵を上手に描けて将棋には興味がない人がいるとします。将棋も頑張ればできないわけではないのですが、上手にはできませんね。何事も興味がないとうまくできないのです。

　ですから、一つの現象がなぜ現れたか、なぜ消えたのかに興味があれば、因果の法則を発見できるかもしれません。それにはまず、自分の行動から見るのです。注意して見れば、この現象ともう一つの現象のつながり方や法則が見つかるのです。その法則を使えば、今座っていたとしても、その少し前はどこにいたのか、そのもうちょっと前はどこにいたのかと、次々とそのわけが明確に現れてくるはずなのです。

因果関係を見る訓練法

　注釈書では、「訓練する場合は一日の今の時点から、一日を始めたところまで思い出してください」というのです。普通は順番に思い出そうとしても、つながりが消えてどこかで止まってしまいます。でも、訓練する場合、わざわざ他のことを思い出そうとしてはいけないのです。

　たとえば、今の自分から逆に思い出そうとしているとします。今ここに座っている、その前には水の入ったグラスを部屋に持ってきた、その前には台所で棚からグラスを出して水を注いだ、その前にはトイレに行って、また戻ってきた。そこまでは思い出せるけれど、それ以前は思い出せない……と、止まってしまうでしょう。でも、ずっと前にドアから入ったことが思い出せるからといって、そういうふうに記憶が飛んではいけないのです。因果関係を見るためには、ビデオテープの逆再生のように過去を順番で思い出す訓練をするのです。

　誰でもそうなのですが、順番で思い出そうとしても部分的に忘れたり切れたりして、思い浮かびやすいものを言ってしまうのです。でも、それではこの能力はつきません。一つの現象ともう一つの現象のつながりにはきちんとわけがあって、それは変化することは決してないのです。たとえば、右足を上げて歩き出した人が次に左足を上げるというのは、もうはっきりした事実で変えることができない。そのような感じで、すべての現象には、すべての連鎖の中で決まっている連続性があるのですね。ですから切れないように思い出してほしいのです。

　思い出すときも瞑想して、心を落ち着かせてやるのです。そして、たとえば「一時間は思い出せる。思い出そうとすれば三時間前のことも思い出せる。でも、そのちょっと前のことは思い出せない」と言う場合は、そこで止まるのです。止まったら、振り出しに戻ってまた始めから、どんどん思い出してみる。そこまでは簡単にできますね。そこで、頑張ってちょっとその先に何をやったかと、思い出してみる。それでも思い出

さなかったら、また最初に戻ってやり直してみる。その作業を二回、三回くり返すと、最初は思い出せなかったところが見えてくるのです。それができたら、また記憶を延ばしてみます。

　記憶がそれ以上思い出せない場合は、覚えている先の過去に飛ばずに、順番で思い出せるところまで遡ってみる。そういうふうにつなげて考えるのです。普通は覚えている記憶に飛んで思い出そうとしますが、それではいつまでも思い出せないのです。我々がなぜ過去を思い出せないかというと、いつでも思い出しやすいことばかり思い出してしまうからなのです。やけに面白かったことや、悲しかったことや、大事な出来事しか思い出さない。その大きな出来事がなぜ起こったのか、どういう経緯で起きたのかは気にしないのです。そういうわけで、我々も少しは過去のことを思い出せますが、自由自在には思い出すことができないのです。

　この能力は sati の実践によってつきやすくなります。いつも丁寧に sati を使えば、日常生活をしながらでも能力を伸ばすことができます。たとえばゴミ箱にいろいろなゴミを入れるとしても、頭の中でも自分がゴミを入れた動きと同じ順番で記録を入れているはずなのです。ゴミ袋にものを入れないで、袋をとじて、それからゴミを入れようという話はありえませんね。どうしても人間は順番で行動するのです。

　このように、すべての物事は順番で起こるのです。我々はそれに気づいていないだけです。靴を履いてから、靴下を履く人がいるでしょうか。靴下を履きたいなら、まず靴を脱いで靴下を履いて、それから靴を履くというふうに、順番は決まっているのです。それは誰も間違わないでしょう。物事には順番があるのに、我々には sati がないから思い出せないだけなのです。

　ですから、sati の実践をものすごく丁寧にし、なんでもかんでも順番でしていると、いつのまにか、いろいろなものを思い出そうとすれば思い出せる能力がつくこともありえるのです。どこまで過去を見られるかというのは、その人の力次第なのです。

偉大な能力があっても間違う？

　それでは、過去の生存を見る能力がなんの役に立つのかというと、自分の過去を見れば見るほど、世間にある間違った意見や考え方が少しは解けることでしょう。

　人間は、「死んだら天国か地獄に行きます」とか、「死んだらそれで終わります」、あるいは「死んでしまえば自然に戻ります」などと、なんの証拠もなく好き勝手に言っています。でも過去世を見る能力があれば、物質と心が、本当に限りなく生滅変化していくということを自分で体験できるのです。どこまで見てもまた過去があるのですから、「人類はいつか誰かにつくられた」などと思うことはなくなります。なぜならば、仮にそうだとすると誰かにつくられる以前はどうだったかという問題が出てくるからです。ですから、ある現象があったとすると、その現象はそれ以前の別の現象があって生じたという、現象の連続性を理解してほしいのです。

　お釈迦様の時代に、過去を見られる能力があった他宗教の行者たちがいました。『梵網経』にも出てきますが、ある行者が十劫前まで自分の過去を見られると言っていました。劫というのは膨大な時間ですが、その行者には偉大な超能力があって、過去が明確に見える。それも、一劫だけではなくて十劫までも見えるのだと言うのです。この行者は、宇宙が現れては消え、現れては消えることを十回体験しているのですね。それで、十劫前までは見たけれど、その先はぜんぜん見えない。そこで哲学的に考えて「生命は十劫前に始まったのだ」という、自分の宗教の教義をつくったのです。「それ以上見えないのだから存在しないだろう」と決めてしまったのですね。しかし、彼の経験は本当でも、経験に基づいて達した結論は間違っています。

　「十劫前に宇宙が始まって、それからみんな輪廻転生しているのだ。なぜならば私がそう見たのだから」と、行者は確信を持って言うかもしれ

ません。これに対してお釈迦様は、「私には十劫前まで見えますと言ったほうが正しいし、それ以前は見えない、その先のことは分かりませんと言ったほうが正しい」と言われるのです。

　困ったことに、人間はちょっとでも超能力があったら、自分の体験を真理として語ってしまうのです。超能力にすごく束縛されてしまい、意見を簡単に覆すわけにはいかなくなります。かえって、「そちらにはそんな智慧はないじゃないか。見ることができないのだから黙っていなさい」と、偉そうに言うかもしれません。ですから、超能力に権威づけられた教えの間違いを正すのは、なかなか難しいことなのです。

❖ 天眼の智

　このようにして、心が、安定し、清浄となり、純白となり、汚れなく、付随煩悩を離れ、柔軟になり、行動に適し、確固不動のものになると、かれは、生けるものたちの、死と再生の智に心を傾注し、向けます。かれは、清浄にして超人的な天の眼によって、生けるものたちが、劣ったもの・優れたものとして、美しいもの・醜いものとして、幸福なもの・不幸なものとして、死にかわり生まれかわるのを見、生けるものたちが、その業(ごう)に応じて行くのを知ります。『実にこちらの尊い生けるものたちは、身による悪行があり、口による悪行があり、意による悪行があって、聖者を誹謗し、邪な見解をもち、邪な見解による業を引き受けている。かれらは、身体が滅ぶと、死後、苦処・悪道・破滅の地獄に生まれかわった。しかし、あちらの尊い生けるものたちは、身による善行があり、口による善行があり、意による善行があって、聖者を誹謗せず、正しい見解をもち、正しい見解による業を引き受けている。かれらは、身体が滅ぶと、死後、善道の天界に生まれかわった』と。

　このように、清浄にして超人的な天の眼によって、生けるものたちが、劣ったもの・優れたものとして、美しいもの・醜いものとして、幸福なもの・不幸なものとして、死にかわり生まれかわるのを見、生けるものたちが、その業に応じて行くのを知ります。

　それは、大王よ、たとえば、中央の十字路に高楼があって、そこに眼のよい人が立ち、人々が家に入ったり出たり、街路を往来したり、中央の十字路に坐ったりしているのを見て、『この人たちは家に入る、この人たちは出る、この人たちは街路を往来する、この人たちは中央の十字路に坐っている』と、このように考えるようなものです。

　このように、大王よ、…（中略）…

大王よ、これもまた、先のもろもろの目に見える沙門の果報より、さらに優れ、さらに勝ったものであります。

天眼の智を得て、カルマ（業）の働きが見えてくる

　天眼の智の場合は、過去世を見る智慧を、自分ではなく衆生に向けます。自分の過去を見られるのですから、今度はその超越した能力を他の人々の生まれ変わりを見ることに使うのです。そのためには、やはり過去と現在のつながりをつくっている法則が見つからないといけません。

　因縁の法則を知っている修行者は、他人の過去を見ようと思えば見えてきます。そこで何人かの、あるいは大勢の人々の過去を次々と見てみます。

　修行者がそこで発見するのは、なぜ人間がいろいろなところで生まれ変わっていくのかということです。自分だけでなく他の人々も、どこかで死ぬとどこかで生まれます。生と死の連続性の法則を知っていますから、なぜその場所に生まれ変わったのかが見えるのですね。

　ある人はすごく性格がよくて、いつも善行をして、身口意の行為も申し分なかった。だからその人は、死んでこういうところで生まれた。別の人は悪いことをしながら生活していた。だからその人は亡くなってその後、こういうところで生まれた。このように見えるのです。

　また、「カルマ（業）」は人に現れます。たとえばある人は、身体が弱くて貧しく、困難なことも多くて大変苦しんでいるとします。その人の過去はどうだったかと見ると、過去の行動が見えてきます。そして、そういう行動をした人の生まれ変わった先も見えてきます。その前はどうかと見ると、それも見えてきます。過去に遡って見てみるのです。

　カルマ（業）の働きは、このようにたくさんの人々の過去を見る経験を積んで、やっとなんとか分かるようになるのです。現代の社会では、

ずいぶん気楽に「過去の業だ」などと言いますが、業（カルマ）というものは、そんなにたやすく分かるわけではありません。ですから、一般の人は業（カルマ）については放っておく。これが一番正しい態度なのです。

ときどき「霊視能力があるので、他人の因縁が見える」などと言って、人の不幸を過去の悪い行為のせいにする人がいます。あれはただ、無知な人々をだましているだけの話です。修行もしていない人に、カルマ（業）の働きが分かるわけはありません。特にここで説明するような、他人の過去をみる智慧は、高度な修行をした人でもめったに身につかない、大変な智慧なのです。

ですから、それくらいの智慧がある人が語らなければ、正しいカルマ（業）論にはなりません。現代では宿業や運命などと言って、それに関する本もいっぱいありますが、ほとんどいい加減な人々の想念や好みに過ぎないのです。

特に仏教では「カルマ（業）の働きは人間の理解範囲を超えている」といいます。あまりに難しくて、人間の智慧の及ぶところではないからです。普通の人には、「とにかく善いことをしておきなさい。善いことをしておけば悪い結果になるはずがないのだから。また悪いことをして善い結果になるはずがない。これだけを覚えておいて、正直な心で善いことをしなさい」という。カルマ（業）論はそれだけで十分です。

たとえば、世の中があなたを素晴らしい人だと認めたとしても、認められることを目的に行動したら、それはごまかしです。しかも、自分が善意でしているという自覚があっても、純粋な善行為は難しいのです。他人におだてられ、勧められてやったところ、とてもうまくいって、人からも褒められて嬉しかったことがあったとします。でも「我ながら立派なことをしている」と自己満足しても、それが本当の善行為とは限りません。善意の行為は自分の心で判断しなくてはいけないのです。

決め手は自分の中の心の状態です。自分の心を基準にして、状態を見

ながら身口意の行動をしていていければ、善行為か悪行為かは自分で分かります。人の過去世まで遡って見なくても、それくらいのカルマ（業）論で十分なのです。

仏教の業論がウパニシャッドに影響を与える

　もう一つ、カルマ（業）論について言っておきたいことがあります。
　日本のほとんどの仏教学者は「昔のインド人が輪廻転生を信じていたから、それをお釈迦様も使っている」という立場をとっています。まるでお釈迦様が他人の教えを盗んで使っているように書いていますが、それは事実ではありません。お釈迦様はご自分の智慧で輪廻転生のことを発見して話していたのであって、他人の考えをもらったり借りたりしたわけではないのです。
　ヴェーダ聖典でも、カルマについて仏教のように詳しくは述べていません。ウパニシャッドにおける業論が出てくるのはお釈迦様より後の時代です。もし、当時のウパニシャッドにカルマの詳しい記述があったならば、お釈迦様は批判したり評価したりするはずです。
　当時、お釈迦様が批判していたヒンドゥー教（バラモン教）の教えは、現代で知られているヒンドゥー教の一部にすぎません。今ヒンドゥー教にある絶対的な我論などは、ずっと後に成立したものですから、お釈迦様は知らなかったのですね。たとえば「ブラフマン神が人格神ではなくて、一つの真理として梵我・真我だ」という話は、お釈迦様と同じ時代の経典にはありません。つまり、当時はその考え方がなかったということです。もしあったらお釈迦様は当然知っていたはずですし、知っていれば徹底的に破るはずです。
　ヒンドゥー教にはヒンドゥー教の進化過程があるのに、現代人は、それをまったく無視して研究をやっています。研究者は、ヒンドゥー文化があまりに膨大で、その中の一部が仏教だから、ヒンドゥー文化から仏

教が影響を受けるのは当たり前だと考えてしまう。そこから間違っているのです。仮にヒンドゥー教の影響があるなら、順番に読んでみれば、お釈迦様が誰から導入したかが分かるはずです。

たとえばお釈迦様が知っていた当時のウパニシャッドでは、カルマとは、ただの行為に過ぎないのです。それに対して、お釈迦様は明確に、「意志がカルマである」と述べて、「行為がカルマである」というスタンスを否定します。行為自体はカルマではないと言われるのです。「しゃべったことはカルマにならない。しゃべりたいと思った意志がカルマなのだ。人を殴ったことはカルマではない。殴りたいと思った意志がカルマなのだ」ということです。

初期ウパニシャッド聖典の中の『チャンドーギヤ・ウパニシャッド』という書物で、バラモンの仙人がカルマのことを説明しています。

師匠たる仙人が弟子に、「行為がカルマである」という立場で説明したところ、その弟子は「『人間の意志が大事ですよ』と人が言っています」と自分の先生に問い直しました。それを聞いた仙人が「そうです。人間は意志があった上で行動をする」と認めた個所があるのです。それに出てくる「人」は、まぎれもなくお釈迦様のことです。お釈迦様ははっきりと「意志がカルマであると私は説きます」とおっしゃっているのですから。

同じように、ウパニシャッドの師匠に尋ねる生徒が、「人はこう言っています」と報告する場合、それは明らかに仏教の話です。「意志がカルマである」などと他宗教では説かれていないからです。ヒンドゥー教の中でさまざまな哲学体系が発展していったのは、仏教が現れた後のことです。ヒンドゥー教の教えを一元論にまとめて弁証法を発展させたのは八世紀に活躍したシャンカラですが、龍樹の一元論（空論）と弁証法を剽窃したのは明らかです。彼は隠れ仏教徒と言われるほど仏教の影響を受けていました。ブッダの教えから皆が影響を受けたというのが事実で、ブッダは誰からも影響を受けなかったのです。

心は心所と一緒に生まれる

　お釈迦様は「比丘らよ、意志がカルマであると、私は説きます(cetanāhaṃ, bhikkave, kammaṃ vadāmi)」とはっきり言われています。わざわざ「私は」という言葉を徹底的に入れたのは、他宗教でカルマについて異なることを言っていたからです。「カルマ」という言葉自体は、一般用語としてインド社会で使われていました。辞書を引いても「行為」ですから、みんな行為という意味で使っていたのですね。ところがお釈迦様は、カルマという一般の言葉を仏教用語として使用することにした時点で、「行為ではなく、行為を引き起こす心のエネルギーである」と定義しました。心で「何かやりたい」と思う小さなエネルギーをカルマとしたのです。

　たとえば、殴りたいと思っていない場合は、手を振って当たってもそれは殴ったことにならない。それによってその人がケガをしても悪業を積んだことにはなりません。また親切心で、ケガ人に包帯を巻いたところが、間違って傷を大きくしてしまったとします。でもそれは、人をケガさせた罪にはなりませんね。人を傷つける意志はなく、面倒を見てあげようという気持ちだったからです。結果的にケガは大きくなってしまいましたが、手当てをした人は善行為をしたのです。

　また、善行為をしていても、結果的に人が死んでしまうこともありますね。たとえば重病の患者さんの命を守ろうとして医者が大手術をするとします。手術に耐えきれなくて患者さんが亡くなるかもしれません。どんな手術でも百パーセント成功することはありません。それでも、人を治したいという善意で手術をするのですから、善行為なのです。患者が亡くなれば殺人罪だったら、医療行為はできなくなりますね。このように、行為をする人のモチベーションが大事なのです。

　ここで少し勉強してみましょう。まず、心とは水のようなものだと理解してみてください。百パーセントの純水というものは存在しませんね。

水には必ず何かが溶けていて、塩水・砂糖水・ミネラルウォーター・お茶・コーヒーなど、たくさんの種類があるのです。それと同じように、心も「心所」というものが混ざって成り立つのです。心所なくして心は成り立ちません。

　我々は、心で笑います。そのとき、心の中には喜びがあります。また、同じ心で怒るのです。そのときは、心に嫌な気持ちが入っています。このように、心に溶け込む怒りや貪りなどの心所によって、悪の心が生じるのです。慈しみ、理性などの心所が溶けると、善の心が生じます。心自体はただ水のようなもので、善も悪もなく単なる「知る」働きを持っただけのものです。

　心所は五十二種類ありますが、全部が一度に溶けるわけではありません。互いに相性が合わない心所は一緒に溶けないのです。たとえば「悪心」には「善心所」は一個も入りませんし、「慈しみ」という心所と「怒り」「嫉妬」などの心所は質的に正反対です。それで、慈しみがある人は怒らないのです。

　このように、無始なる過去からずっと、我々の心は生滅変化しています。しかし、心は心所なくしては生じません。心には心所が必ずあるのです。

❖煩悩滅の智

　このようにして、心が、安定し、清浄となり、純白となり、汚れなく、付随煩悩を離れ、柔軟になり、行動に適し、確固不動のものになると、かれは、もろもろの煩悩を滅する智に心を傾注し、向けます。かれは、
　『これは苦である』と、如実に知ります。
　『これは苦の生起である』と、如実に知ります。
　『これは苦の滅尽である』と、如実に知ります。
　『これは苦の滅尽にいたる行道である』と、如実に知ります。
　『これらは煩悩である』と、如実に知ります。
　『これら煩悩の生起である』と、如実に知ります。
　『これら煩悩の滅尽である』と、如実に知ります。
　『これら煩悩の滅尽にいたる行道である』と、如実に知ります。

　アジャータサットゥ王の「出家をすると何か果報（利益）がありますか」という質問に対して、お釈迦様は出家の修行過程で得られる果報を、順を追って解き明かしてきました。最後の段で言及しているのは煩悩を滅尽する智慧（漏尽智）です。「業（カルマ）」はあまりに難しくて人知の及ぶところではないと、お釈迦様がつねづね言われましたが、それでも修行さえすればなんとか理解はできます。
　仏教で言うのは、「生命はどこまで行っても輪廻を脱出することにはならない。どんな高次元レベルでも、存在している限りは生滅変化を続ける宇宙システムの中にいる」ということです。たとえ神や〇〇如来になっても、それは存在の中なのです。だから、存在を脱出する「解脱」ということをしなくてはいけないのです。
　しかし、いくら修行しても智慧が現れても、仏教で言っている純粋な

悟りというのはなかなか生まれません。そこは重要なポイントです。悟りを目指して修行しているのに、なぜ悟らないのでしょうか？

　悟りの智慧を生じるために飽きるほど修行してもらうのは、一つの方法なのです。たとえばいろいろな生まれ変わりやカルマの働きを見たりしていると、「いくら見ても、終わりなく生滅変化していくのではないか。結局、命というのは絶えず起こる苦しみの連続である」と発見します。そうすると、輪廻に対して「もう結構だ」「こりごりだ」と嫌気がさしてしまうのですね。何劫もの年月、数え切れないほど自分の過去を見ても、まだまだ存在していたいのですから、馬鹿馬鹿しいのです。しかも、それでよいことがあったのかというと、何もないのです。

　我々人間だけの生を見てもそうでしょう？　小さい頃からいろいろくだらないことをやって大人になり、忙しさにかまけているうちに中年になって、そろそろ先もなくなってくる。そこで、過去を振り返って見ると、何も大したことをしていないのです。やってきたことをよく見ると、結局どうでもいいことばかりなのです。小さいときに一生懸命勉強したからといって、それは役に立っていますか？　難しい数学も今となってはどうでもいいはずです。それでも親に言われて勉強や結婚もしますし、仕事にも行って子供も育てて……と、いろいろなことをやってきたのです。結局は意味もなく、大したことをやっていない。それでも必死で生きているのですね。しかも、死にたくはない。もしどこかに天国のようないいところがあるならば、そこで生きたいと思っているのです。

　ところが、天眼智の視点で見ると、たとえ天国に行っても同様にくだらないのです。鮭の一生と変わりありません。鮭は生まれたら一生懸命川を下って、三年間くらいあちこちで餌を食べ続けて、再び生まれた川に戻ってくる。そこで何をやるかといえば、卵を産むのです。卵を産んだら死んでしまいますね。それだけです。でも必死で生きているのですね。その卵から出てきた小さな稚魚たちも、また必死で卵を産むために頑張って生きているのです。

この鮭たちと我々は、ちっとも変わらないのです。必死で生きて頑張っていますが、同じようにくだらないことに頑張っているのです。でもなかなか飽きません。ここがワナで、本当は飽きなくてはいけないのです。

　鮭は人間に釣られたり他の動物に食べられたりして、人生を全うできないことはあります。でもそれは我々にもあるのです。輪廻の概念から見れば、人生を全うできなくてもまたどこかで生まれ変わってしまいます。心には「知りたい、知りたい」という強い衝動があって、次から次へと知っていきます。心はその刺激で続いていきますから、身体が壊れてしまっても、「これからもっと他のことを知ろう」と次の行動を始めてしまうのです。それでもう次の再生ができあがっているのです。

　我々は一生懸命身体を大事にして面倒を見ていますが、心は身体が壊れたらすぐ逃げてしまう。ですから、仏教では「身体より心を磨け」と言うのです。身体のために運動したり、おいしいものを食べたり、お化粧をしたりしても、身体が少し壊れかけたら、心はもう他のものを知ろうとしてしまい、成長しないままになってしまいます。「身体を放っておいても、心を磨いたほうがよい」というのはそういう理由からなのです。

苦しみの生起の原因は「渇愛」

　人間が絶え間なく生き死にをくり返して、いろいろな場所や次元に生まれ変わっていくのを超越した智慧で見て「結局は全部、鮭と同じ生き方だなあ」と分かったら、あきれ果ててしまうはずです。なのに、あまりにも死にたくないというモチベーションが高いので、死んでも心は次のものを認識しようとして、生まれ変わってしまうのです。

　そこで、悟りをひらくためには、二番目の真理、「苦の生起」について考えなくてはいけない。仏教ではそれを「渇愛」と言っています。

我々は命の中で「何かいいことがあるんじゃないかな」と思っているのです。実は、ただそれだけのことなのです。皆さんに「あなたは人生の目的とか、すごく大事なものが見つかったのですか？」と聞けば、「いい大学に入った」とか「いい仕事に就いた」とか、いろいろなくだらないことを言うかもしれません。でも、それで人生が終わりではないでしょう。本当に人生の目的に達したなら、もう生きていなくてもいいはずなのに、まだ走り続けているのです。これからも生きていようと努力しているのです。

　我々は「今までは無駄だったけれど、これから何かあるだろう」と誤解し、期待しているのですね。それでこの輪廻は終わらないのです。なぜ我々が誤解するのかというと、生きているとときどき、ちょっとした喜びが生まれたりするからなのですね。身体がある以上、音楽を聴いて楽しいとか、踊りを見てきれいだ、などというような単純な喜びが生まれます。それでだまされてしまうのです。ご飯を食べるとおいしく感じますね。でも、あれもものすごいだましなのです。もし、おいしく感じなかったら、我々はご飯を食べないで早く死んでしまう。それでは心が困るので、食べることに執着させておいしく感じるようにしてしまうのです。本当はひどくくだらないことなのです。牛や豚は、食べても本来は何も味がないのです。でも、人はこれがおいしいと認識する。心が生き続けたいがために、我々はその味や感覚にとらわれているのです。だから食べずにはいられないし、音楽を聴かずにはいられないのです。

煩悩の観察と発見へ

　この漏尽智は、天眼智の次につくらなくてはいけないのです。天眼智で輪廻全体を見られると、はっきりと漏尽智が生じる条件がそろいます。
　しかし、このような超越した能力を育てても、「一切の現象は無常である」ということに気づくのは難しいのです。お釈迦様以前にも、超越

した能力を発揮した仙人たちがいたという伝承はありますが、天眼智の次に漏尽智に進めなかったこともあったのです。釈尊が悟りに達する前に、禅定に達する方法を教えていた二人の仙人もその一つの例です。なぜかというと、「永遠の命」という固定概念が障(さわ)りになるのです。

修行に興味がある人にも、俗世間で生きることにしか興味がない人にも、「永遠の命がある」という気持ちが本能としてあるのです。ですから、簡単に解脱に達することができると、うかつに思わない方がよいのです。それでも、釈尊の教えを聴いて納得し、理解し、教えたことが事実か否かを自分で試してみようとするなら、老若男女誰でも解脱に達することができるのです。

ひとことで言えば、仏法というのは存在に対する執着にあきれ果てるためにあるのです。存在を賛嘆するのではなく、存在のはかなさやみじめさ、いくら努力しても生きることは不安で空しく終わることを強調するのです。これは、一方的に生を賛嘆する俗世間の人々にとっては、素直に受け入れ難いかもしれません。

でもそれが、聞く耳を持てるようになり、自分でも真剣に自分の生のことを考えるようになってくると、あきれ果てることができるようになります。それは「苦の滅尽」を発見する智慧なのです。

苦の生起が分かり、苦の滅尽がどういうことか分かり、輪廻を脱出することが次にやるべきことだと分かり、そのための道が八正道であると発見するのです。

次に輪廻転生させる衝動である煩悩を、さらに観察してみます。言葉で少し説明しますと、「生きることは苦しく空しいものだ」と頭では分かっても、我々は小さな小さな喜びに惹かれてしまいます。それで、解脱が最終的に達するべき境地だと本心では認めたくないのです。これは煩悩です。ですから、煩悩の発見が必要なのです。

たとえば「仏教の話でも聞こう」と考えたとしても、「平日なら仕事があるから……」と考えますね。本当は仕事があってもどういうこと

はないのですが、やはりそこに惹かれるのです。または、法話の途中で「子供が待っているから」とさっさと帰ったりする。そのようなことは、決して不思議ではありませんね。その気持ちになった瞬間に、自分の価値観の優先順位がどうなっているのか、自分の心に聞いてみましょう。きっと、俗世間のことが最優先になっているはずです。「ブッダの教えは間違っている」とも思っていませんし、教えを実践できれば幸福になることを頭では理解しているのに、です。ですから、解脱に達したい人は、あえてこの煩悩というものを明確に観察するのです。

欲・生存・無知という煩悩の消滅

> このように知り、このように見るかれには、欲の煩悩からも心が解脱し、生存の煩悩からも心が解脱し、無明の煩悩からも心が解脱します。解脱したときには、解脱したという智が生じます。

修行でどういう煩悩が消えるのかというと、心から欲望の煩悩（kāmāsava カーマーサワ）が消えます。ここで「欲望」と書いているのは「眼・耳・鼻・舌・身という身体の五感で楽しみたいという煩悩」です。美しいものを見て楽を感じる煩悩はもうたくさん、心癒す音楽であろうが雑音であろうが音はうるさい、と思うようになり、味に対しても「食べられればいい」というふうになってしまいます。

眼・耳・鼻・舌・身の刺激に未練を感じないことは、俗世間の立場からは理解できないことです。生きることに喜びを感じず、精神的な問題を抱えた人だと誤解されるかもしれません。ほんとうは、五感の刺激が人間にとって幸福だと思うこと自体が、勘違いなのです。五感の刺激によって生まれるのは、快楽感ではなく、苦の感覚です。

次に消えるのは生存の煩悩（bhavāsava バワーサワ）です。生きていきたいとい

う気持ちが消えて、「早く苦しみが消えるのだから、今この瞬間に死んでもいい」というくらい、生きていることが嫌になるのです。生きることに対する執着が徹底的になくなりますから、天国であろうが梵天であろうが極楽であろうが、どこにも生まれ変わりたくないと感じるのです。

次は、無知の煩悩（avijjāsava アヴィッジャーサワ）が消えます。無知というのは「今までこの存在という悪循環にただはめられていた、全部だまされていた」という事実に気づかなかったことを指します。無知が一切の煩悩の基礎なのです。基礎が壊れたら一切の煩悩は二度と起こりませんから、無知が消えることは解脱なのです。

解脱したときには、解脱したという智慧が生じます。自分の心が解脱したら、そのことは自分がよく知っているのです。

そこで経典で最終的によく出てくる言葉が、次のフレーズです。

> 『生まれは尽きた。梵行は完成された。なすべきことはなされた。もはや、この状態の他にはない』

輪廻の中にいる我々の本業は、輪廻を脱出することなのです。ですから、解脱の瞬間にそれは終わるのです。全部終わったのだから、もう修行の必要はありません。完全に悟ったら戻ることはないでしょう。

難しいのは本人が生に対する執着を捨てられるかです。たとえば「音楽はつまらない」と思っても、また聴きたくなるかもしれません。でも何回聴いても面白くなければ、「もうやめた」ということになりますね。実は、悟るか悟らないかはそれだけなのです。

仏教では、最終的に達するべき目的は明確です。輪廻を回転しながら生きることにはなんの意味もなく、それを脱することこそが、生命にとってはゴールなのです。ゴールに達したら、「やっと苦しみが終わった」「やるべきことは終わった」という絶対的な安心感が生まれます。

その時点で一切の義務は終了するのです。これがどれほどすごいことかは理解できないと思います。ですからたとえを使いましょう。

　大変な仕事があったとしましょう。あるいは、受験勉強中だとか、親しい人が命が助かるか分からない重病にかかっていると思ってもいいです。それが、その大変な仕事が無事終了した、試験に首席で合格した、親しい人の重病が完治した……ということになったら、その瞬間に心がどれほど安らぎ、落ち着きを感じることでしょうか。無限に続く輪廻の苦しみが消えたときの安らぎや喜びは、それと比較にならないものです。比類のない、絶対的な安らぎ、喜びなのです。たくさんの人に解脱に挑戦していただくために、このフレーズが数多くの経典で出てくるのです。

　　それは、大王よ、たとえば、山の頂上に澄みきった清らかな濁りのない湖があり、その岸辺に眼のよい人が立って、牡蠣（かき）も貝も、砂利も小石も、魚の群れも動いたり止まったりしているのを見、『この湖は澄み、清らかで、濁りがない。ここでは、これらの牡蠣も貝も、砂利も小石も、魚の群れも動いたり止まったりしている』と、このように考えるようなものです。
　　…（中略）…
　　このように知り、このように見るかれには、欲の煩悩からも心が解脱し、生存の煩悩からも心が解脱し、無明の煩悩からも心が解脱します。解脱したときには、解脱したという智が生じます。
　　…（中略）…
　　大王よ、これは、先のもろもろの目に見える沙門の果報より、さらに優れ、さらに勝ったものであります。
　　しかもまた、大王よ、この目に見える沙門の果報より優れ、勝ったものは他にありません。

お釈迦様はアジャータサットゥ王に、仏教のごくごく簡単なところから、究極的な悟りまでとことん教えてあげました。そして、これが最終的な沙門の果報であると言われたのです。
　はじめは若い王様をちょっとからかっていたのです。王様がまず聞いたのは「出家してどうなるのですか？」です。お釈迦様は王様の奴隷が出家する例で、王様から「元奴隷であっても自分は礼をして拝む」という答えを引き出し、出家の果報を示しました。それで、王様が興味を持つと、「もっといい出家の果報がありますよ」と、順繰りに果報を示し、最後は若い王様に解脱という仏教の最も高度な教えまで明らかにしていったのです。

❖ アジャータサットゥ王の帰依

　このように言われて、マガダ国の王でありヴィデーヒー妃の子であるアジャータサットゥは、世尊にこう申し上げた。
「尊師よ、すばらしいことです。尊師よ、すばらしいことです。たとえば、尊師よ、倒れたものを起こすかのように、覆われたものを取り除くかのように、迷った者に道を教えるかのように、『眼の見える者たちは、もろもろのものを見るであろう』と、暗闇に燈火を掲げるかのように、尊師よ、まさにそのように、世尊は多くの方法で、法を説いてくださいました。
　尊師よ、この私は、世尊に、また法に、比丘僧団に帰依いたします。今より以後、生涯、世尊は、私を帰依する信者として、お認めくださいますように。
　尊師よ、私は愚かさのままに、迷いのままに、不善のままに罪を犯しました。この私は、正しい法を護る王＊である父を、王権のために、殺してしまいました。
　尊師よ、世尊は、その私の罪を罪としてお受けとめくださいますように、将来における防護のために」と。
「確かに、大王よ、あなたは愚かさのままに、迷いのままに、不善のままに、正しい法を護る王＊である父君を殺すという罪を犯されました。
　しかし、大王よ、あなたが罪を罪として認め、法に従って懺悔される限り、私たちはそのあなたのことを受けとめます。それは、大王よ、罪を罪として認め、法に従って懺悔し、将来において防護するというこのことこそが、聖者の律における繁栄というものだからです」と。
　このように言われて、マガダ国の王でありヴィデーヒー妃の子であるアジャータサットゥは、世尊にこう申し上げた。
「それでは、導師よ、私どもはこれでおいとまいたしましょう。私ど

＊［法を護る王］引用文献の原文は「法王」。

もには仕事も多く、しなければ※ならぬことがたくさんあります」と。
「では、大王よ、御意のままになさってください」と。
　そこで、マガダ国の王でありヴィデーヒ妃の子であるアジャータサットゥは、世尊が説かれたことに歓喜し、随喜して、座から立ち、世尊に礼拝し、右回りをして退出した。
　さて、世尊は、マガダ国の王でありヴィデーヒ妃の子であるアジャータサットゥが退出してまもなく、比丘たちに話しかけられた。
「比丘たちよ、かの王は掘り出されているのです。比丘たちよ、かの王は破壊されています。
　比丘たちよ、もし、かの王が正しい法を護る王※である父君を殺さなかったならば、この座でそのまま、塵を離れ、垢の消えた法の眼が生じたにちがいありません」と。
　このように世尊は言われた。
　かれら比丘は、喜び、世尊が説かれたことに歓喜した、と。

　最後にアジャータサットゥ王はお釈迦様の教えをしっかり理解し、ものすごい喜びが生まれました。自分の父親を殺して大変悩んでいましたから、喜んでお釈迦様に自分の罪を懺悔するのです。お釈迦様はその懺悔を認めてあげました。しかし、犯した罪はどうしようもありませんね。それで、王様が帰ったところで、「あの人は自分を破壊しました。もし、悪いことをしていなければ、今この場で、悟りをひらけたことでしょう」と、お釈迦様は比丘たちに言うのです。
　お釈迦様の話には初めて説法を聴いた人がその場で悟れるくらい、力強さがありました。瞑想しなくても悟れるくらい、言葉の使い方が上手だったそうです。
　『沙門果経』には、仏教という教えのすべての大事なポイントが網羅されています。この経典を読めば、仏教の中身をほとんど理解できるだけ

　　※ [ば] 引用文献の原文は「は」。
　　※ [法を護る王] 引用文献の原文は「法王」。

ではなく、お釈迦様の見事な教え方がどんなものか理解することもできるのです。最初は人々が知っている一般的な知識から興味を抱いてもらい、順序を追って理解能力を向上させ、最後は超越した真理もなんのことなく理解できるように話を進展させるのです。「私はこんなすごいことを知っているのだ」と自分の能力を世間にひけらかすような俗世間の人々の語り方は、お釈迦様にはないのです。「すごい教えだ、ありがたい教えだ」と理解もしないくせに無意味に褒めてもらう語り方もないのです。お釈迦様が説法すると、聞いた人々は真理を自分で発見したかのごとく理解できます。それこそ、釈尊が「生命の最高の師である」と言われる理由なのです。

　それでも、経典の結論として、アジャータサットゥ王は悟らなかったそうです。パーリ経典には嘘がないのです。悪く言えば、お釈迦様は王様の質問に答えを出したが、仏教の目的である解脱に達してもらうことには失敗した、ということでしょう。たとえお釈迦様であっても、人のカルマ（業）を変えることはできないのです。

本書は、サンガより2009年に単行本で、2015年に文庫で刊行された作品を、サンガ新社が新たに刊行したものです。

アルボムッレ・スマナサーラ（Alubomulle Sumanasara）

テーラワーダ仏教（上座仏教）長老。1945年4月、スリランカ生まれ。13歳で出家得度。国立ケラニヤ大学で仏教哲学の教鞭をとる。1980年に来日。駒澤大学大学院博士課程を経て、現在は（宗）日本テーラワーダ仏教協会で初期仏教の伝道と瞑想指導に従事している。朝日カルチャーセンター（東京）講師を務めるほか、NHK Eテレ「こころの時代」「スイッチインタビュー」などにも出演。著書に『スッタニパータ「犀の経典」を読む』『ヴィパッサナー瞑想 図解実践―自分を変える気づきの瞑想法【決定版】』『無常の見方』『苦の見方』『無我の見方』（以上、サンガ新社）、『怒らないこと』（だいわ文庫）、『ブッダが教える心の仕組み』（誠文堂新光社）、『ブッダの教え一日一話』（PHP文庫）、『70歳から楽になる』（角川新書）、『Freedom from Anger』（米国Wisdom Publications）など多数。

日本テーラワーダ仏教協会
http://www.j-theravada.net/

沙門果経
仏道を歩む人は瞬時に幸福になる

2024年10月1日 第1刷発行

著　者　アルボムッレ・スマナサーラ
発行者　佐藤由樹
発行所　株式会社サンガ新社
　　　　〒980-0012
　　　　宮城県仙台市青葉区錦町2丁目4番16号8階
　　　　電話　050-3717-1523
　　　　ホームページ　https://www.samgha-shinsha.jp/

印刷・製本　創栄図書印刷株式会社

©Alubomulle Sumanasara 2024
Printed in Japan
ISBN978-4-910770-91-8 C0015

本書の無断転載を禁じます。
落丁・乱丁本はお取り替えいたします。

サンガ新社　書籍案内

WEBでのご注文	https://online.samgha-shinsha.jp/items/　〔サンガオンラインストア〕
お電話でのご注文	050-3717-1523〔株式会社サンガ新社〕
メールでのご注文	info@samgha-shinsha.jp〔株式会社サンガ新社〕

サンガ新社の書籍は、上記からのご注文の他、Amazonなどのオンライン書店や、全国の書店からもご注文いただけます。

ヴィパッサナー瞑想　図解実践
自分を変える気づきの瞑想法【決定版】
アルボムッレ・スマナサーラ［著］

定価：本体1,600円+税／A5判변형／並製／296ページ／ISBN978-4-910770-51-2

ストレスに負けずに前向きに生きる力を育て、心のモヤモヤをきれいに取り去るお釈迦様の瞑想法

やさしい気持ちを育てる「慈悲の瞑想」から、ブッダが悟りを開いた「ヴィパッサナー瞑想」まで──マインドフルネスの起源である仏教瞑想をわかりやすく解説する入門実践ガイドの決定版！

熊野宏昭先生　名越康文先生推薦！

スッタニパータ「犀の経典」を読む
アルボムッレ・スマナサーラ［著］

定価：本体4,000円+税／A5判／上製／272ページ／ISBN978-4-910770-13-0

「犀の角のようにただ独り歩め」
とはあらゆる関係性からの独立宣言であり、仏道を照らし出す灯火のような一句なのだ。
宮崎哲弥氏推薦！

最古層の経典「犀の経典」全41偈を明解に解説！
覚りに達した聖者は、私たちが生きる世界をどのように分析するのか？　悩み苦しみが生まれる原因を明らかにし、真の自由を獲得する道を指し示す！

サンユッタニカーヤ　女神との対話
第一巻
アルボムッレ・スマナサーラ［著］

定価：本体4,500円+税／A5判／上製／384ページ／ISBN978-4-910770-00-0

真理を探求する女神たちの質問に、お釈迦様が鮮やかに答えてゆく！

パーリ経典『相応部』の智慧を人生に活かす

人類に長く読み継がれてきた初期仏教経典『サンユッタニカーヤ（相応部）』。その冒頭に収録されている「女神との対話（Devatāsaṃyutta）」の第一経から第三十一経までを、パーリ語注釈書に添いながら丁寧に解説。さらに、ブッダの教えが現代人の生きる指針として役立つように大胆な新解釈を提示する！

ダンマパダ法話全集　第七巻

第十九　法行者の章
第二十　道の章

アルボムッレ・スマナサーラ［著］

定価：本体3,900円＋税／A5判／上製／252ページ／ISBN 978-4-910770-79-6

アルボムッレ・スマナサーラ長老の深く広やかな角度からの御法話を通して、一人でも多くの方が生身の釈尊に出会うことを願ってやまない。——序文　青山　俊董

ダンマパダ法話全集　第八巻

第二十一　種々なるものの章
第二十二　地獄の章
第二十三　象の章

アルボムッレ・スマナサーラ［著］

定価：本体3,900円＋税／A5判／上製／304ページ／ISBN 978-4-910770-34-5

世俗的言説で薄めることなく、ストレートに語られる仏法に、読者は多くの気づきを誘発されるに違いありません。本書のクリアな語りによって、仏教の底知れぬ魅力と向き合ってください。まさに仏教は人類の到達点の一つでしょう。——序文　釈　徹宗

ダンマパダ法話全集　第九巻

第二十四　渇愛の章
第二十五　比丘の章

アルボムッレ・スマナサーラ［著］

定価：本体3,900円＋税／A5判／上製／376ページ／ISBN978-4-910770-80-2

仏説を深く理解するための金言と
修行者のよすがとなる峻烈な言葉の数々！

第九巻は、「渇愛」を中心に据えて仏道の全体像を説く第二十四章と、聖道の完成に命をかける「比丘」を鮮やかに描く第二十五章

ダンマパダ法話全集　第十巻

第二十六　婆羅門（バラモン）の章

アルボムッレ・スマナサーラ［著］

定価：本体3,900円＋税／A5判／上製／392ページ／ISBN 978-4-910770-81-9

ブッダの「真理のことば」が
明晰な日本語で21世紀に蘇る！

全二十六章・423偈の『ダンマパダ』を、全十巻シリーズで完全網羅。第十巻は、覚りを開いた聖者である「真のバラモン」に迫る第二十六章

仏教の最重要語「無常・苦・無我」の本当の意味がわかる。
『無常の見方』『苦の見方』『無我の見方』3冊同時刊行！

無常の見方
「聖なる真理」と「私」の幸福
アルボムッレ・スマナサーラ［著］

定価：本体2,000円＋税／四六判／並製／308ページ／ISBN978-4-910770-72-7

宮崎哲弥氏推薦！

ブッダが発見した「無常」の本当の意味を明らかにして、日本人の無常観を根底から覆す！

ブッダが説く「無常」は、「花が散って寂しい」「親しい人が死んで悲しい」といった感情的なものではありません。「無常」とは、物質も生命の心も、万物は瞬時に変化するという普遍的で客観的な事実です。一切の現象は一時的に成立しているにすぎません。そして、無常に基づいて生きるなら、明るく、元気でいられます。無常は、人生そのものを引っくり返して、苦しみを完全になくして、解脱、覚りを体験させる真理なのです。

苦の見方
「生命の法則」を理解し「苦しみ」を乗り越える
アルボムッレ・スマナサーラ［著］

定価：本体1,750円＋税／四六判／並製／198ページ／ISBN978-4-910770-73-4

ブッダの「苦(dukkha)」は「苦しみ」ではなく「生命に関する真理」

「苦(dukkha)」は、お釈迦様が発見した「生命に関する真理」です。それは、日本人がイメージする「苦しみ」とはニュアンスが異なります。「苦しみ」も「楽しみ」も含めて、「命」そのものが「苦(dukkha)」なのです。私たちは「楽しい」と感じるときもありますが、「楽しみ」には限界があります。そして、「ある苦しみ」を「別の苦しみ」に変えることが、「生きること」の正体です。この「苦(dukkha)」の真意を理解し、苦を減する道を歩むことが仏道なのです。

無我の見方
「私」から自由になる生き方
アルボムッレ・スマナサーラ［著］

定価：本体1,750円＋税／四六判／並製／192ページ／ISBN978-4-910770-74-1

無我だからこそ、人は変われる。自我ははじめからないのですから、私たちは何でもできるのです。

「本当の自分」を探し続け、「確固とした自我」を確立しようとする私たち。しかし、お釈迦様は、「自我はない」「一切は無我である」と喝破されました。生命には「自分がいる」という実感があるものですが、「変わらない自分」があるわけではありません。様々な因縁によって瞬間瞬間に変化する「自分という流れ」があるだけです。この無我の真理を発見することで、私たちは世界の役に立つ人間に成長して、そして、執着をなくし、解脱という自由に近づくことができるのです。

サンガ新社ニュースレター〔登録募集中！〕

サンガ新社ではセミナーや新刊情報をいち早くお届けするサンガ新社ニュースレターをお届けしています。購読は無料です。お気軽にご登録ください。

ご登録はこちら→

https://samgha-shinsha.jp/mailmagazine/